AF613744

DEFENSE
DE FEU
M[r]. VINCENT DE PAUL,
INSTITUTEUR
ET PREMIER SUPERIEUR GENERAL
DE LA CONGREGATION
DE LA MISSION.

CONTRE

LES FAUX DISCOURS DU LIVRE DE SA VIE publiée par Mr. Abelly, Ancien Evesque de Rodez.

ET CONTRE

Les Impostures de quelques autres Ecrits sur ce sujet.

par Martin Barcos Abbé de S. Cyran, mort le 22 aout [illegible] agé de 78. ans.

M. DC. LXVIII.

PREFACE.

LA memoire de Monsieur Vincent Instituteur & premier Superieur General de la Congregation de la Mission ayant esté deshonorée en plusieurs manieres dans l'Histoire de sa Vie, qui a esté publiée par Monsieur Abelly ancien Evesque de Rodez, plusieurs personnes esloignées de toute passion qui en ont eu connoissance, ont jugé necessaire, & ont desiré que quelqu'un s'employast à reparer l'injure qui a esté faite à la pieté extraordinaire de ce vertueux Prestre apres sa mort, & à détruire les mauvaises impressions qu'on a données de luy par des recits entierement contraires à la verité, & par des loüanges inconsiderées & indignes de sa sagesse, de sa moderation, & de sa charité.

Le retardement que j'ay apporté à entreprendre sa defense & à seconder le desir si raisonnable de ceux qui ont de la veneration pour son merite, peut servir pour juger de la sincerité & de l'exemtion de toute sorte de passion avec laquelle j'ay tâché de m'acquitter de ce devoir. I'aurois peut-estre differé encor plus long tems pour me donner à moy-mesme & aux autres une plus grande asseurance de la pureté de mon intention, si je n'eusse esté pressé de me haster, pour arrester l'abus qu'on a commencé à faire du Livre de ce Prelat dés qu'il a paru, & que l'on continuë encore de faire par une espece de conspiration, qui montre assez qu'il a esté composé par le mesme motif par lequel on insulte & on triomphe contre des personnes innocentes, aux depens de la reputation de M. Vincent, qui est devenu par ce Livre l'instrument & le joüet de l'animosité des Iesuites & de leurs Partisans.

I'espere que ceux qui considereront avec attention ce que j'ay eu soin de representer pour le defendre, reconnoitront aisément qu'on a eu sujet de se plaindre du mauvais traitement qu'on a fait à sa memoire, & que ceux qui en sont auteurs, ont esté autant épargnez dans cette plainte, que la necessité de repondre à leurs calomnies & leurs faussetez me l'a pû permettre. C'est ce qui fera voir à toutes les personnes equitables, que je n'ay eu aucune pensée d'offencer M. Abelly; puisque si j'eusse eu ce dessein, je ne me fusse pas resserré comme j'ay fait sur son sujet, ayant assez d'occasions & de moyens de m'estendre & de satisfaire la passion que j'eusse euë contre luy.

Et pour ce qui est des Iesuites que l'on peut regarder comme les premiers auteurs & inventeurs de cet estrange Panegyrique, & les plus interessez dans la publication de ce gros volume: chacun sçait que l'on ne pourroit pas manquer de matieres ny de memoires, si on avoit à parler de leurs excez & de leurs desordres; & qu'ils ne fournissent tous les jours que trop de sujets à ceux qui voudront s'employer à representer leurs actions, leur doctrine, & leur conduite.

Ie ne pense pas non plus avoir donné lieu de croire, que j'aye eu pour but de faire l'apologie de feu M. de S. Cyran en defendant M. Vincent, du nom de qui on a voulu se servir pour le decrier de nouveau. Car je declare au contraire que cet ancien Amy de M Vincent a esté amplement justifié par des Ecrits excellens qui sont entre les mains du public, & qui ont tellement persuadé non seulement ses amis, mais aussi ses ennemis, & les Iesuites mesmes, qu'ils n'ont pas osé entreprendre d'y faire aucune response, voyant qu'il estoit impossible de resister à des veritez si claires & si asseurées. Tout ce qu'ils ont pû faire a esté de laisser passer plus de vingt années, apres lesquelles s'imaginant qu'on ne se souviendroit plus de ces Defenses invincibles, ils ont commencé de nouveau à publier leurs premieres impostures dans le Livre de M. Abelly, & peu apres dans ceux de M. Chamillard & de Desmarests, sans faire aucune mention des responses par lesquelles elles avoient esté ruïnées. Car leur passion peut bien estre convaincuë & confonduë, mais elle ne peut estre guerie. Elle demeure toûjours dans leur cœur, attendant de pouvoir paroître impunément pour surprendre pour le moins ceux qui ne sont pas informez des choses, & pour entretenir leurs devots & leurs devotes dans la bonne opinion de la Societé. De sorte que quand mesme on auroit besoin de renouveller presentement la justification de feu M. de S. Cyran, il ne faudroit que remettre sous la presse & devant les yeux de ses ennemis cette Defense si claire & si convaincante qu'ils n'osent pas seulement nommer, & qui suffiroit pour destruire en un moment les derniers efforts de leur malice avec la mesme facilité avec laquelle elle a destruit les premiers.

Il est vray que pour defendre M. Vincent du blâme dont on le charge d'avoir parlé outrageusemene contre ce fidelle & cet incomparable Amy, je n'ay pû me dispenser de rapporter quelques faits à son avantage, lesquels j'ay appris dans diverses rencontres de ceux qui l'ont connu particulierement pendant sa vie; parce qu'il falloit necessairement les faire connoître pour pouvoir juger de ce qu'on impute à M. Vincent sur ce sujet. Mais ceux qui liront cet Ecrit, verront bien que je ne l'ay presque fait qu'en passant, & en parcourant fort legerement les occasions où M. Vincent luy a donné des temoignages de son amitié, qui sont inalliables avec les marques d'aversion & de separation que M. Abelly rapporte. Encore ay-je laissé beaucoup de particularitez des bons offices que M. Vincent a demandez & receus de luy, qui ne sont pas peu considerables. Ce que j'ay evité à dessein pour ne pas donner sujet de penser, que je voulusse trop relever feu M. de S. Cyran, & faire dependre de luy la reputation & la vertu de M. Vincent.

Pour ce qui est des autres rencontres & circonstances remarquables de la *vie de feu M. de S. Cyran qui ne regardent pas M. Vincent, je me suis abstenu absolument d'en parler, quoy qu'il seroit peut-estre necessaire de s'y employer en une saison où il semble que la medisance conspire à noircir un Homme à qui Dieu avoit donné des qualitez de grace & de nature si extraordinaires & si propres pour servir son Eglise dans ces derniers tems qui sont si dangereux selon S. Paul, & si abondans en corruption & en malice.*

Ie ne me suis pas mesme renfermé en defendant M. Vincent dans les faits qui touchent feu M. de S. Cyran. Car apres avoir representé le plus succinctement que j'ay pû l'injure atroce qu'on luy fait de le rendre calomniateur & persecuteur de son parfait Amy, ensuite de tant de preuves indubitables de l'estime & de la reconnoissance qu'il a eüe pour luy; j'ay eu soin de remarquer & de renverser plusieurs autres discours & reflexions imaginaires de M. Abelly, qui sont également injurieuses à la memoire de M. Vincent sur divers sujets. Ie n'ay pas neanmoins exposé aux yeux des Lecteurs tout ce que je pouvois reprocher à cet Auteur, soit pour eviter le defaut où il est tombé, en se laissant aller à une effusion de paroles sans borne & sans mesure; soit pour ne pas renouveller l'idée pitoyable qu'il donne de la conduite de M. Vincent par une infinité de bassesses, de pratiques, & de paroles mal reglées, qu'il luy attribüe, comme si c'estoient des miracles & des actions heroïques, *ainsi qu'il les appelle souvent contre le sens commun & les notions les plus simples de la foy & de la sagesse chrestienne. De sorte que je puis dire sincerement que je me suis retranché le plus que j'ay pû pour ne dire simplement que ce que la necessité de rendre à M. Vincent ce qui luy est deu, m'a contraint d'ecrire à son avantage, ne pouvant souffrir plus long tems que sa vertu demeurast desfigurée & exposée au mespris de ceux qui ne l'ayant pas assez connu par eux mesmes, sont en danger d'en concevoir une fort mauvaise opinion par la lecture du Livre de M. Abelly.*

Ie ne doute pas qu'il ne se trouve plusieurs personnes parmy les Amis de M. Vincent, qui jugeront que je n'ay pas refuté avec assez de force ny avec assez d'estendüe toutes les faussetez & les contes ridicules qu'on a meslez dans l'Histoire de sa vie. Mais il me suffit d'avoir donné assez d'ouverture & assez d'éclaircissement à sa defence; d'avoir fait remarquer autant qu'il estoit necessaire les mãquemens & les artifices dont on s'est servy pour le deshonorer, sans penser qu'à relever les Iesuites à ses despens; & d'avoir tellement exprimé le caractere de sa vertu, qu'on y peut rencõtrer de grands sujets de reverer sa memoire, & de rendre gloire à Dieu pour les graces principales qu'il a receües de sa misericorde. I'ayme mieux que l'on me reproche de n'en avoir pas assez dit, que d'avoir excedé en quelque maniere que ce soit. Que si quelqu'un remarque des choses que je pouvois ajouster, soit pour la refutation de M. Abelly & de ses amis, ou pour la recommandation de feu M. de S.

Cyran, ou des autres personnes qui sont offensées dans cette Histoire pretenduë de M. Vincent, je croy pouvoir dire, qu'ayant leu plus d'une fois le Livre de M. Abelly je vois peut-estre plus que d'autres ce qu'il y avoit lieu d'inserer dans ma Defense, mais que j'ay preferé la moderation & la simplicité dont celuy pour qui je parle a donné des exemples notables en diverses occasions; aimant mieux reserver pour une plus grande necessité ce que j'ay cru pouvoir m'empescher de dire sans manquer à l'obligation presente de resister à l'injustice, & de confondre l'imposture.

Quant à M. Chamillard & à Desmarests, qui ont abusé du nom de M. Vincent apres M. Abelly & à son exemple, ne sçachant de qui s'appuyer pour donner quelques cours à leurs Libelles, j'ay esté obligé de representer en peu de mots les principaux excez qu'ils ont commis sur ce point, n'ayant pas eu besoin de recommencer contre eux la justification entiere de celuy que j'avois entrepris de defendre contre M. Abelly; les remarques que j'ay faites sur ses discours injurieux à M. Vincent pouvant suffire contre eux, & contre tous ceux qui donneront à l'avenir quelque atteinte à la memoire de ce vertueux Chef de la Mission.

Ie ne me suis pas estendu sur tous les sujets que ces deux esprits donnent depuis quelque tems de faire connoître à tout le monde ce qu'ils sont. C'est une matiere qui n'a pas de bornes, & qui n'est pas de mon dessein. Mais j'ay assez montré par la refutation de quelques traits de leurs medisances grossieres, que ce ne sont pas des Auteurs fort graves ny dignes d'estre crus sur leur parole, afin de me renfermer dans mon principal sujet, qui estoit de mettre M. Vincent au dessus du mépris, des injures, & de toutes les fausses idées qu'on a tâché de donner de luy, & qu'on pourroit donner à l'avenir à ceux qui n'auroient connu sa vertu que par le rapport de ces Auteurs si peu fidelles & si peu recevables.

Fautes necessaires à corriger.

Pag. 9. lig. 27. lisez instruits. pag. 11. lig. 46. lisez s'il y a manqué. ibid. lig. 48. lis. qu'il ne peut. pag. 18. lig. 1. lis. actions de graces. pag. 20. lig. 20. lis. comme elle a esté celle. p. 25. l. 13. lis. qu'ils ne craignent. p. 25. l. 16. lis. que si ce qu'il avance. p. 30. l. 1. du titre *a[illegible]*. p. 33. l. 42. lis. passeroient *pour* paroissoient. p. 35. l. 6. avant la fin, lis. & qui *pour* & qu'il. p. 37. l. 8. lis. de le luy faire. ibid. l. 17. tous *pour* toutes. p. 39. l. 25. lis. qu'il a jugé. ibid. l. 29. lis. qu'elle avoit. p. 42. l. derniere *apres ces paroles* à la justification *ajoûtez* des deux personnes qu'il noircit par l'interpretation. p. 47. l. 37. lis. sa Compagnie. p. 51. l. derniere lis. qu'il *pour* qui. p. 56. l. 19. lis. soutenuë. p. 61. l. antepen. lis. recherchast. p. 63. l. 1. lis. ne se met. p. 65. l. 7. lis. fait dire. p. 66. l. 14. lis. que de ne rien negliger. ibid. l. 18. lis. ou que quelque. p. 67. l. 12. lis. debordée. p. 69. l. 14. lis. que Dieu. ibid. l. 20. lis. de sa vocation. ibid. l. 26. lis. & quelque estime. p. 70. lig. 26. lis. se relever. ibid. l. 41. [illegible] ostensit en italique. p. 72. l. 38. lis. sa consecration. p. 75. l. 4. avant la fin, lis. qu'il en ait eu. p. 76. l. 23. lis. s'asseurer. p. 78. l. 12. lis. reduire. ibid. l. 22. lis. qui ne suffisent. ibid. l. 40. lis. s'y introduire. p. 79. l. 35. lis. au dessein. p. 80. l. 10. lis. que *pour* pas. ibid. l. 19. lis. les empescher. ibid. l. 3[illegible]. lis. il y en a un. p. 84. l. 24. lis. estudie t'on &. p. 86. l. 31. lis. Gascon. ibid. l. antepen. lis. il luy en donne. p. 87. l. 19. lis. tonsure & les. p. 88. l. 32. lis. En verité. p. 90. l. [illegible] lis. ne plaisent. p. 94. l. 1. lis. devoit. p. 100. l. 2. lis. sentimens. p. 103. l. 10. lis. la verité. [illegible] lis. six cens ans. p. 107. l. 25. retractation *pour* retraction.

DEFENSE
DE FEV
MONSIEVR VINCENT DE PAVL,
Instituteur & premier Superieur General de la Congregation de la Mission.

CONTRE les faux Discours du Livre de sa Vie, publiée par Mr. Abelly, ancien Evesque de Rodez.

ET Contre les Impostures de quelques autres Ecrits sur ce sujet.

CHAPITRE PREMIER.

Que le Livre qui porte pour Titre, La Vie de Monsieur Vincent, *des-honore sa Memoire, & a esté entrepris par des interests particuliers, & par des motifs differens de ceux qui y ont servy de pretexte.*

IL y a trois ou quatre ans qu'on a mis en public, sous le nom de Monsieur Abelly, Evesque de Rodez, un Livre qui porte pour Titre, *La Vie du Venerable Serviteur de Dieu, Vincent de Paul, Instituteur & premier Superieur General de la Congregation de la Mission.* Ce Livre ne represente rien moins que la vertu & le merite de celuy dont il parle. Et on ne s'en étonnera pas, si on considere ce qu'il est aisé de remarquer en le lisant, & ce qui sera montré clairement dans la suite de ce discours; qu'il n'a pas esté entrepris, pour mettre au jour les bonnes qualitez de Monsieur Vincent, & les rendre capables, en les publiant, de servir à l'edification publique: Mais qu'il a esté composé pour faire revivre les vieilles impostures qui ont esté répanduës autrefois contre un de ses meilleurs, & plus fidelles Amis. Ce n'est pas un Ouvrage de charité, ny du zele qu'on doit avoir pour l'utilité commune de l'Eglise: mais un nouvel effet d'une passion inveterée, qui a éclatté il y a longtems contre feu Monsieur l'Abbé de saint Cyran, dont la memoire est outragée en divers endroits de ce Livre, sous pretexte de donner des loüanges à une personne, qui luy ayant esté particulierement unie, est visiblement exposée aux injures & aux playes dont on charge cruellement son Amy.

Aussi est il aisé de reconnoître, que les premiers Auteurs de cette Production nouvelle n'ont pas eu plus de soin d'épargner l'un que l'autre; & que s'ils ne se sont pas declarez ouvertement contre la Congregation de la Mission, & son premier Superieur, comme ils ont fait contre feu Monsieur de saint Cyran, & ses autres Amis, ce n'a pas esté par une estime & une affection sincere qu'ils ayent pour les Prestres de la Mission, n'en ayant point encore fait voir pour aucune Communauté qui soit dans l'Eglise : mais estant fort empeschez à se defendre des reproches & de la honte que leur cause le desordre de leur doctrine & de leur conduite qu'on découvre tous les jours, ils sont bien aises de se prévaloir dans le monde de quelque ombre d'union qu'ils entretiennent avec quelques-uns, pour conserver les restes d'une reputation mal-établie, qui tombe en ruïne de plus en plus.

On sçait comment en diverses occasions ils ont traitté les Dominicains, les Benedictins, les Peres de l'Oratoire, & les autres Societez qui leur font ombrage ; & qu'ils ne peuvent s'empescher de faire paroitre de tems en tems l'ambition qu'ils ont d'estre les Maistres par tout où ils se rencontrent. C'est pourquoy il ne faut pas trouuer étrange, qu'ils ayent engagé Monsieur Abelly à écrire la Vie de Monsieur Vincent conformément à leur methode, qui est de déchirer ouvertement ceux qui n'approuvent pas leurs excez ; & de parler froidement & bassement de ceux dont ils font semblant d'avoir de l'estime. Car tout ce qui est rapporté dans les trois parties de ce beau Panegyrique de M. Vincent, n'aboutit presque qu'à renouveller & autoriser du nom d'un Evesque qu'ils gouvernent absolument, les accusations qu'ils ont formées, il y a plus de vingt-cinq ans, contre feu Monsieur de saint Cyran ; à faire croire que M. Vincent a eu beaucoup de veneration pour leur Compagnie ; à établir par ses sentimens & par ses exemples leur doctrine relâchée ; & enfin à donner une idée fort basse de toute sa conduite, & peu digne de la vertu & de la sagesse d'un excellent Prestre, & d'un veritable Superieur.

Il y auroit lieu aprés cela de s'étonner que Messieurs de la Mission ayent souffert qu'on publiât une Piece si desavantageuse à leur Pere, si on ne sçavoit bien que les principaux d'entr'eux n'approuvent pas les emportemens de Monsieur Abelly, se souvenans de la liaison que M. Vincent a euë avec feu M. de saint Cyran, & des services considerables qu'il en a receus tant en sa personne qu'en celle de ses Parens, & dans les deux premiers établissemens de sa Congregation. Mais ils ont crû devoir souffrir doucement le tort que M. Abelly leur a fait, soit à cause du respect qu'ils ont pour la dignité Episcopale, soit par l'apprehension d'offenser les Iesuites, dont M. Abelly n'est que l'instrument ; & sur tout le R. P. Annat Confesseur du Roy. Car ce Pere a conceu une passion & une animosité implacable contre la personne de feu M. l'Abbé de Saint Cyran, comme il l'a témoigné en toutes sortes de rencontres, quoy qu'il n'ait jamais eu rien à démesler avec luy, & qu'il ne l'ait pas mesme connu durant sa vie. Mais ayant crû qu'il ne pouvoit pas mieux se signaller dans sa Compagnie, qu'en formant une conspiration, pour faire condamner par l'assemblée du Clergé de France de l'année 1660, le Livre de Petrus Aurelius, qui en a combattu si puissamment les erreurs & les dereglemens ; & son entreprise ayant esté rejettée comme insupportable, puisqu'elle n'attaquoit pas tant cét excellent Livre, que trois ou quatre assemblées generales du mesme Clergé de France, qui de leur propre mouvement, & sans aucune brigue, l'avoient approuvé avec eloge, & honoré d'une maniere toute extraordinaire ; il a voulu se consoler en se servant pour le moins de la main d'un Evesque pour décrier celuy qu'il s'est imaginé en avoir esté l'Auteur, quoy qu'en effet il n'en ait aucune preuve.

Car feu M. l'Abbé de Saint Cyran n'a iamais avoüé ce Livre, ayant toûiours declaré à ceux qui luy en ont parlé, que ce n'estoit pas son Ouvrage : & on sçait que les Iesuites mesmes, & particulierement le Pere Sirmond l'ont attibüé à d'autres,

comme

comme il paroist par leurs Ecrits. Que si quelques personnes ont prétendu sçavoir qu'il en estoit l'Auteur, & l'ont publié dans leurs Ecrits, je me contenteray de dire qu'ils ne l'ont jamais veu ny conneu, & qu'ils ne sçauroient donner aucune preuve suffisante de ce qu'ils disent. Ils ont pensé honorer sa Memoire en luy donnant la gloire de ce Livre, & les loüanges qu'il a receuës de tout le Monde. Mais ils témoignent en cela faire plus d'estime que luy de la gloire & des loüanges des Hommes, qu'il a toûjours fort peu considereés, & sur tout quand elles ne sont pas veritables. S'il estoit encor en ce monde il les desavoüeroit hautement, & les prieroit d'avoir pour luy une affection plus reglée & plus chrestienne, comme il a toûjours resisté à ceux qui l'ont voulu faire Auteur de ce Livre: & ses Amis ne peuvent douter, aprés sa mort, de la sincerité de ses paroles, sans luy faire grand tort. Mais le zele du P. Annat ne pouvant se contenir, & ne sçachant à qui s'en prendre, ne luy a pas permis de laisser passer l'occasion d'exercer sa vengeance sur la personne de feu M. l'Abbé de S. Cyran, en le representant comme un Homme impie & abominable, par la plume de M. Abbelly dont il pouvoit disposer absolument. Car il est constant que ce Prelat a esté de tout tems dévoüé aux Iesuites par la bonté & la facilité de son humeur, & qu'il a une liaison particuliere avec le P. Annat, qui l'a aidé à obtenir l'Evesché de Rodez, & du païs de Roüergue, qui est celuy de ce Pere, par la demission de Monsieur l'Archevesque de Paris, & à s'en demettre peu aprés lui-mesme en faveur d'un autre, en appuyant le plus qu'il a pû ce double changement. C'est pourquoy il a esté facile à ce Pere, & aux autres Iesuites, de persuader à ce bon Prelat ce qu'ils ont voulu, & de luy inspirer le desir violent qu'ils avoient de se vanger de Petrus Aurelius, sous le nom de feu M. de S. Cyran, en luy faisant passer cette injustice & cét excez pour une action de devotion & de reconnoissance. C'est ainsi qu'ils l'ont confirmé, ou mesme engagé, dans le dessein d'écrire la Vie de M. Vincent en la maniere qu'il leur a plû, croyant que c'estoit une rencontre fort commode pour faire dire à M. Vincent tout ce qu'ils voudroient contre la Memoire de M. l'Abbé de S. Cyran, qui avoit esté son Amy particulier, par une adresse & une artifice digne de l'esprit des Iesuites, sans avoir égard à la tache qu'il imprimoit à M. Vincent, en luy faisant profaner l'amitié, qui est l'accomplissement de la charité chrestienne.

Le Genie & le Style des Iesuites se manifeste presque en tous les endroits de ce gros Volume de la Vie de M. Vincent. Il est remply de leurs maximes, de leurs inventions, & de ce soin inquiet qu'ils ont de faire tout servir à l'établissement de leurs prétentions. On leur y donne des loüanges si extraordinaires, & si hors de propos, qu'il paroist clairement que la gloire de leur Compagnie a esté le veritable sujet de ce Livre, & non pas la Vie de M. Vincent: & que comme M. Abbelly n'a fait que suivre leur doctrine dans sa *Moüelle Theologique*, qui n'est qu'un abregé de leur Theologie relâchée, il ne fait que suivre leurs passions & leurs mouvemens dans ce Livre qu'il veut paroitre avoir composé pour M. Vincent.

Cela se void encore mieux en ce qu'il a produit ce Livre peu aprés avoir receu la consecration Episcopale dans l'Eglise des Iesuites, comme s'il n'avoit esté fait Evesque que pour autoriser les médisances & les faussetez qu'il contient; & qu'il eust voulu donner à ces Peres les premiers fruits de son Episcopat, qui eussent esté mieux employez pour son Diocese, auquel ils estoient deus par des raisons plus solides & plus divines. Mais les Iesuites ne luy ont pas permis de les considerer, non plus que tant d'Ordonnances Canoniques qui def[illegible]ent si severement les accusations fausses ou temeraires, c'est à dire, qui ne procedent pas d'une connoissance evidente & indubitable, soumettant à estre deposez les Ecclesiastique & les

Evesques mesmes pour des calomnies beaucoup moindres que celles du Livre de M. Abbelly. Or cet Evesque n'ayant point connu feu M. l'Abbé de S. Cyran, & ne pouvant parler de luy que sur la foy des autres, il ne devoit pas se fier aux rapports de personnes si suspectes que les Iesuites, qui ont témoigné tant d'animosité contre sa Memoire : & il n'est pas moins inexcusable qu'eux de renouveller leurs impostures, qui ont esté, il y a long-tems, publiquement convaincuës & effacées de la memoire des Hommes.

Il devoit au moins s'efforcer de répondre en quelque maniere à tant d'Ecrits celebres qui les ont refutées, quand ce n'eust esté que pour couvrir un peu l'honneur de ceux qui en ont esté les premiers Inventeurs, & qui luy en ont, sans doute, fourny les Memoires. Mais de soûtenir opiniâtrément tant d'accusations atroces & incroyables, & de les produire encore, aprés qu'elles ont esté tant de fois & si evidemment détruites, sans oser seulement faire la moindre replique à des defenses si fortes & si invincibles, c'est montrer ouvertement qu'on renonce à la conscience & à l'honneur, aussi bien qu'à la verité & à la raison, & qu'on est resolu d'agir de la sorte, sans avoir égard à quoy que ce soit.

CHAPITRE II.

Que feu Monsieur l'Abbé de saint Cyran n'a pas besoin qu'on le defende de nouveau contre les impostures qui sont répanduës dans le Livre de Monsieur Abbelly.

IL n'y a gueres eu de personnes en ce siecle qui ayent esté exposées a de plus grandes calomnies & à de plus violentes persecutions que feu M. l'Abbé de S. Cyran. Mais on peut dire aussi qu'en recompense il n'y en a gueres eu dont la defense & la iustification ait esté plus manifeste ; plus reconnuë de tout le monde, & plus convainquante. De sorte que si d'un costé Dieu l'a éprouvé par les exercices de Vertu où il l'a fait passer, il l'a rendu glorieux d'un autre costé en ce monde, mesme par les témoignages publics qu'il a procuré qu'on rendit à son innocence. Et quoy que ses Adversaires ayent encore fait paroitre plus d'animosité contre luy depuis sa mort que de son vivant, les preuves de son merite & de son integrité, & les marques de leur injustice & de leur violence n'en ont pas esté moins visibles, & moins odieuses, puisque la mort mesme, qui finit toutes choses, n'a pas esté capable de les finir, & que l'excez de leur malice les veut rendre immortelles.

La grande licence qu'on s'est donnée de publier contre luy des impostures, commença principalement un peu aprés sa prison, lors que la passion de ceux qui l'avoient fait arrester, dont la puissance estoit redoutable à tout le monde, sembloit donner esperance d'impunité, & mesme de recompense à ceux qui appuyeroient de leurs médisances le procedé injuste & irregulier qu'on avoit gardé en se saisissant de sa personne. On essaya d'abord de répandre contre luy des Libelles écrits à la main, remplis de mensonges & d'extravagances, dont on n'a iamais pû tirer aucun avantage. On les fit depuis imprimer avec divers changemens, & des additions aussi peu propres pour le convaincre que les premieres : la seule contrarieté qui se trouvoit dans ces diffamations estant capable d'en faire voir la fausseté. Mais ce qui montre invinciblement la nullité de toutes ces accusations qu'on publia contre luy, avec tous les artifices & toutes les recherches imaginables, est que dans un interrogatoire qu'on luy fit durant plus de trois semaines, & qu'il voulut bien subir, quoy que ce fust contre les formes & contre les loix de l'Eglise, & principalement de celle de France, on ne luy dit pas un seul mot ny des écrits, ny des memoires, ny des prétenduës depositions qui avoient esté publiées contre luy; & on les iugea si mal-fondées & si hors d'apparence, que ses ennemis mesmes, dans le zele & la passion qu'ils avoient contre luy, ne crurent pas y devoir faire aucun fondement, ny les proposer seulement dans une procedure, qui n'estoit destinée que pour trouver quelque suiet ou quelque pretexte pour couvrir leur entreprise, visiblement iniuste & tyrannique. Car sa détention estant l'effet d'une passion aveugle qu'on avoit contre luy, & non pas d'une conduite legitime ou raisonnable, on l'avoit resoluë sans avoir des crimes à luy reprocher, esperant qu'il se rencontreroit aprés des moyens apparens & des suiets plausibles de le faire condamner, sinon dans ses mœurs, au moins dans ses sentimens & dans sa doctrine; ce biais d'opprimer les innocens ayant toûiours paru le plus facile à tous les iniustes persecuteurs des personnes irreprochables.

Ce fut dans ce dessein qu'on eut un soin si particulier de se saisir de tous les écrits, iusques aux moindres morceaux de papier qui se trouverent dans son Cabinet, lors qu'on l'arresta; & de les faire examiner par plusieurs personnes, dont la pluspart estoient prévenus de passion contre luy. Mais ce qui avoit esté concerté pour venir plus aisément à bout du dessein qu'on avoit de le perdre, fut ce qui contribüa davantage à l'éclaircissement de son innocence. Car entre tous ceux qui eurent la commission de lire les écrits qu'on luy avoit enlevez, non seulement il n'y en eût aucun qui y trouvast rien à redire, mais il y en eut mesme qui donnerent à ce qu'ils avoient veu, des approbations & des loüanges si extraordinaires, qu'ils ne craignirent point de dire, qu'ils n'avoient rien leu de plus beau dans les Anciens. Ce fut le témoignage qu'en rendit Monsieur Habert, auiourd'huy Evesque de Vabres, devant des personnes de qui on l'a sceu. De sorte que ne s'estant rien pû découvrir dans ses recueils & dans ses papiers, qui fust le moins du monde opposé à la Foy, & à la doctrine de l'Eglise; mais au contraire tous ses travaux ayant paru tres-edifians, tres-pieux, & tres-conformes à la verité Orthodoxe, il demeura pour constant que ses sentimens devoient estre bien purs & bien catholiques, puisqu'une si grande multitude d'écrits qu'on luy enleva, & qu'on surprit en l'arrestant, n'avoit pû fournir à ses envieux aucun suiet de former le moindre reproche contre sa Doctrine. C'est pourquoy dés le vivant du Cardinal de Richelieu le feu Roy donna ordre qu'on luy renvoyast tout ce qu'on avoit pris de papiers chez luy: & cette action de justice, quoy que mal executée, fut un des plus considerables préjugez de sa justification, qui receut depuis son entier accomplissement par la délivrance glorieuse que l'equité de ce Prince accorda à la simple proposition qui luy en fut faite aprés la mort de son premier Ministre, comme il en sera parlé plus bas.

Outre ces convictions generales & publiques de l'innocence de feu M. l'Abbé de S. Cyran, & plusieurs autres, dont M. Abelly nous obligera de dire quelque chose dans la suite de cette Réponse; on ne laissa pas de satisfaire en particulier aux impostures & aux calomnies, quoy que grossieres, qui furent publiées contre ce grand Homme: & on composa pour luy des Apologies qu'on se contenta de montrer d'abord à quelques personnes qui souhaitterent de les voir, dans l'esperance que des accusations si informes & si mal-fondées se dissiperoient d'elles-mesmes; & que la maniere dont on les répandoit, contre tout l'ordre de la justice & de la raison, seroit une preuve suffisante de leur nullité. Mais la patience & la moderation de feu

M. l'Abbé de S. Cyran, au lieu de retenir & de toucher ses calomniateurs, ne servit qu'à les rendre plus insolens & plus determinez à continüer de le noircir & de le diffamer par leurs Libelles. Ce qui obligea de donner au Public la Defense qui avoit esté dressée il y avoit déja quelques années, à laquelle on joignit une Réponse tres-exacte à tout ce qui avoit esté adjoûté aux premieres impostures qui avoient couru dans Paris dés l'année 1638. Ces Pieces si necessaires pour arrester les efforts & les artifices des Iesuites, furent imprimées par deux fois en peu de tems; & parurent si claires, si solides & si invincibles dans leur breveté, qu'elles peuvent servir d'une ample & d'une entiere justification, contre tout ce que l'envie & l'animosité a inventé iusqu'à present, & est capable d'inventer à l'avenir contre celuy pour qui elles ont esté composées.

On peut bien encherir sur les médisances & les faussetez qu'on a semées jusqu'à cette heure contre feu M. de S. Cyran; comme on voit à present que M. Abelly, & depuis luy M. Chamillard & Des Marests ont trouvé de nouvelles manieres de relever & de rendre encore plus noires & plus difformes les médisances qu'on avoit avancées contre sa memoire. Mais ils n'ont rien allegué de nouveau pour ce qui est du fonds de leurs calomnies, & on n'en sçauroit plus alleguer, qui ne se reduisent à quelqu'une des premieres qui ont esté produites par les Iesuites. Car ces bons Peres auront toûjours la gloire, dont ils veulent bien se prévaloir, d'avoir esté les chefs, les inventeurs, & les instigateurs de toutes les injustices & de toutes les caballes qui ont esté suscitées de nostre tems, contre la pluspart des gens de bien qui y ont esté exposez.

L'Ecriture sainte nous apprend qu'il y a un progrez dans le mal en ceux dont la conduite & la science est mal reglée; & qu'il y a des inventions qui tournent à leur
Eccles. 20. 9. detriment: *est processio in malis viro indisciplinato, & est inventio in detrimentum.*
Ps. 11. 9. Mais elle nous enseigne en mesme tems, qu'ils ne font que tournoier. *In circuitu ambulant*, c'est à dire, qu'ils marchent toûjours sur les mesmes traces, rebattant & recommençant continuellement ce qu'ils ont une fois inventé contre l'innocence & la justice, suivant cette plainte si frequente de l'Esprit de Dieu, *Ibunt in adinventionibus suis.*
Ps. 80. 13. Cela s'est verifié en tout ce qu'on a fait pour la diffamation de feu M. de S. Cyran. Plusieurs se sont signalez par des calomnies dont ils ont tâché de le noircir durant sa vie & aprés sa mort. Les Iesuites y ont eu depuis long-tems la meilleure part, & en ont animé d'autres ensuite par leur exemple, & par les voyes ordinaires d'interest ou de crainte, par lesquelles ils engagent tous ceux qu'ils peuvent dans leurs querelles. Dans ce grand nombre de médisans & de faux-témoins, il ne s'en est pû trouver aucun qui ait apporté une seule preuve le moins du monde considerable, pour appuyer ses mensonges; & ils ont tous esté reduits à rebattre les mesmes inventions & les mesmes contes; les derniers ne faisant que suivre les premiers, & supposant hardiment en leurs Libelles posterieurs les preuves qui n'ont jamais paru dans les precedens. Car il n'y en a eu un seul qui ne se soit déchargé sur un autre de la difficulté qu'il a ressentie à maintenir les faits & les suppositions incroyables de leurs invectives communes: & personne n'a osé s'engager à en verifier aucune devant un Tribunal reglé, & devant des Iuges legitimes.

Il n'est pas necessaire de marquer icy en particulier tous ceux qui ont pris part depuis trente ans a de si estranges injustices, qui ont esté entretenuës par l'impunité; la seule crainte des peines estant capable de les arrester. Il suffit de representer en peu de mots, que M. Abelly n'a pas mieux reüssi dans ses accusations, que ceux qui les luy ont suggerées; & qu'il est encore plus blâmable qu'eux, d'avoir suivy aveuglément des Accusateurs si foibles, si suspects, & si manifestement

convaincus,

convaincus, sans avoir aucune preuve ny aucune raison pour defendre leurs impostures contre ceux qui les ont si puissamment ruïnées.

Il semble qu'il ait crû que sa qualité, qui devoit l'attacher davantage aux regles de la iustice envers les moindres des hommes, l'a dispensé de rendre raison de l'iniure publique qu'il a faite à un Ecclesiastique d'un rang inferieur au sien. Car on ne peut pas appuyer moins qu'il a fait des diffamations si importantes & si horribles. Mais des accusations sans fondement & sans preuve, ne sont pas plus croyables dans la bouche d'un Evesque que dans celle des particuliers. Elles le sont plutost beaucoup moins, & elles doivent estre d'autant plus condamnées & reiettées, que les Evesques sont obligez par leur charge d'estre les defenseurs des innocens, & non pas les complices de ceux qui les veulent opprimer. Ils doivent estre comme Iesus-Christ lequel ils representent comme ses Vicaires, Princes de la Iustice, Hebr. 7. & Princes de la Paix; & les Saints les appellent, Prestres de la Verité, aussi bien que de la Charité: & ainsi une accusation temeraire & déraisonnable est de beaucoup plus odieuse & plus intolerable dans eux que dans tous les autres hommes.

Il falloit donc qu'il considerast avant que de s'engager dans une entreprise si peu episcopale, que l'Apologie de feu M. de S. Cyran ayant détruit par avance tout ce qu'il allegue quant à la substance de ses calomnies; & personne n'ayant osé iusqu'à present y faire aucune replique, la refutation de son Livre estoit entre les mains de tout le monde, devant mesme qu'il l'eust fait, & qu'il travailloit inutilement; puisque son travail ne sert qu'à confirmer de plus en plus, que l'innocence de celuy qu'il accuse sans preuve, & avec de si grandes marques d'impuissance, est entierement invincible. La seule equité naturelle peut apprendre aux particuliers, qu'il faut beaucoup de certitude & une parfaite evidence pour accuser ou condamner une personne; & que pour l'absoudre, au contraire, ou le defendre, il suffit que les plaintes qu'on forme contre luy, ne soient pas assez appuyées pour lever tous les doutes & les presomptions de son innocence. Ceux qui sont plus instrits des moyens qu'on doit garder selon les Loix civiles ou ecclesiastiques dans les iugemens ou les poursuites des coupables, & qui sçavent par experience en combien de manieres la calomnie est capable d'obscurcir l'innocence & la vertu la plus asseurée; sont toûjours plus portez à favoriser les accusez, & plus reservez à recevoir les dépositions, les témoignages, & les preuves qu'on employe contre eux.

Quelle creance peut donc esperer M. Abelly dans l'esprit des personnes sages & equitables, en imposant publiquement des crimes & des impietez horribles à un Prestre celebre par sa vertu & par sa science, sans pouvoir soûtenir la moindre de ses accusations par une seule preuve qui puisse passer pour indubitable, & qui deust estre receuë, selon les loix, dans les justices les plus communes? Qui peut voir sans étonnement & sans horreur qu'un Evesque entreprenne sur sa seule parole de se rendre tout ensemble accusateur, témoin, & persecuteur d'un Prestre dont les excellentes qualitez luy ont acquis l'estime, l'amitié, & la veneration des plus gens de bien de son temps: non seulement de ceux qui ont esté considerables dans l'Eglise par le rang qu'ils y ont tenu devant M. Abelly, & qu'ils y tiennent encore à present, mais aussi de ceux qui ont esté les premiers dans les emplois du Monde & de l'Estat; d'un Prestre dont l'integrité est demeurée invulnerable & hors d'atteinte apres les efforts, les violences, & les artifices des plus puissans ennemis qu'il pouvoit rencontrer dans le monde; d'un Prestre dont la vie admirable a esté couronnée par une mort sainte, & cette mort honorée par les regrets & les larmes des personnes de pieté de toutes sortes de conditions, & de Messeigneurs les Evesques & Archevesques qui assisterent à ses Funerailles, comme d'une personne qui avoit eu tant de veneration pour leur Dignité sacrée, & pour l'Ordre & la Hierarchie de l'Eglise? Et afin que M. Abelly ne pense pas leur pouvoir opposer M. Vincent, duquel il abuse dans son Livre, comme s'il pouvoit suffire pour obscurcir une si grande lumiere, il recevra, s'il luy plaist, pour une premiere preuve de cet abus, le temoignage que M. Vincent rendit, avec tous les autres, à la vertu irreprochable de feu M. de S. Cyran, en se transportant en son logis pour luy donner de l'eau benite, & pour asseurer Monsieur son Neveu du ressentiment qu'il avoit d'une si grande perte.

Apres cela il n'est plus besoin de nouvelles Apologies pour feu M. l'Abbé de S. Cyran, l'éclat de son innocence a effacé tout ce que l'envie a pû produire contre luy jusqu'à present, & tout ce qu'elle pourra produire à l'avenir: & si les ombres du Livre de M. Abelly ont quelque force pour obscurcir la verité, ce ne peut estre que celle qui regarde M. Vincent, la memoire duquel il ne sçauroit deshonorer davantage, qu'en le rendant auteur des calomnies & des faussetez insoûtenables de son Livre. C'est donc M. Vincent seul qui a besoin de quelque defense, afin qu'on ne le croye pas coupable des crimes que M. Abelly luy impose en faveur des Iesuites. Et puisque personne ne s'est encore mis en peine de le justifier, & de le delivrer de cette infamie, je tâcheray de rendre ce devoir à sa pieté, qui ne meritoit pas d'estre traitté si indignement, & qui estoit incapable d'une aussi grande lâcheté, & d'une aussi notable perfidie que celle qu'on luy attribuë.

CHAPITRE III.

Que Monsieur Abelly a deshonoré Monsieur Vincent en plusieurs manieres notables; & premierement en supprimant plusieurs circonstances remarquables de sa Vie.

POUR comprendre en combien de manieres M. Abbelly blesse & deshonore la memoire de M. Vincent dans l'Histoire de sa Vie; il est necessaire de representer les choses importantes qu'il a en partie oubliées, & en partie obscurcies. Il faut sçavoir que l'amitié, qui a esté entre feu M. l'Abbé de S. Cyran & M. Vincent, commença à Paris par l'entremise de Monsieur le Cardinal de Berulle, chez qui ils se virent pour la premiere fois. M. Abelly ignorant ou dissimulant la part qu'un
Liv. 2. ch. 11. Cardinal si pieux & si illustre par son merite avoit euë à cette union; en va chercher l'origine dans l'étenduë d'une grande Province, où ils ne se sont jamais vûs ny connus, estant de deux Dioceses & de deux Gouvernemens differens. De sorte que la qualité de *Compatriote* qu'il leur donne, ne leur convient pas, & n'a servy de rien à leur mutüelle connoissance, comme il le veut faire croire. M. Vincent receut cette connoissance comme un gage de l'affection que M. le Cardinal de Berulle avoit pour luy, & une marque de l'estime que ce Prelat faisoit de feu M. de S. Cyran. C'est pourquoy, à son imitation, il commença à l'estimer beaucoup & à l'honorer. Et M. de S. Cyran de son costé luy témoigna aussi une grande affection, & un grand desir de le servir. Ce qu'il fit ensuite en beaucoup de rencontres importantes dans les affaires de sa Compagnie, & dans les siennes en particulier, dans celles de ses parens & de ses amis, à qui il a rendu des assistances notables en sa consideration. M. Vincent avoit souvent recours à luy, ayant bien tost

reconnu par experience qu'il n'y avoit gueres d'hommes de meilleure amitié, & qui s'épargnast moins dans les affaires de ses Amis.

Le R. P. de Gondy Prestre de l'Oratoire, autrefois General des Galeres, & pere de Monsieur le Cardinal de Rets d'apresent, a esté un des plus illustres témoins de cette verité. Car comme il honoroit fort de son amitié feu M. l'Abbé de saint Cyran, & estimoit beaucoup sa pieté & sa lumiere, il luy communiqua le conseil qu'on luy donnoit de changer la Fondation qu'il avoit faite de la Communauté des Prestres de la Mission au College des Bons-enfans, du vivant & avec la participation de Madame la Generale des Galeres sa femme, & de la tranferer ailleurs; & luy en demanda son avis. M. de S. Cyran le détourna de ce dessein, & le confirma dans sa premiere resolution; laquelle il suivit sans vouloir plus penser à ce qui luy avoit esté proposé par d'autres. Ainsi on peut dire que feu M. de S. Cyran conserva l'Institution des Prestres de la Mission, & l'empescha d'estre étouffée dés sa naissance. Il s'employa souvent avec cette mesme bonté pour M. Vincent & pour les Prestres de sa premiere Communauté, soit en general, soit en particulier: & ils en estoient si satisfaits, qu'ils voulurent luy donner un logement dans le College des Bons-enfans, & s'offrirent, s'il ne le trouvoit pas assez commode, de luy en faire bâtir un autre.

Ces particularitez estoient assez considerables pour estre inserées dans l'Histoire de M. Abelly, parmy une infinité d'autres qui meritoient moins d'y estre employées, & qui ne servent pas plus à la recommandation de M. Vincent. Mais en voicy d'autres encore plus remarquables qu'il a supprimées, quoy qu'il les deust moins dissimuler, puis qu'elles sont venuës davantage à la connoissance de Amis de M. Vincent.

L'établissement de Saint Lazare est un des plus notables evenemens de la Vie de M. Vincent. M. Abelly a dû signaler son exactitude & sa sincerité dans la description qu'il en a voulu faire. Mais il s'en est tellement acquitté, qu'on peut dire, ou qu'il a esté mal-informé de ce qui se passa dans cette affaire, ou qu'il n'a pas voulu rapporter ce qu'il en a appris. Car il y a deqvoy s'estonner, qu'ayant exageré, comme il a fait, la maniere dont le feu Prieur de saint Lazare agit dans cette affaire, & le traité qu'il fit avec M. Vincent, comme tout desinteressé & entierement Apostolique, il n'ait pas eu soin de le representer pour l'edification du Public, & d'en rapporter les conditions & les circonstances, comme il a rapporté celles de la Fondation qui fut faite dans le College des Bons-enfans, laquelle est beaucoup moins considerable, que l'établissement de saint Lazare. Il estoit bon d'informer tout le monde de la verité de cette action si importante, qui devoit servir de fondement à la Compagnie des Prestres de M. Vincent; de peur que le silence duquel il l'a voilée, ne parust affecté dans l'Histoire de la Vie de ce venerable Prestre, & ne donnast lieu de penser, ou qu'elle n'a pas esté si Apostolique qu'il la fait, ou qu'il a voulu retrancher une partie considerable des loüanges qu'il luy devoit, par quelque consideration particuliere. Mais de quelque façon que ce soit passé l'accord qui se fit entre M. Vincent & le Prieur de saint Lazare de la part de l'un & de l'autre, les grandes difficultez que M Abelly donne assez à connoître qui s'y rencontrerent, & le silence volontaire qu'il garde sur ce point, font bien voir, qu'il n'a pas accomply la promesse qu'il a faite d'estre exact & fidelle dans son Histoire, & que s'il a manqué sur ce sujet, il peut bien l'avoir fait en d'autres, où sa faute ne seroit pas si aisée à découvrir. Il suffit maintenant de remarquer en general, qui ne peut pas s'excuser d'avoir supprimé plusieurs choses necessaires à l'Histoire de la Vie de M. Vincent, & à la connoissance de sa vertu &

[Marginal notes: Liv. 1. ch. 26. — Liv. 1. ch. 17. — ibid. ch. 32. — Epist. à la Reyne & avis au Lecteur.]

de son merite, comme il paroist encore dans un point important de cette mesme affaire de S. Lazare, où nous pouvons suppléer à ses omissions, & reparer le tort qu'il fait à M. Vincent, en dissimulant ce qui peut beaucoup servir à connoitre la disposition de son cœur, sa grande humilité & sa gratitude, qui est, selon saint Augustin, l'une des principales vertus du Christianisme, & sans laquelle il n'y en a point de veritable.

Le traité de S. Lazare ayant esté conclu, apres de grandes longueurs & difficultez, dont M. Abelly ne parle qu'à demy; & M. Vincent estant entré en possession de ce lieu, les Religieux de S. Victor de Paris luy intenterent un procez, pretendant que la maison de S. Lazare dependant de la leur, on n'en avoit pû disposer ny traiter sans leur consentement. Leur cause paroissoit favorable, & ils ne manquoient pas d'amis puissans pour l'appuyer. Feu Monsieur le premier President le Jay sembloit pancher de leur costé, & estre si contraire à M. Vincent, que le voyant venir pour le solliciter, il se destournoit de luy, & refusoit de l'écouter. Feu Monsieur Bignon Avocat General estoit de mesme si peu porté pour M. Vincent, qu'il ne faisoit rien esperer d'avantageux pour sa Compagnie. Ce fut alors que feu M. l'Abbé de S. Cyran, qui connoissoit les bonnes intentions de M. Vincent, & qui luy avoit déja donné des preuves de son amitié en plusieurs rencontres fâcheuses, prit à cœur de travailler pour son affaire, & employa tout son credit & sa prudence pour la faire reüssir. Il la fit recommander à M. le premier President le Jay par une personne de grande condition, qui luy en parla d'une maniere si obligeante, que depuis ce tems-là il faisoit à M. Vincent un accueil fort different de celuy qu'il luy faisoit auparavant, allant au devant de luy lors qu'il l'apercevoit, & écoutant avec beaucoup d'attention tout ce qu'il luy vouloit dire. Et pour ce qui est de feu M. Bignon, qui a toûjours fait l'honneur à M. de S. Cyran de le cherir & de l'estimer comme l'un des premiers hommes qu'il connoissoit; il eut tant d'egard aux raisons qui luy furent representées par ce fidelle Amy de M. Vincent, qu'encore qu'il eust esté d'abord dans un sentiment fort opposé, il demeura persuadé qu'il devoit appuyer le droit de Messieurs de la Mission, & de conclurre en leur faveur. Et en effet, apres le plaidoyé puissant & persuasif de l'Avocat de Messieurs de S. Victor, la Cour se trouva tellement ebranlée, qu'on tenoit pour asseuré que M. Vincent seroit depossedé de la maison de S. Lazare. Ce qui fust arrivé, selon toutes les apparences, si M. Bignon, dont on consideroit fort les Conclusions, sur tout en ces sortes d'affaires, n'eust entierement renversé les raisons qui venoient d'estre alleguées, & n'eust étably si puissamment le bon droit de M. Vincent, que l'Arrest fut prononcé en sa faveur. Ainsi il fut confirmé dans la possession de S. Lazare, où sa Compagnie s'est establie & multipliée plus qu'elle n'eust pû faire dans le College des Bons-enfans. Et c'est de cette maison comme de la source, que sont sorties toutes les autres que nous voyons erigées en tant d'endroits.

Liv. 3. de M. Abelly ch. [illegible] sect. 1.

Monsieur Vincent considerant les difficultez qui s'estoient rencontrées dans cette affaire, & s'estant trouvé au Palais dans une grande incertitude du succez qu'elle pouvoit avoir, fut si persuadé de l'obligation qu'il en avoit à feu M. de S. Cyran, que sur le champ il s'en alla au Cloistre de nostre Dame, où il demeuroit; & luy fit des remercimens pleins de ressentiment & d'humilité, en se mettant à genoux devant luy, & luy declarant qu'il venoit luy rendre hommage d'une maison qu'il tenoit absolument de luy. Et pour accomplir l'hommage & la reconnoissance qu'il luy en devoit, il luy fit un petit present qu'il le pria d'accepter comme une marque du pouvoir qu'il devoit avoir sur la mais[illegible] dont il se servit pour exprimer la reconnoissance qu'il avoit du grand service que son Amy luy avoit rendu & à toute sa Compagnie.

Si M. Abelly a ignoré toutes ces choses, il ne devoit pas entreprendre un recit dont il estoit si peu informé; & il devoit encore moins faire esperer aux Lecteurs, par l'étenduë de ses discours, & par l'avis qu'il leur donne à l'entrée de son Ouvrage, *de ne déduire pas les choses sommairement, & seulement en general, sans descendre au particulier.* Que s'il a sceu ce que nous venons de rapporter, il est obligé de justifier la fidelité qu'il proteste de garder en toutes choses, principalement apres avoir avoüé luy mesme, *qu'on ne peut pas bien juger des choses, si on ne les connoist que superficiellement, ou en partie.* Ce qu'il dit dans son Avis au Lecteur, pour excuser la deduction de beaucoup de menuës particularitez, qu'il eust bien pû passer sous silence, apres en avoir omis tant d'autres si considerables. Il y a sujet de craindre qu'il n'ait voulu eviter tout ce qui pouvoit donner quelque idée de l'estime & de la confiance que M. Vincent avoit en feu M. de S. Cyran; & qu'il a aimé mieux oster à celuy pour qui il parle, les justes loüanges qui sont deuës à sa gratitude & à sa sagesse, que de les luy donner avec l'avantage de celuy contre qui il avoit entrepris de declamer horriblement.

Cela paroist assez dans un recit fort succint qu'il fait d'une affaire tres facheuse des Parens de M. Vincent, sans dire la maniere dont ils en sortirent par l'assistance de M. de S. Cyran, & par le credit qu'il trouva auprés du chef du Parlement, où le procez fut terminé. Ce n'est pas là garder la fidelité qu'il promet au commencement de son Livre. Ce n'est pas *faire une copie simple & naifve de M. Vincent, pour la rendre conforme à son original, & à l'équipage ordinaire de son humilité, de sa simplicité, & de sa candeur accoûtumée,* comme il parle dans l'Epistre à la Reine. Ce n'est pas là *décrire ses actions vertueuses avec le mesme esprit dont elles ont esté animées*, comme il reconnoist y estre obligé; mais c'est *aller contre son esprit, & défigurer la vertu d'humilité qu'il a tant cherie, & dont il a fait toute sa vie une profession tres particuliere.* Que si M. Abelly a apprehendé, comme il le témoigne, de tomber dans un tel defaut; & si c'est pour cela qu'il a evité de faire *une Piece d'éloquence*, en renonçant aux ornemens d'un Art qui n'est pas toutefois mauvais par luy mesme, lors qu'on l'employe à des sujets qui le meritent; il devoit, pour le moins, apprehender le desordre inexcusable qu'il y a à user d'artifice & de déguisement, en s'éloignant de la verité qu'il dit luy mesme *estre l'ame de l'Histoire.* Il est difficile de le defendre du blâme que merite l'infidelité d'un Historien; & cette difficulté paroitra encore plus grande, si on considere les autres marques qu'il en a données dans tout son Ouvrage, comme on le verra dans les Chapitres suivans. Avis au Lecteur.

Il est bon d'ajoûter seulement icy encore un témoignage de l'union & de la confiance qui estoit entre M. Vincent & feu M. de S. Cyran, que M. Abelly ne devoit pas oublier, puis qu'il a eu l'occasion d'en parler. Lors qu'il fut question d'ériger la Compagnie des Missionnaires, en une Congregation étenduë, comme on la voit à present, & de la faire approuver par le S. Siege, il s'y rencontra de grandes oppositions & contradictions, pour user des termes de M. Abelly sur ce sujet. Liv. 3. ch. 3. sect. 1. Quelques personnes, qui n'estoient pas favorables à cet Institut, lesquels il a peut-estre voulu épargner par son silence, avoient donné de fausses impressions de ceux qui estoient entrez en cette Compagnie, disant qu'il y avoit parmy eux des Hommes opposez à la puissance du Pape. De sorte que par ces bruits, & d'autres calomnies, ils avoient empesché l'expedition de la Bulle qu'on poursuivoit en Cour de Rome. M. Vincent, qui avoit d'ordinaire recours à feu M. de S. Cyran dans ces rencontres dangereuſes & importantes, parce qu'il ſçavoit par experience l'affection entiere & deſintereſſée avec laquelle il ſervoit ſes Amis, le pria de luy faire quelques Lettres, pour adreſſer à pluſieurs Cardinaux & Prelats de cette Cour, afin d'effacer la mauvaiſe opinion qu'on y avoit donnée des ſentimens des ſiens. Il luy porta encore les articles de l'Inſtitution & des Reglemens de ſa Compagnie pour les faire mettre en Latin; afin que le Pape & les Cardinaux puſſent eſtre informez de la pureté de ſes ſentimens & de ſon innocence. Ce qui reüſſit à ſon contentement & au bien de ſa Compagnie, comme on le pourroit prouver par écrit, s'il eſtoit neceſſaire.

M. Abelly ſeroit excuſable de n'avoir pas parlé de ce détail, qu'il n'a peut-eſtre pas ſceu, s'il n'avoit raconté des choſes non ſeulement plus difficiles à ſçavoir,
Liv.3. ch.13. & Liv. 1. ch. 17. mais dont il dit meſme que M. Vincent n'a jamais parlé, & qu'il a cachées à tout le Monde, comme s'il vouloit dire, qu'il les a devinées, & qu'il a un don de penetrer ce qui ne vient pas à la connoiſſance des autres. Ainſi il euſt bien pû faire part au public de ces dernieres circonſtances que je viens de remarquer; puiſqu'il ne luy eſtoit pas plus difficile de les connoître, que tant d'autres qu'il a découvertes par cette lumiere ſi penetrante qu'il ſemble s'attribüer. Auſſi il n'eſt pas impoſſible qu'il y en ait encore quelque ſouvenir & quelque trace dans la Maiſon de ſaint Lazare, où M. Vincent a veſcu ſi long-tems, & où il a laiſſé en mourant une bonne partie de ce qui pouvoit ſervir à ſon Hiſtoire.

CHAPITRE IV.

De la mauvaiſe foy de Monſieur Abelly, dans l'abus qu'il fait d'une Lettre que feu Monſieur de ſaint Cyran a écrite autrefois à Monſieur Vincent.

HISTOIRE VERITABLE DE CETTE LETTRE.

MONSIEUR Abelly ayant contracté une averſion & une animoſité toute viſible contre feu M. de S. Cyran ſans aucun ſujet, par le ſeul commerce qu'il a depuis long-tems avec les Ieſuites, qui ont tant de paſſion pour le décrier; il a crû ſur leurs memoires, qu'un des meilleurs expediens pour ſeconder leur deſſein, & qui pourroit mieux reüſſir que tant de fauſſes meſures qu'ils ont priſes juſques à cette heure, pour ſatisfaire leur deſir, ſeroit d'employer contre luy le témoignage d'un homme dont la reputation eſt ſi bien établie, que l'on ne pourroit tenir pour ſuſpect ce qui viendroit de ſa part, ſur tout s'il eſtoit avancé par une perſonne d'un rang auſſi conſiderable qu'eſt celuy que M. Abelly tient dans l'Egliſe.

Pour venir à bout de cette entrepriſe, ils luy ont mis en main une Lettre de feu M. de S. Cyran à M. Vincent, laquelle ils ont deſja communiquée à pluſieurs de leurs Emiſſaires, qui ne s'en ſont pas ſervy avec beaucoup de ſuccez. Cette Lettre, telle qu'ils la citent, ayant entre leurs mains l'original & la ſeule copie qui en a eſté faite, ne dit rien de particulier de feu M. de S. Cyran, qui puiſſe autoriſer les inductions pernicieuſes que M. Abelly en tire. Mais il a inventé un nouveau tour, pour faire conclurre aux lecteurs de ſon Liure, que quatre choſes dont M. de ſaint Cyran témoigne en general que M. Vincent l'a averty, ſont les quatre impietez & les quatre blasphemes, qu'il produit de luy-mesme, & qu'il prétend que M. Vincent a specifiées en diverses occasions. C'est ce qu'il faut montrer estre une fausseté & une calomnie grossiere, aussi éloignée de l'intention de M. Vincent, que de l'innocence de M. de S. Cyran. Cela ne sera pas difficile à justifier, soit par l'exposition du Fait, qui sera mieux appuyée que les contes de M. Abelly, soit par les contradictions evidentes qui se peuvent remarquer dans une imposture si mal concertée, & par d'autres preuves constantes, qui rendent cette supposition incroyable.

La verité est, que feu M. l'Abbé de S. Cyran ayant autrefois donné une Cure prés de son Abbaye à un Prestre, à la recommandation de M. Vincent; & ce Prestre estant entré depuis dans la Mission, avec dessein de joüir quelque tems du revenu de cette Cure, suivant l'opinion de quelques Casuistes; M. de S. Cyran eut de la peine à approuver cette conduite : de sorte qu'en ayant parlé inutilement plusieur fois à ce Prestre, & à quelques uns de ses Amis, il fit prier M. Vincent par deux personnes de grande condition & de pieté, qui estoient leurs Amis communs, de ne pas souffrir dans sa Compagnie une conduite si peu ecclesiastique. A quoy M. Vincent se rendit, & rangea ce Prestre à son devoir.

Cette liberté Chrestienne & legitime que feu M. de S. Cyran avoit prise envers M. Vincent, le fit penser à en prendre une semblable envers M. de S. Cyran, & il se resolut à son tour de l'avertir de quelques choses qui luy faisoient de la peine. Il l'alla dônc trouver chés luy pour luy parler de quatre Points, dont il n'est fait mention qu'en general dans la Lettre que M. Abelly produit.

Voila tout ce qu'il y a de vray, & tout ce qu'on peut asseurer dans le Fait, dont il tire des consequences si éloignées, non seulement de la disposition de ces deux Amis, laquelle il est aisé de connoistre par les autres actions de leur vie; mais encore de la conduite qu'ils tinrent l'un à l'égard de l'autre dans cette occasion particuliere. En quoy il est bon de remarquer la negligence que M. Abelly fait paroitre par tout, & le peu de soin qu'il a eu, ou de s'informer, ou de faire mention de tout ce qui regarde les Faits qu'il a rapportez. Car il ne dit quoy que ce soit du premier avertissement que M. de S. Cyran fit donner à M. Vincent, & qui luy donna lieu à luy en faire un autre reciproquement. Ce qui peut servir pour plusieurs inductions favorables à l'un & à l'autre, & contraires aux jugemens peu équitables & peu justes de M. Abelly. Car pour ne pas representer maintenant tout ce qu'on en peut inferer pour leur commune justification, ce qui se fera apres; il est aisé de juger d'abord, que l'avertissement fait par M. Vincent à M. de S. Cyran, ne pouvoit pas estre de la nature de celuy que M. Abelly a controuvé : puisque si M. de S. Cyran eust esté capable d'avoir des sentimens si extravagans & si abominables, M. Vincent n'eust pas pû en conscience paroitre son Amy, lors que ces deux personnes de qualité & de vertu le furent voir de sa part pour luy parler de ce Curé; & il eust esté obligé de se declarer au moins en leur presence, & de leur donner conseil de ne pas frequenter davantage M. de S. Cyran, ou de se tenir sur leurs gardes en le voyant. Mais M. Abelly n'eust pas trouvé son compte à rapporter cette visite qui fut faite à M. Vincent par des personnes si illustres par leur naissance & par leur pieté, dont l'amitié & l'estime pour M. de S. Cyran a toûjours esté constante & immuable. C'est donc pour s'exempter de dire tout ce qui n'estoit pas favorable à son Histoire, qu'il declare en ce lieu, comme il fait en d'autres, *qu'on n'a pas sceu tout le détail de cét entretien*, que M. Vincent eut avec M. de S. Cyran, Liv. 2. ch. 12.
lors qu'il luy fit l'avertissement dont parle la Lettre, esperant par là que le Lecteur excusera toutes les reticences qu'il pourra découvrir dans son Livre.

Il ajoûte ensuite, avec la mesme liberté avec laquelle il retranche ce qu'il luy Ibid.

plaist, que M. Vincent *parla à M. de S. Cyran avec tant de force qu'il en demeura tout interdit.* Mais c'est une addition de M. Abelly, qui ne sera pas aisément receuë de ceux qui ont connu ces deux personnes, ou qui ont oüy parler de l'un & de l'autre. Car on sçait assez que M. de S. Cyran, sans parler de sa science profonde, qui a esté l'objet de la jalousie de plusieurs, avoit une vivacité & une presence d'esprit, qui le rendoit capable de parler sur le champ, avec autant de facilité que d'autres, apres de longues preparations : & M. Vincent de son costé estoit fort retenu & peu étendu dans ses discours, outre qu'il estoit peu instruit des matieres de science, & sur tout de celles de l'Antiquité, comme nous le dirons quand il sera tems, contre les exagerations de M. Abelly, qui luy fait tort en luy attribüant ce qu'il n'a jamais prétendu, & qui n'estoit point de la vocation qu'il a embrassée. Et tant s'en faut qu'on le deprime en parlant ainsi de luy, que c'est au contraire un sujet de loüer son humilité & sa simplicité, qui sont les qualitez où il a le plus excellé, selon le témoignage mesme de M. Abelly.

Epist. à la Reine, & Prov. chap.

Que si M. de S. Cyran ne dit pas alors à M. Vincent tout ce qu'il luy pouvoit dire, & se reserva à luy parler plus particulierement dans la Lettre qu'il luy écrivit depuis ; ce ne fut pas par impuissance, comme M. Abelly l'asseure sans aucune apparence, mais par une conduite de vertu, & par une moderation admirable, qui a esté aussi grande en luy que sa science, laquelle le portoit souvent à parler peu, & à differer ce qu'il avoit à dire, pour le faire avec moins de chaleur & de ressentiment en un autre tems, suivant cét avertissement de l'Esprit de Dieu, *est tacens sciens tempus aptum. Sapiens tacebit usque ad tempus.* M. de S. Cyran donc, apres avoir répondu à M. Vincent ce qu'il crût devoir dire alors, jugea plus à propos de remettre à une autre occasion l'éclaircissement de la disposition de son cœur, sur les choses qu'il luy avoit marquées : & il s'en acquita dans un voyage qu'il fit peu aprés à Dissay chez feu M. l'Evesque de Poitiers, par la Lettre dont il est question. M. Vincent l'ayant receuë n'y fit point de réponse par écrit ; mais aprés le retour de M. de S. Cyran, il le vint visiter aussi-tost pour le remercier de la charité qu'il luy avoit faite, reconnoissant que les difficultez qu'il avoit euës, venoient plus de sa faute, que de M. de S. Cyran ; & que s'il eust eu plus de lumiere, il ne seroit pas tombé dans la peine où il avoit esté. Il demeura à disner chez luy ce mesme jour, pour faire voir la satisfaction entiere qu'il avoit receuë de son Amy, comme il en a donné des témoignages dans les occasions qui sont survenuës depuis, & comme il paroitra dans la suite de ce discours contre les artifices de M. Abelly.

Eccl. 20. 6 & 7.

Quelles preuves peut-il maintenant employer, pour montrer que les quatre Points de l'avertissement dont la Lettre ne parle qu'en general, sont les quatre erreurs abominables, & les quatre extravagances qu'il attribuë de luy-mesme à M. de S. Cyran? Car c'est dequoy il s'agit, & dont il est tenu d'apporter des convictions, à moins que de passer pour inexcusable. Nous voyons bien qu'il raconte des entretiens où il prétend que M. de S. Cyran a dit en d'autres occasions à M. Vincent les folies qu'il luy impute. Mais nous voyons bien aussi qu'il ne cite aucun témoin, & qu'il ne joint aucune preuve à des accusations si incroyables. Et cependant le crime le merite bien, ne pouvant estre crû sur sa seule parole, selon les regles de la raison & de l'Eglise. Iamais les Evesques n'ont esté dispensez de la Loy generale, qui oblige les Accusateurs de prouver ce qu'ils avancent. Et si cette regle est si importante pour le repos de la societé humaine, & principalement des Chrestiens ; ceux qui en sont les chefs, doivent l'observer, & la faire observer plus religieusement que les autres. Comment donc M. Abelly peut il se croire exemt d'une obligation indispensable, selon toutes les Loix divines & humaines?

C'est

C'est un artifice trop visible d'avoir reduit en ce lieu toutes les anciennes accusations qu'on a répanduës contre feu M. de S. Cyran, aux quatre seules dont il se contente de le noircir dans cette Histoire. Car voyant que la Lettre écrite à M. Vincent ne parloit que de quatre choses, dont elle dit en general qu'il avoit averty feu M. de S. Cyran, pour rendre la calomnie un peu plausible, & faire croire qu'il s'agissoit d'heresie & d'une doctrine abominable, M. Abelly a choisi quatre impostures parmy un grand nombre qui ont esté puissamment détruites, & que le tems avoit entierement abolies, afin que le rapport qui paroîtroit au moins dans le nombre, fist recevoir plus aisément celuy qu'il vouloit établir dans les crimes. Mais le peu de succez qu'ont eu les premieres calomnies, ne devoit pas donner esperance à M. Abelly d'y pouvoir mieux reüssir, pour en avoir abandonné une bonne partie. Et il ne luy sera jamais plus aisé, ny à ses bons Amis, d'en bien prouver une seule, que de les prouver toutes ensemble. L'inegalité, neanmoins, & l'inconstance, qui se voit dans tous les Libelles où on a tâché de diffamer feu M. de S. Cyran, est un grand préjugé de leur fausseté & de leur malice : n'y ayant point de marque plus ordinaire & plus seure pour découvrir la calomnie, que la contrarieté & le desaccord, qui se rencontre parmy les témoins & les accusateurs. Si la chose estoit moins constante, & si les seuls écrits qu'on a fait pour & contre, n'en découvroient pas si clairement la verité, on pourroit representer aisément cette contradiction continuelle, où tombent tous ceux qui veulent se mesler de calomnier feu M. de S. Cyran. Mais cela seroit inutile aprés tant de témoignages que le Public en a receus : & on en pourra marquer quelques-uns des plus recens que M. Chamillard & Des Marests nous ont fournis depuis M. Abelly, par des inventions qui ne s'accordent pas avec les siennes.

Si donc M. Abelly n'a formé que quatre accusations principales contre feu M. de S. Cyran, au lieu d'vn grand nombre qui ont esté publiées avant luy ; & encore aprés luy par Des Marests, ce n'a pas esté par moderation & par equité ; mais pour les rendre plus croyables en les joignant à cette Lettre, qu'il s'est imaginé estre un bon appuy de ses artifices. (3. partie de sa réponse, ch. 3.) Mais il se rend suspect & recusable luy-mesme par une preuve si pitoyable, qui n'est tirée que du rapport du nombre de quatre : & il luy eust esté bien plus seur devant Dieu, & plus honneste aux yeux du Monde, de ne pas envenimer, comme il a fait, une conduite tres-innocente de deux Amis ; mais d'attribuer à une liberté Chrestienne, permise aux Seruiteurs de Dieu, ce qu'il impute à un reproche odieux, & capable de les diffamer tous deux. Car il pouvoit representer, que l'avertissement que se firent mutuellement ces deux Personnes, n'estoit qu'un témoignage de leur amitié & de leur confiance, & il pouvoit en cette occasion relever l'humilité de M. Vincent, sa docilité, & un desinteressement d'esprit tres-rare & tres-necessaire à proposer aux Hommes en ce tems, où on est si idolatre de ses propres actions & de celles des siens. On ne sçauroit trop loüer la deference si promte qu'il fit paroître à l'avis qui luy fut donné touchant le procedé du Curé, qui estoit entré dans sa Compagnie, & l'éloignement qu'il eut de le defendre & de l'autoriser, comme il eust pû faire par des regles de conscience, qui ne sont pas contraires à la Theologie de M. Abelly. On ne sçauroit trop loüer la franchise avec laquelle il aima mieux découvrir ses peines à feu M. de S. Cyran, que de les garder dans son cœur avec amertume, qui est un defaut tres-commun, & qui produit de grands maux dans le monde & dans l'Eglise. Enfin on ne sçauroit trop recommander la sincerité admirable que M. Vincent eut aprés la reception de la Lettre, en reconnoissant que ses peines precedentes estoient venuës de son peu de lumiere, & non de la faute de son Amy ; & luy rendant des actions pour les luy avoir ostées; & sa perseverance à luy donner des marques de son amitié dans le tems mesme de sa prison qui survint depuis, & aprés sa mort, comme il sera dit cy-aprés. Certainement une conduite si humble, si sincere, si desinteressée, & si uniforme, qui a paru en M. Vincent dans cette rencontre pouvoit servir d'un beau sujet à un Historien de sa Vie, qui eust eu plus de soin & de fidelité à luy rendre ce qui luy estoit dû, ces témoignages de sa vertu luy estant infiniment plus honorables, que ceux qu'on eust voulu rendre à sa science, quand il eust esté le plus éclairé, & le plus intelligent de ce siecle.

CHAPITRE V.

Justification de M. Vincent par le procedé qu'il garda dans un Interrogatoire, qu'il fut obligé de subir sur le sujet de la Lettre dont parle M. Abelly. Les quatre Points particuliers dont M. Vincent avertit M. de S. Cyran, tres-differens des impostures de M. Abelly.

IL ne faut pas s'étonner que M. Abelly ait dissimulé tout ce qui se passa entre M. Vincent & feu M. de S. Cyran sur le sujet de la Lettre dont il parle, & sur ce qui donna lieu à l'avertissement dont elle fait mention. Il a dissimulé des témoignages bien plus considerables de la bonne conduite & de la fidelité que M. Vincent garda depuis envers feu M. de S. Cyran. Nous rapporterons les principaux, & ceux dont la memoire a esté conservée par une providence speciale de Dieu pour honorer l'innocence, & confondre le mensonge.

Ceux qui firent arrester feu M. de S. Cyran donnerent un ordre précis, qu'on se saisist generalement de tous les Ecrits qui se trouveroient chez luy, jusqu'aux plus petits morceaux de papier, esperant d'y rencontrer quelque moyen ou quelque pretexte, pour couvrir en quelque sorte la violence de sa détention. Parmy un fort grand nombre d'écrits qui furent examinez avec le soin qu'on peut s'imaginer, par toutes sortes de personnes, dont quelques-uns même estoient Iesuites, & qui ne servirent qu'à faire admirer le travail & la doctrine Orthodoxe & irreprochable de ce grand Homme; on rencontra la copie d'une Lettre qu'il avoit écrite à M. Vincent: & parce qu'elle faisoit mention en general d'un avertissement que M. Vincent luy avoit fait sur quatre Points qui n'estoient pas specifiez, on en conceut une grande esperance de découvrir par M. Vincent quelque sujet de noircir & de perdre celuy dont la vertu estoit redoutable à ses ennemis, mesme dans sa prison. On envoya pour cét effet M de Laubardemont Maistre des Requestes à M. Vincent, pour luy demander l'original de cette Lettre, & pour sçavoir de luy quels estoient les quatre Points dont elle parloit. M. Vincent donna l'original qu'on vouloit avoir. Mais pour les quatre articles de l'avertissement, il répondit qu'il ne s'en souvenoit point du tout. M. de Laubardemont le pria d'y penser, & luy fit entendre qu'il l'interrogeroit là-dessus dans quelques jours. Cela ayant mis en peine M. Vincent, il se recommanda à Dieu, & s'estant mis à genoux devant un Autel, aprés y avoir fait ses prieres durant quelque tems, ces quatre choses luy revinrent dans la memoire. La premiere estoit, qu'il avoit oüy dire à M. de S. Cyran, que les Huguenots ne s'estoient pas bien defendus. La seconde, qu'il luy avoit semblé qu'il n'approvoit pas les vœux, à cause qu'il n'avoit pas esté d'avis qu'il en fist faire à ceux de sa Compagnie. La troisiéme, qu'en improuvant la facilité avec laquelle on reçoit souvent & on absout les plus grands pecheurs, il avoit pensé qu'il condamnoit l'Eglise, qui semble autoriser cette coûtume. On n'a pû se souvenir de la quatriéme, qui estoit semblable aux trois autres, & aussi peu propre pour faire le procez à un homme, & pour le rendre criminel, comme on le jugera aisément par ce qui sera dit cy-aprés, & comme il paroist desja assez par la premiere réponce que M. Vincent fit à M. de Laubardemont. Car il n'est pas croyable, qu'un homme de la pieté de M. Vincent eust pû oublier si facilement ces quatre choses, comme il le dit d'abord au Commissaire du Roy, si elles eussent esté aussi horribles, que celles que M. Abelly a substituées de luy-mesme aux veritables, qui n'estoient rien en comparaison de celles-là, & ne meritoient pas d'estre considerées. C'eust esté une étrange indifference & une insensibilité effroyable pour l'Eglise & pour la Religion en M. Vincent, d'avoir effacé si aisément de son esprit de si grandes impietez, ou d'avoir dissimulé volontairement qu'il y eust un Prestre si criminel & si desesperé, que de tenir des maximes si épouventables. Car on ne peut pas dire que M. Vincent répondit ainsi par surprise; puisqu'il persista dans la mesme réponse, lors qu'il fut interrogé, apres avoir fait le serment, reconnoissant qu'il ne s'estoit souvenu de ces choses, que depuis qu'on l'avoit prié d'y penser. Mais il passa bien plus avant, pour montrer l'estime qu'il avoit de M. de S. Cyran, & le témoignage qu'il croyoit devoir rendre à son innocence. Car quoy qu'il se vist pressé de dire quelque chose contre luy par un Magistrat, & de la part d'un premier Ministre, qui faisoit trembler tout le monde, & que l'obligation du serment qu'on luy fit reïterer plusieurs fois, l'obligeast de prendre garde à ne rien déguiser en faveur de cét illustre Prisonnier; il ne déposa rien neanmoins contre luy de tout ce que M. Abelly luy attribuë, ny quoy que ce soit d'approchant; & il voulut mesme prevenir les mauvaises impressions, que les ennemis de M. de S. Cyran pourroient prendre des quatre choses, sur lesquelles il avoit eu de la peine, & dont il l'avoit effectivement averty. Car il se resolut expressement, avant que de paroître devant ce Commissaire, d'expliquer luy-mesme ces quatre choses par d'autres, qu'il avoit oüy dire à M. de S. Cyran, de peur que ses ennemis n'en tirassent avantage pour le flétrir, ou pour concevoir mesme quelque soupçon contre luy. Il crût donc estre obligé de fermer luy-mesme la bouche à la calomnie, en rendant témoignage de ce qu'il avoit appris de M. de S. Cyran, ou qu'il avoit vû dans luy tout contraire aux mauvaises consequences qu'on eust pû tirer de ces quatre Points, en disant, par exemple sur le premier, qu'il estoit vray que M. de S. Cyran luy avoit dit, que les Huguenots ne s'estoient pas bien defendus: mais qu'il sçavoit aussi qu'il avoit entrepris de combattre leur doctrine, & de commencer par l'Eucharistie. Sur le second, qu'il estoit vrai, que M. de S. Cyran ne luy avoit pas conseillé de faire faire des vœux aux Ecclesiastiques de sa Compagnie: mais qu'il sçavoit aussi qu'il avoit conduit plusieurs personnes aux Religions des Carmes déchaussez, des Capucins, des Benedictins, & d'autres. Sur le troisiéme, qu'il estoit vray qu'il n'approuvoit pas la facilité trop grande d'absoudre toutes sortes de pecheurs: mais qu'il la sçavoit tolerer avec l'Eglise, & qu'il avoit fait faire luy-mesme la Mission à son Abbaye par deux Prestres de sa Compagnie, dont on nommoit l'un M. Brunet, & l'autre M. Calon.

De cette sorte, l'Interrogatoire de M. Vincent justifioit plûtost M. de S. Cyran, qu'il ne le chargeoit; & fit bien voir que le demeslé qui estoit entr'eux, n'estoit pas grand : puiſque celuy qu'on croyoit avoir eu mauvaiſe opinion de ſon Amy, & pouvoir eſtre ſon accuſateur, eſtoit le témoin irreprochable de la pureté de ſes ſentimens.

Que ſi M. Abelly ne veut pas ſe rendre à tout ce que je viens de rapporter, quoy qu'on l'ait ſceu de la propre bouche de M. Vincent, & qu'il l'ait declaré devant des Perſonnes illuſtres, il ne faut que produire l'Interrogatoire dont nous parlons. Il eſt aiſé à M. Abelly de nous le faire voir ; puiſqu'il a pû tomber entre ſes mains avec la meſme facilité, que la Lettre dont il cite des extraits. Les meſmes perſonnes qui l'ont eüe des ennemis de M. de S. Cyran, contre l'ordre du feu Roy, ayant pû avoir d'eux par la meſme voye, l'Interrogatoire de M. Vincent. C'eſt le vray moyen de lever tous les doutes qu'on peut avoir ſur le ſujet preſent : & ſi M. Abelly pouvoit montrer dans cet Interrogatoire des depoſitions conformes à ſes diſcours, & contraires à ce qu'on ſoûtient icy contre luy, il ne ſeroit pas neceſſaire qu'il ſe miſt en peine, ny ſes bons Amis, de chercher d'autres preuves pour verifier ſes accuſations, & pour convaincre mes réponſes. Mais il donne de grands ſujets aux Lecteurs de ſe défier de tout ce qu'il dit ; puiſqu'il n'a pas l'aſſeurance de faire ſeulement mention de la preuve la plus naturelle, la plus facile, la plus aſſeurée, & la plus efficace de ce qu'il a oſé avancer. Ainſi la ſeule ſuppreſſion de cet Interrogatoire, eſt la iuſtification entiere de M. Vincent contre l'injuſtice qu'il luy attribuë, comme a eſté celle de M. de S. Cyran pendant ſa priſon, lors que ſes ennemis ont evité de ſe ſervir d'une piece qui leur eſtoit ſi honteuſe, & ſi favorable à celuy qu'ils perſecutoient. Car ils ſe ſont bien donnez de garde de produire à feu M. de S. Cyran les dépoſitions de M. Vincent, ny de luy dire ſeulement qu'il euſt eſté interrogé.

Mais ce ne fut pas dans le ſeul Interrogatoire que M. Vincent ſe declara pour M. de S. Cyran. Car le Cardinal de Richelieu ſçachant que ce moyen n'avoit rien produit pour avancer ſon deſſein, voulut luy-meſme faire parler M. Vincent, & entendre de ſa propre bouche les ſentimens qu'il avoit de M. de S. Cyran, croyant tirer peut-eſtre de luy quelque choſe plus adroitement, que le Commiſſaire qui l'avoit interrogé. Mais cette invention ne luy fut pas plus avantageuſe, & il ne put rien tirer de M. Vincent, qui puſt nuire le moins du monde à M. de S. Cyran. C'eſt pourquoy il témoigna de la froideur à M. Vincent, & le quitta en ſe grattant la teſte, comme M. Vincent l'a rapporté depuis, témoignant par ce geſte qu'il n'eſtoit pas content. Ce qui fut cauſe que le bâtiment qui avoit eſté commencé à Richelieu pour les Preſtres de la Miſſion, alla lentement durant quelque tems, & qu'on eut de la peine à avoir de bonnes aſſignations pour le continuer. On a ſceu toutes ces particularitez de M. Vincent meſme, qui les dit preſqu'en meſmes termes dans S. Lazare à un homme qui vit encore, lequel le pria de ſe ſouvenir de ces paroles du Prophete : *Niſi Dominus ædificaverit domum, in vanum laboraverunt qui ædificant eam.*

Cecy pourroit ſuffire pour renverſer tout ce que M. Abelly impoſe à M. Vincent : & le ſeul ſilence qu'il garde dans toute ſon Hiſtoire ſur le ſuiet des réponſes qu'il fit à M. de Laubardemont, qui ſont demeurées écrites & ſignées de ſa main, dementent aſſez les calomnies inoüies, qu'il a publiées avec trop de facilité ſur la foy des Ieſuites. Mais il y a encore d'autres preuves, qu'il faut ajoûter à ces premieres pour la iuſtification de M. Vincent.

CHAPITRE

CHAPITRE VI.

Continuation de la Defence de Monsieur Vincent par d'autres marques de son affection & de son estime pour feu Monsieur de saint Cyran depuis sa captivité.

MONSIEUR Vincent ne s'est pas contenté de defendre l'Innocence & la Foy de M. de S. Cyran dans les occasions importantes que nous venons de marquer, parlant avec serment devant la Iustice, & la plus grande Puissance de l'Estat. Il a continué de luy donner des témoignages de son amitié & de son estime en plusieurs manieres considerables dans sa persecution mesme & dans sa prison, quoy que le tems ne luy permist pas de se déclarer si ouvertement qu'il eust fait, si la saison n'eust pas esté si mauvaise.

Premierement il eut la bonté de prendre part à son affliction & à sa détention inopinée qui surprit tout le monde. Il vint en témoigner sa douleur à M. son Neveu; il luy fit offre de son service; il le visita plusieurs fois, & receut ses visites reciproques avec des marques de ressentiment & d'amitié tres-particulieres, luy repetant souvent ces paroles de l'Ecriture, *date locum iræ*, pour l'exhorter à laisser passer le tems de la violence & de l'animosité des ennemis, en attendant humblement l'assistance de Dieu.

Quelques Ecclesiastiques, qui s'assembloient tous les Mardis à S. Lazare pour y faire des conferences, s'estant laissez emporter à des paroles qui blessoient l'honneur de feu M. de S. Cyran, peu apres qu'il eust esté mis au Bois de Vincennes; M. Vincent en estant averty, declara qu'il n'approuvoit pas cette passion si peu humaine, & promit de faire entendre à ces Messieurs qu'ils luy faisoient grand tort, & qu'il ne pourroit pas souffrir qu'ils traitassent ainsi dans sa maison une personne à qui elle estoit si obligée.

Quelque tems apres ayant sceu qu'on devoit faire interroger M. de S. Cyran par M. Lescot, qui a esté depuis Evesque de Chartres, il eut le soin de le faire avertir qu'il ne se contentast pas de répondre de vive voix, & de laisser dicter ses réponses par le Commissaire; mais qu'il les dictast luy-mesme, de peur qu'on ne changeast ses termes, & qu'on n'obscurcist ce qui pourroit servir à sa iustification. Donne-t'on de tels avis aux personnes qu'on croit coupables de si grandes impietez que celles que M. Abelly veut persuader que M. Vincent imputoit à feu M. de saint Cyran? Est-ce ainsi qu'on les porte à cacher leurs crimes & leurs erreurs pernicieuses, en se ioüant de la iustice & du serment, au lieu de les porter à les confesser humblement, pour rendre gloire à la verité, & pour se mettre en estat de les expier par une humble penitence? Comment pourroit-on s'imaginer, qu'un aussi homme de bien que M. Vincent eust pû agir de la sorte envers feu M. de S. Cyran, s'il l'eust tenu aussi impie, que M. Abelly pretend? si ce n'est peut-estre selon la maxime de l'échole des Iesuites, qui n'ont pas honte de tenir, que les Criminels peuvent nier leurs veritables crimes en Iustice, quoy qu'ils en soient convaincus, & mourir ainsi dans le mensonge & dans l'impudence publique & ne craignent point de confirmer cette doctrine pernicieuse à l'Estat & à l'Eglise par leur pratique ordinaire. Si M. Abelly ne se defend par cette maxime, comme l'ayant apprise des Iesuites, qui sont les Oracles de sa Theologie, je ne vois pas comment il pourra croire luy-mesme qu'il soit possible, que M. Vincent, tenant M. de S. Cyran engagé opiniâtrément dans de si horribles heresies, n'ait pas laissé de luy conseiller d'avoir un si grand soin de soûtenir son innocence, & d'empescher qu'elle ne pust estre obscurcie par les artifices de ses ennemis. Cependant cet avis que M. Vincent luy donna est asseuré; & on l'a sceu de la personne mesme qui l'a appris de la propre bouche de M. Vincent, & par lequel il le luy fit donner.

Il eust esté à souhaitter que feu M. de S. Cyran l'eust suivy, aussi-bien qu'un autre de mesme nature, que luy fit donner feu M. Molé, alors Procureur General, & depuis premier President au Parlement de Paris, & Garde des sceaux du Roy, qui l'a honoré, comme tout le monde sçait, de son affection & de son estime, jusqu'à resister en face au Cardinal de Richelieu, en soûtenant son innocence. Il est assez étrange que M. Abelly ait attaqué la memoire d'un Homme si illustre & de si grande authorité, en quelques endroits de son Livre, quoy qu'il ne le nomme pas. C'est pourquoy on sera obligé d'en dire quelque chose dans la suite de cette Réponse, pour l'éclaircissement du sujet que nous traitons. Il suffit presentement de remarquer, qu'il fit avertir feu M. de S. Cyran, comme avoit fait M. Vincent, qu'il eust soin de parafer toutes les pages de son Interrogatoire, & de tirer des lignes depuis le haut des marges jusqu'au bas, de peur qu'il ne s'y meslast quelque chose qui ne seroit pas de luy; s'il se contentoit de signer seulement à la fin; *parce*, disoit il, *qu'il a affaire à d'étranges Gens.*

Mais soit que ces avis ne luy eussent pas esté donnez assez tost, à cause de la difficulté qu'il y avoit de le faire dans un lieu alors plus innaccessible que jamais, ou qu'il voulust se tenir dans cette humilité extraordinaire, qu'il a pratiquée dés le commencement de sa persecution, dont ses ennemis n'ont fait qu'abuser, & dont il fut repris par quelques-uns de ses Amis, qui luy donnerent de la joye en l'avertissant d'un excez qui luy estoit si aimable, il est certain que sa simplicité a esté cause qu'on a broüillé & défiguré ses réponses, avec une telle malice, qu'il y a de la peine à les entendre dans l'obscurcissement & le déguisement où elles sont; n'y ayant presqu'aucune trace de son esprit ny de son style; & les principales mesme qu'on est asseuré qu'il a faites, ne s'y trouvent point. De sorte que l'évenement a fait paroitre, que les soupçons de ses Amis n'avoient pas esté mal-fondez; & que M. Vincent les ayant tous prévenus dans un si bon office qu'il luy rendit le premier en un tems si dangereux, merite plus le nom de son Amy sincere & de son Defenseur, que de son Accusateur, de son Calomniateur, & de son Persecuteur, que M. Abelly luy veut donner.

Cette seule action suffit pour le justifier des faussetez dont il le charge, & pour montrer evidemment combien il a esté éloigné des sentimens & de la conduite qu'il luy attribuë. Car au lieu que les ennemis de M. de S. Cyran ont esté ingenieurs à luy imposer des crimes, & à donner de mauvaises interpretations à ses actions & à ses paroles tres innocentes & chrestiennes; M. Vincent, au contraire, a employé sa prudence à le justifier, & à prévenir leurs artifices & leurs pieges. Les premiers ont fait un effort de malignité, en alterant les réponses de feu M. de S. Cyran; ne se contentant pas d'espier tout ce qu'il diroit, mais voulant encore luy faire dire ce qu'il n'avoit jamais dit ny pensé, & supprimant ce qu'il avoit dit effectivement dans ses réponses. M. Vincent, au contraire, a fait un effort de charité, en découvrant les bons sentimens de son Amy, ne s'estant pas contenté de l'asseurance particuliere qu'il en avoit, mais desirant qu'il les fit connoitre luy-mesme, l'aidant à se defendre de leurs surprises, & l'avertissant d'employer en cette rencontre la prudence chreſtienne, & non la ſimplicité ſeule qui eſtoit capable de luy nuire. Depuis ce tems-là iuſqu'à la fin de la détention de feu M. de S. Cyran, M. Vincent eſt toûjours demeuré dans les meſmes diſpoſitions d'amitié & de fidelité à ſon égard, continuant de recommander à Dieu ſes ſouffrances, de s'informer de ſes nouvelles dans les occaſions, & de voir M. ſon Neveu pour en apprendre. Car l'eſtat preſent des affaires ne permettoit pas à ſes meilleurs Amis, & à ceux qui avoient plus de credit pour s'employer en ſa faveur, de faire gueres autre choſe pour luy, que de compatir à ſes ſouffrances, & d'en demander à Dieu la fin par des prieres. C'eſtoit meſme beaucoup alors de ne pas inſulter à ſa diſgrace avec tant de gens qui ſemoient de mauvais bruits, & de ne pas preſter l'oreille à ceux qui travailloient à le décrier par une baſſe complaiſance envers ſes Perſecuteurs; ou par un plaiſir honteux de ſatisfaire leur inclination à médire, & leur ialouſie contre le merite des Affligez qui ne craignent point, lors qu'ils ne ſont pas en eſtat de ſe defendre. M. Vincent n'eut point de part à une ſi horrible lâcheté: & la preſence du Miniſtre qui gouvernoit alors, & qui eſtoit Bien-facteur de ſa Congregation, n'eut pas le pouvoir de l'affoiblir, pour luy faire dire quoy que ce fuſt au deſavantage de celuy qui n'agréoit pas à un Homme ſi puiſſant.

Aprés la mort du Cardinal de Richelieu, le feu Roy, pour épargner un peu ſa memoire, ne voulut pas délivrer auſſi toſt les priſonniers: mais il trouva bon, qu'en attendant, les Amis de M. de S. Cyran euſſent une entiere liberté de le voir. M. Vincent ayant appris cette nouvelle d'une perſonne qui revenoit du Bois de Vincennes, en fit paroître beaucoup de ioye, & ſe reſolut d'uſer de cette permiſſion du Roy, pour aller témoigner à M. de S. Cyran les obligations qu'il luy avoit, & ſe conioüir avec luy de ce commencement de ſa délivrance, comme des perſonnes de toutes ſortes de condition firent ſans aucune difficulté durant deux mois, aprés leſquels il fut entierement délivré.

Cela donne encore un coup mortel aux diſcours de M Abelly; & fait bien voir, qu'il a mal connu M. Vincent, & qu'il a eſté mal informé des actions principales de ſa Vie. Quelle creance donc peut-on avoir à toutes les autres parties de ſon Hiſtoire? & combien rend-il ſuſpectes & douteuſes celles meſme où la verité ſe rencontre, par la fauſſeté de tout ce qu'il dit de luy ſur le ſujet de feu M. de S. Cyran? Ie ne ſçay ſi l'on peut deshonorer la memoire d'un homme d'une maniere plus odieuſe, que celle qu'il a priſe pour relever M. Vincent. Car ce bon & vertueux Preſtre, ayant eſté ſi connu & ſi celebre durant ſa vie, il n'y avoit pas lieu de craindre que perſonne euſt la hardieſſe d'en parler mal ouvertement: & la reputation publique que Dieu luy a donnée, eſtoit ſuffiſante pour détruire tout ce que l'envie & la calomnie euſt oſé publier contre luy. Mais ſous pretexte de le loüer & de compoſer l'Hiſtoire de ſa Vie, M. Abelly a trouvé l'invention d'en faire une peinture ſi contraire à ce qu'il a eſté, & à ce qu'un homme de bien doit eſtre, que pour accorder ce qu'il en rapporte avec des faits & des particularitez tres-aſſeurées, qu'il luy a plû de ſupprimer, il reduit ceux qui ont un peu connu les actions de M. Vincent a conclurre que ſelon ſon Livre, il faut qu'il ait eſté un ingrat, un perfide, un parjure; qu'il ait eſté intereſſé & aſſervy au tems; qu'il ait perſecuté les plus Hommes de bien, ſes meilleurs Amis, & ceux de qui il avoit receu de plus grands ſervices; qu'il ait ſuivy la paſſion des plus injuſtes & des plus violens de ce ſiecle; & enfin qu'il ait eſté tres éloigné de la bonté, de la ſimplicité, de la doiture, de la charité, & des autres Vertus que tout le monde ſçait qu'il a poſſedées.

CHAPITRE VII.

Particularitez de la delivrance de feu M. de S. Cyran : De la part que M. Vincent y prit ; & de la maniere indigne & peu chrestienne, dont M. Abelly en parle.

MONSIEUR Vincent ayant toûjours conservé pour M. de S. Cyran l'estime & l'affection qu'il luy devoit, durant tout le tems de sa prison, qui dura prés de cinq années, sans que M. Abelly puisse montrer ; qu'il ait pris aucune part aux dépositions & aux bruits que les Esclaves du tems répandoient contre luy ; & ayant esté, au contraire, du nombre de ceux qui se sont declarez pour luy autant que l'estat des choses le permettoit ; il est aisé de juger, qu'à plus forte raison il a persisté dans la mesme fidelité apres la délivrance de son Amy : & que comme il avoit esté touché de douleur en le voyant souffrir par l'injustice de ceux qui ne le hahissoient, que parce qu'il ne leur ressembloit pas ; il ressentit aussi une extreme joye, le voyant délivré par la justice & la bonté du feu Roy, qui témoigna n'avoir aucune impression desavantageuse de sa Vertu, comme il sera dit cy-apres.

La premiere marque de la ioye de M. Vincent, fut le soin qu'il eut de le visiter promtement, & d'aller se consoler avec luy d'une maniere chrestienne, de la tristesse qu'une si longue separation, & une oppression si estrange luy avoit causée. Il rendit à M. de S. Cyran tous les devoirs ordinaires que des Amis se rendent en de semblables rencontres ; & ses civilitez furent des preuves d'une affection d'autant plus sincere, qu'il en avoit donné de plus grandes durant l'adversité precedente, ainsi que nous l'avons dit cy-devant. Plusieurs Personnes considerables vinrent se réjoüir avec M. de S. Cyran de sa délivrance. Mais M. Vincent avoit l'avantage d'avoir signalé son amitié fidelle au plus fort de sa persecution devant le Commissaire qui l'interrogea, & devant le Cardinal de Richelieu mesme, & en toutes les autres manieres que nous avons rapportées cy-dessus.

Il estoit donc bien esloigné des sentimens si inhumains de M. Abelly, qui parle de la delivrance de M. de S. Cyran avec tant de dureté, & avec un abandonnement si aveugle à la passion des Iesuites, que de dire, *que sa prison ne fut pas assez longue*, souhaittant qu'elle l'eust esté davantage, *pour luy ouvrir les yeux*, selon ses termes, c'est à dire, pour rendre veritables les impostures dont il le charge. Cette inhumanité est bien differente de la disposition des plus excellens Evesques de ce tems, qui regardoient cette prison, comme une playe faite à l'Eglise, disans, que ce n'estoit pas luy, mais eux-mesmes qui estoient prisonniers dans le Bois de Vincennes en la personne de cet Abbé, qui y avoit esté mis & retenu, avec un mépris visible de toutes les Loix Ecclesiastiques. L'estime qu'ils avoient de son merite leur fit dire en presence mesme du Cardinal de Richelieu ; *ergo-ne extinguetur lucerna in Israël ?* & quelques-uns d'entr'eux ne craignirent pas de luy rapporter, que les Capitaines Allemands qui estoient prisonniers de Guerre dans le mesme Chasteau, avoient demandé quelle sortes de gens il y avoit en France, qui mettoient les Saints en prison. C'estoit le sentiment commun de tous ceux du Bois de Vincennes touchant M. de S. Cyran : & si M. Abelly eust voulu prendre la peine de s'en informer, il eust appris que sa memoire y est encore en veneration dans l'esprit

Liv. 2. ch. 12

l'esprit de ceux qui l'y ont veu, & qui en ont ouy parler. Mais il n'a pas voulu s'asseurer des choses qu'il n'auroit pas pû accorder avec les faux memoires des Iesuites, & avec le desir qu'il avoit de les suivre, & de se servir d'une passion qu'il attribuë faussement à M. Vincent, pour couvrir la sienne, & celle de ses Amis & de ses Oracles. Tant il est veritable que les Hommes ne se gouvernent ordinairement que par les preventions de leur cœur, & qu'ils forment la pluspart de leurs pensées sur les desirs & les engagemens où ils se laissent aller. Car, qu'y a-t'il de plus opposé au traitement indigne que M. Abelly fait à feu M. de S. Cyran, & qu'il veut autoriser par M. Vincent, que tant de marques d'une amitié uniforme que M. Vincent luy a renduës devant sa prison, durant sa prison, & apres sa delivrance? Quel sujet ne donne-t'il pas de s'étonner de l'infidelité de son Histoire, en parlant de M. Vincent d'une maniere si contraire à ce qu'il a fait pour M. de S. Cyran, dissimulant tout ce qui montre la constance de l'amitié qu'il luy a gardée? Mais il ne se contente pas de rendre M. Vincent participant de ses excez, il estend encore l'amertume de son zele contre ceux qui ont contribué à la délivrance de M. de S. Cyran, sans considerer que ce qu'il avance est vray ou asseuré, comme il le doit estre pour estre mis dans une Histoire, & si les personnes qui ont aidé à l'élargissement de M. de S. Cyran meritent d'estre si mal-traittées qu'elles le sont dans son Livre, il sera contraint de faire passer pour des impies, & des ennemis de la Foy, des Hommes qu'il n'oseroit condamner d'une maniere si estrange.

Il ne fait pas difficulté de dire, que *ceux qui adhererent à feu M. de S. Cyran, à force de sollicitations, procurerent son élargissement.* Il ne sçait pas, & ne veut pas sçavoir comment arriva cet élargissement, & que tout se passa d'une maniere tres-honorable & tres-glorieuse, non seulement pour feu M. de S. Cyran, mais aussi pour tous ceux qui l'entreprirent. Le premier qui en parla au feu Roy apres la mort du Cardinal de Richelieu, fut Monsieur Molé alors premier President au Parlement de Paris. Le Roy le luy accorda aussi tost, en luy disant seulement, qu'il ne falloit pas délivrer si-tost les prisonniers, pour ne rendre pas la memoire du Cardinal de Richelieu si odieuse. Il ne fut donc pas besoin d'aucune sollicitation, comme M. Abelly le veut faire croire, exagerant les choses selon sa coûtume; mais seulement d'attendre environ six semaines ou deux mois: apres quoy le Roy ne fit pas la moindre difficulté d'accorder la délivrance de M. de S. Cyran, & se contenta que M. le premier President se rendist sa caution, comme il fit par écrit, sans hesiter à la premiere proposition qui luy en fut faite. Il y a apparence que si M. Abelly eust esté informé de cette verité par les Iesuites, qui ne l'ont pas ignorée; il n'eust pas osé attribüer la délivrãce de feu M. de S. Cyran *aux sollicitations de ceux* qu'il dit *avoir adheré* aux heresies épouventables dont il le charge. Mais les Iesuites ne luy ont pas dit ce qu'ils sçavent encore mieux, qui est, qu'ils ont tâché eux-mesmes de prendre part à cette délivrance qu'il defigure & qu'il depeint avec des couleurs si noires. Car voyant que M. de S. Cyran alloit estre mis en liberté, sans qu'ils le pussent empescher, ils voulurent se l'attribüer par leurs artifices ordinaires, & faire en sorte que M. de S. Cyran leur en eust obligation. Ils se servirent d'une personne en qui ils avoient confiance, & qui témoignoit aussi amitié pour M. de S. Cyran; & l'obligerent de l'aller voir au Bois de Vincennes, pour luy demander de leur part s'il vouloit se reconcilier avec eux, luy promettant de s'employer pour le faire sortir de ce lieu-là. A quoy M. de S. Cyran ne répondit, sinon, qu'il n'y avoit iamais eu d'inimitié ny de division entre luy & les Iesuites, qu'il n'avoit iamais eu de passion contr'eux, & qu'ainsi il n'estoit point besoin de reconciliation. Cela fit qu'ils traverserent tant qu'il purent sa délivrance par M. de Noyers qu'on

Liv. 2. ch. 12.

tenoit pour Iesuite sous l'habit de Courtisan, selon la maxime & la pratique de la Societé : & en effet le credit de ce Personnage la retarda un peu ; mais il fut contraint de ceder à M. de Chavigny, qui entreprit cette affaire si hautement, qu'il dit à un de ses Amis, qu'il n'y avoit aucune affaire qui fust plus capable de le broüiller avec M. de Noyers, que celle-là. Si M Abelly eust esté informé de tout cecy par ses bons Amis, ausquels il se fie trop, il n'auroit pas accusé si hardiment ceux qui se sont employez pour tirer de prison feu M. de S. Cyran, comme s'il ne l'eussent peu faire sans participer aux heresies extravagantes, dont il le rend coupable sur la parole des Iesuites ; & il eust vû clairement, que c'eust esté accuser les Iesuites d'avoir voulu estre complices de ces mesmes heresies, ou bien destruire & aneantir ses calomnies par leur propre témoignage. Mais si les Iesuites ne luy ont pas voulu découvrir leurs menées secretes, croyant que peu de gens en auroient eu connoissance, ils ne devoient pas au moins luy dissimuler les actions publiques de M. Molé premier President du Parlement de Paris, & depuis Garde des sceaux du Roy, lequel ayant eu tant de part à la sortie de feu M. de S. Cyran, est aussi autant exposé qu'aucun autre aux paroles injurieuses qui sont échapées à M. Abelly contre ceux qui l'ont procurée.

Ce grand Magistrat ne se contenta pas de s'estre employé envers le feu Roy, pour tirer de prison feu M. de S. Cyran : mais il s'employa aussi envers la feuë Reine Mere au commencement de la Regence, pour le garentir d une nouvelle tempeste, dont il estoit menacé. Car ses ennemis le redoutant apres sa delivrance, commencerent à répandre contre luy de mauvais bruits par leurs Emissaires, le menaçant d'une persecution plus furieuse que la premiere. M. Molé, pour lors premier President, en estant averty, alla trouver la Reine Mere du Roy, pour lors Regente, & luy dit, qu'il avoit répondu de M. de S. Cyran au feu Roy d heureuse memoire, & qu'il en répondoit encore à sa Majesté. Il avoit voulu luy rendre la mesme assistance quelques années auparavant auprés du Cardinal de Richelieu, lors qu'il témoigna quelque dessein de le delivrer apres la mort du P. Ioseph, feu Monsieur Bignon Avocat General s'estant ioint à luy, & Monsieur de Sponde Evesque de Pamiez ayant voulu estre le troisiéme. Ils s'offrirent tous trois de le cautionner envers ce Cardinal, qui fut éblouÿ & blessé de l'eclat de tels repondans ; & il feignit ne demander plus, sinon que M. de S. Cyran le satisfit sur le sujet de la Contrition. Ce qu'il fit d'une telle sorte, dans une Lettre qu'il écrivit à feu M. de Chavigny sur ce point, que tous ceux qui l'ont veuë, ont admiré sa moderation, & ont auoüé qu'apres cela sa détention n'estoit plus qu'une affaire du tems. Et en effet le Cardinal de Richelieu fut obligé d'en paroitre satisfait, & il n'eut rien à y opposer que le silence.

Voila en peu de paroles comment s'est passée l'affaire de la delivrance de feu M. de S. Cyran ; voila qui sont ceux qui s'y sont employez ; & à qui M. Vincent a sceu gré d'un evenement dont il a temoigné tant de joye. M. Abelly jugera luy-mesme, apres tout cela, s'il a pû dire dans son Avis au Lecteur, qu'il ne rapporteroit rien que *de tres-exact*, *& de tres-fidelle* ; & s'il s'est rendu fort croyable dans les autres relations de son Livre, ayant blessé si ouvertement la verité en ce qui regarde feu M. de S. Cyran, & la conduite que M. Vincent a tenuë à son égard. Il jugera luy-mesme s'il ne *défigure pas la vertu* de celuy qu'il a voulu loüer ; & *s'il ne va point contre son esprit* en luy imposant des actions & des paroles, qui ne furent jamais de luy, & supprimant ce qu'il a fait de si loüable & de si glorieux selon Dieu & selon l'honnesteté mesme civile en faveur de M. de S. Cyran.

CHAPITRE VIII.

Que M. Vincent a honoré la memoire de feu M. de S. Cyran aprés sa mort, en particulier & en public, comme ont fait Messeigneurs les Evesques, & plusieurs autres Personnes des plus considerables.

IL n'y a rien de plus uniforme que la conduite des Gens de Bien ; au lieu que celle des Hommes du siecle estant fondée sur leurs passions qui sont changeantes, est sujette à plusieurs inegalitez. On peut juger par là de la conduite de M. Vincent envers feu M. de S. Cyran, en comparant les preuves que M. Vincent luy a données de son affection en tant d'occasions remarquables, avec les changemens & les contrarietez qui se voyent dans les discours de M. Abelly. On auoüera qu'il donne au public une idée de M. Vincent, indigne de sa reputation, & de la vertu d'un Homme de bien. Il le represente comme ayant recherché assez legerement Liv. 2. ch. 12. la connoissance de M. de S. Cyran, sur une opinion vague de son merite, sans avoir usé de la circonspection que l'Ecriture & que les Saints nous prescrivent dans le choix des Amis. Car si M. Vincent n'a esté porté à faire connoissance avec M. de S. Cyran, que par des bruits & des rapports incertains, comme M. Abelly l'asseure, il n'a pas suivy les regles de la gravité & de la sagesse la plus commune des Chrestiens ; & il s'est jetté luy-mesme indiscretement dans le danger où M. Abelly pretend qu'il est tombé, & qu'il avoit toûjours apprehendé, selon cet Auteur, *d'estre* Ibid. *enveloppé* dans quelque heresie, ou dans quelque erreur. Il rapporte, outre cela, Ibid. les défiances qu'il veut que M. Vincent ait eues de la doctrine de M. de S. Cyran, & la dissimulation dont il dit qu'il usa long-tems dans tous les entretiens qu'ils eurent ensemble durant plus de cinq ou six années, sans considerer que c'est encore une conduite peu sincere, peu sage, & peu digne de l'esprit de M. Vincent.

Enfin il parle de la rupture de cette amitié, qui n'a iamais esté selon luy qu'en apparence de la part de M. Vincent ; & il suppose, sans aucune preuve, & contre des témoignage evidens que l'on a, qu'elle arriva par des reproches mutuels que se firent ces deux Personnes, qui furent suivis, si on l'en croit, d'une separation avec éclat, & d'une inimitié declarée. C'est la peinture que M. Abelly a entrepris de faire de la maniere dont M. Vincent a agy avec M. de S. Cyran, se persuadant que cette description est fort honorable à la pieté d'un excellent Prestre. Mais les moindres particularitez que nous avons déja rapportées, suffisent pour faire voir les contradictions qui se trouvent dans les contes de M. Abelly : & estant jointes & considerées toutes ensemble, elle nous donnent l'idée entiere de cette amitié chrestienne, qui prit son origine de celle que l'un & l'autre avoient avec feu M. le Cardinal de Berulle ; & qui a esté depuis entretenuë par une communication sincere de pieté, & par les devoirs reciproques qui ont duré jusqu'à la mort de celuy qui a esté tiré le premier de cette vie.

Nous avons assez parlé des effets de cette amitié, qui ont paru iusqu'apres la delivrance de feu M. de S. Cyran, voyons maintenant si M. Vincent, apres l'avoir aimé & honoré pendant sa vie, a témoigné moins d'estime & moins d'affection pour luy aprés sa mort. Elle arriva neuf ou dix mois apres sa sortie du Bois de Viucennes; & on peut dire qu'elle fut une suite des incommoditez qu'il avoit souffertes en ce lieu. M. Vincent ne se laissa pas surprendre par les faux bruits, que ses ennemis semerent aussi-tost pour décrier sa mort: & il n'eut besoin que de sa propre connoissance pour croire que M. de S. Cyran estoit mort en Homme de bien, & en vray Serviteur de Dieu; estant presque impossible que la mort soit differente de la vie; & que les efforts que ces miserables gens faisoient pour persuader qu'il n'avoit pas receu les Sacremens, estoient aussi méprisables, que ceux qu'ils avoient faits auparavant contre sa doctrine, & contre sa vertu. Il estoit asseuré par la longue habitude qu'il avoit euë avec luy, de la devotion & du respect qu'il avoit pour les anciennes observances de l'Eglise, & particulierement pour celles qui regardent les Sacremens, à la defense desquels il sçavoit qu'il s'estoit engagé.

Il n'eut donc pas besoin, comme quelques-uns, de se faire desabuser par des témoignages publics, qui confondirent peu apres toute l'impudence de la medisance & de la calomnie. Il ne fut pas necessaire de luy montrer le certificat du Curé de la Paroisse, qui luy avoit administré les Sacremens, comme il fallut faire, pour asseurer de la verité quelques autres personnes, & particulierement feu Monsieur le Prince: & au lieu de se joindre à ceux qui publioient ces impostures, ou qui les écoutoient trop, il suivit la charité de plusieurs personnes de toutes sortes de conditions, & de Messieurs les Prelats, qui luy firent l'honneur d'assister à ses Funerailles, où feu M. l'Evesque d'Amiens celebra la sainte Messe, & officia solemnellement dans S. Iacques du Haut-pas, en la presence de plusieurs autres Evesques & Archevesques, de la feuë Reine de Pologne, & d'autres Princesses. M. Vincent fut un des premiers qui allerent rendre au Defunt, dans son logis, les derniers devoirs, luy donnant de l'eau benite: qui est la marque des larmes saintes que les Fidelles répandent devant Dieu pour leurs Freres qui sont morts dans la Foy & dans l'unité de l'Eglise.

Il visita ensuite M. son Neveu, & luy témoigna le regret qu'il avoit de cette mort, & la volonté de continüer avec luy l'amitié qu'il avoit euë pour son Oncle, & de luy en donner les preuves par ses services dans toutes sortes de rencontres. Il est vray que ce devoir rendu par M. Vincent, à la memoire de M. de S. Cyran, est de soy-mesme une chose assez commune: mais c'est une preuve tres-puissante & entierement indubitable de l'union que M. Vincent a gardée avec luy jusqu'à la fin, dans la Foy Catholique, & dans la societé de l'Eglise; & par consequent une marque asseurée, que les relations de M. Abelly, sur ce sujet, sont toutes fausses, & peu judicieuses; puisqu'elles sont inalliables avec cette conduite qu'on ne peut nier que M. Vincent ait tenuë. Autrement il faudroit qu'il eust esté un tres-mauvais Catholique, & qu'il se fust joüé de la Foy & de ses mysteres, de l'Eglise & de toute la Religion, en honorant publiquement, comme fidelle & membre de l'Eglise celuy qu'il croyoit, selon M. Abelly, enseigner qu'il n'y avoit
Liv. 2. ch. 11. point d'Eglise, & soûtenir opiniâtrément des heresies qui ruïnoient la Foy par le fondement, & qui estoit mort sans retracter des erreurs si effroyables.

C'est à M. Abelly a chercher dans son esprit & dans la Theologie des Iesuites, qui trouve des expediens pour les plus mauvaises affaires, quelque invention pour accorder des contrarietez si visibles entre les actions de M. Vincent, & entre ce qu'il écrit de luy; & à se défendre du reproche qu'il merite d'avoir outragé sa memoire, en luy imputant des choses si peu conformes à la vertu & à la conduite d'un Homme de bien. Mais ceux qui ont une veneration plus solide pour ce premier Superieur de la Mission, quoy qu'ils ne le vantent & ne l'exagerent pas tant que M. Abelly, ne recevront jamais les impressions estranges qu'il donne de luy dans son Histoire;

ftoire ; & ils croiront l'honorer davantage, en considerant avec une juste moderation les dons de grace que Dieu luy avoit faits, & qui ont paru dans la suite de sa vie, qu'en luy attribuant indifferemment & confusément, par des discours hyperboliques, toutes sortes d'excellences, selon le style des Iesuites, en donnant lieu en mesme tems de croire qu'il a eu des defauts tres-considerables, qui devroient faire oublier toutes les bonnes qualitez qu'il auroit pû avoir, & suffiroient pour les étouffer.

Apres les Funerailles de feu M. de S. Cyran, qui furent les plus honorables qu'on ait faites il y a long-tems à un particulier dans Paris, son Abbaye fut donnée à M. son Neveu par la feuë Reine Mere du Roy, pour lors Regente. M. Vincent, qui estoit du conseil de conscience, ne prit pas seulement part à cette nomination, mais il en voulut porter la nouvelle luy-mesme au Successeur du Defunt, en le visitant pour ce sujet, & pour luy rendre ce témoignage de l'affection qu'il avoit pour luy, & de l'estime qu'il conservoit pour M. son Oncle, par la consideration duquel il sçavoit qu'il avoit principalement esté nommé à son Abbaye. Et ce fut pour cette mesme raison, qu'il s'en tint plus obligé, & qu'il la receut avec plus de reconnoissance & de satisfaction, que si on luy eust donné la plus riche Abbaye de France, disant qu'il y consideroit non le revenu, qui n'estoit pas fort grand, mais l'honneur & l'approbation, qui estoit renduë à la memoire de son Oncle, par l'autorité de la Reine representant le Roy, & par celle de ses Ministres. Aussi les ennemis de feu M. de S. Cyran s'en apperceurent si bien, qu'ils firent tous leurs efforts pour empescher ce coup, qui renversoit tous leurs desseins, & les couvroit de confusion; suppliant qu'on luy donnast plutost une autre Abbaye, quand elle seroit de vingt mille livres de rente, comme on l'a sceu de la propre bouche de M. le Cardinal Mazarin, qui les repoussa avec une resolution extraordinaire, quoy qu'il dist, *qu'il n'y avoit eu gueres d'affaires, dont on luy eust tant rompu la teste.*

C'est encore icy qu'il faut que M. Abelly reconnoisse la force de la verité & de l'innocence, & la fausseté visible de la calomnie. Car si la Reine & son Conseil eussent crû alors feu M. de S. Cyran tel qu'il le represente : & si M. Vincent eust eu le moindre soupçon des erreurs épouventables, dont il l'accuse dans son Livre, il n'y avoit rien au monde qu'on eust dû éviter avec plus de soin, que de faire succeder à un Homme si horrible, celuy qu'on pouvoit juger avoir les mesmes sentimens, comme ayant esté nourry auprés de luy, & estant plus uny à luy d'esprit que de sang. Ainsi les médisances que M. Abelly a répanduës dans son Livre, ne tombent pas tant sur M. de S. Cyran, que sur la Reine Regente, sur les Ministres du Roy, & sur son Conseil, & particulierement sur M. Vincent, qui ayant l'honneur d'estre du Conseil de Conscience, où on fit choix d'un Successeur pour l'Abbaye de feu M. de S. Cyran, n'eut pas assez de zele & de generosité pour s'opposer à ce qui pouvoit donner un si grand avantage a des ennemis de l'Eglise, si les discours de M. Abelly sont veritables. La passion qu'il a pour ceux qui luy ont donné de si mauvais memoires, l'a empesché de jetter les yeux sur les contradictions notables où il est tombé, & luy a fait oublier, qu'ayant parlé avec tant d'étenduë de la fermeté que M. Vincent a fait paroitre dans le Conseil, *& de sa circonspection & precaution a empescher qu'il ne s'y fit aucune surprise*, il faisoit voir en un autre lieu de son Ouvrage, qu'il en avoit manqué en une rencontre de la derniere importance, donnant son consentement, & témoignant de la joye pour une nomination si contraire, selon luy, au bien de l'Eglise.

Liv. 1. ch. [illegible], & liv. 3, ch. 11, & Liv. 1. ch. 44.

Ce n'est pas là le seul endroit où M. Abelly s'est laisé aller à ces égaremens si peu favorables à M. Vincent, & à d'autres Personnes contre qui il n'a point de passion, lesquels neanmoins il a marquez sans y penser, d'une maniere qui leur est fort peu honorable. C'est l'inconvenient où sont sujets ceux qui suivent les passions d'autruy, & qui n'examinent pas par eux-mesmes ce qu'ils ont à dire : mais en jugent sur le rapport de personnes interessées. Mais parce que mon dessein principal, n'est que de defendre M. Vincent dans ce que M. Abelly avance de prejudiciable à sa memoire, sur le sujet de feu M. de S. Cyran, je n'ay pas crû qu'il fust necessaire de m'arrester à faire voir tant de mécontes & de contrarietez moins importantes qui se remarquent dans son Histoire. Car comme les exagerations, dont il use en le loüant de ses vrayes vertus, ne contribüent gueres à sa gloire; ainsi les manquemens où il est tombé en parlant de luy desavantageusement dans des matieres peu considerables, ne peuvent pas diminüer l'estime que les Gens de bien auront toûjours de luy, sans s'arrester aux contes de M. Abelly.

CHAPITRE IX.

Déguisement de M. Abelly contre la verité, contre l'esprit de M. Vincent, & contre l'innocence de feu M. de S. Cyran; & qu'ils ne peuvent estre excusez par les maximes de la Morale corrompüe des Iesuites, que M. Abelly a suivie.

MONSIEUR Abelly veut persuader dans son Avis au Lecteur, qu'il a eu beaucoup de communication avec M. Vincent; qu'il la frequenté & connu particulierement; & qu'*il a visité le lieu de sa naissance, & ses plus proches parens dans un voyage qu'il fit en Guienne il y a environ 25 ans*. Il importe peu d'avoir frequenté M. Vincent, pour meriter d'estre crû, lors qu'on rapporte de luy des choses incroyables, & dont on ne luy a iamais oüy parler, comme M. Abelly n'ose asseurer dans tout son Livre, qu'il ait appris de la bouche de M. Vincent ce qu'il luy fait dire contre M. de S. Cyran, mais d'autres personnes qu'il ne nomme point; parce qu'ils n'ont garde de vouloir estre garands de ce qu'ils luy ont dit, & qu'ils sçavent bien que leur témoignage est trop reprochable.

Ce n'est pas non plus un moyen bien propre pour parler de M. Vincent comme sçavant, & comme bien informé de ses actions, que *d'avoir visité le lieu de sa naissance, & ses plus proches parens*; puisque ce qu'il y a eu de plus loüable en luy n'a pas paru en son Païs, d'où il est sorty fort jeune, & où ses parens n'ont rien vû en luy qui l'ait rendu recommandable, comme il l'a esté dans la suite de sa vie.

Mais il y a sujet de reprocher à M. Abelly le peu de sincerité qu'il témoigne en dissimulant ce qu'il a appris de feu M. de S. Cyran dans le lieu de sa naissance, où il a esté, non en passant, comme au Païs de M. Vincent, mais en qualité de Grand Vicaire de M. Foucquet, qui estoit alors Evesque de Bayonne, & qui est presentement Archevesque de Narbonne. Il n'y a point de lieu où M. de S. Cyran deust plutost faire paroitre la verité de ses sentimens, touchant la foy, tant à cause de la reputation qu'il y avoit, que parce que c'estoit là principalement qu'il avoit leu les Saints Peres, & étudié la doctrine de l'Antiquité, & la suite de la Tradition de l'Eglise. Or c'est là mesme qu'il a toûjours esté dans une estime & une veneration

ſinguliere, comme par une exception de la parole de l'Euangile qui dit, que nul n'eſt Prophete en ſon païs ; & il y a laiſſé une odeur de vertu & d'edification, qui dure encore, & durera long-tems dans la memoire des hommes, à laquelle M. Abelly ne devoit pas pour le moins s'oppoſer ouvertement, s'il ne vouloit pas la confirmer par le témoignage qu'il eſtoit obligé de luy rendre. Qu'il juge luy-meſme ſi ce procedé eſt iuſte ; & ſi l'on ne peut pas luy dire avec raiſon, apres une diſſimulation ſi affectée, *noluit intelligere ut benè ageret.* Car il eſt encore aiſé à tous Ps. 35. v. 4.
ceux qui ont quelque habitude en ce lieu, de ſçavoir en quelle benediction y eſt le nom de feu M. de S. Cyran, non ſeulement pour ſa ſcience qu'il n'a pû cacher abſolument, quoy qu'il ait toûjours tâché de le faire *vivant* dans la retraite *à Dieu & à ſoy*, comme diſoit autrefois M. le Cardinal de Berulle, en parlant de luy au Cardinal de Richelieu ; mais encore plus pour ſa vertu, pour ſa charité, pour ſon deſintereſſement extraordinaire, qui l'ont fait reverer à ceux meſmes qui ne l'ont iamais vû. Il n'y a que M. Abelly qui s'emble s'eſtre bouché les oreilles, pour n'entendre pas le bruit de cette renommée, qui eſtoit ſi grande dans la Ville de Bayonne ; faiſant bien voir que les oreilles de la chair ne ſervent de rien, ſi elles ne ſont iointes à celles de l'eſprit, qui ſont dans le cœur, c'eſt à dire, dans la bonne volonté & dans l'affection. Il ſemble meſme qu'il n'ait pas ſceu que feu M. de S. Cyran fuſt né dans Bayonne, l'ayant fait *Compatriote de M. Vincent*, qui eſtoit d'un autre Dioceſe, & d'un païs aſſez different du ſien dans les Landes de Bordeaux, ce qui marque le peu d'exactitude avec laquelle il a fait ſon Hiſtoire, & par conſequent le peu d'égard qu'on doit y avoir. Il ſeroit, peut-eſtre, plus excuſable, s'il s'eſtoit contenté de ſuivre les mauvais memoires qu'on luy a donnez, & qu'il n'y euſt par meſlé ſes propres ſentimens, & ſes propres inventions. Mais il ſemble qu'il a eu peur de ne paroitre pas aſſez zelé à ceux qui l'ont employé pour aſſouvir la paſſion qu'ils ont contre ceux qu'ils haïſſent ; & qu'il a voulu meſme ſurpaſſer leur animoſité. Car voyant qu'il ne pouvoit pas faire dire à feu M. Vincent, ſuivant ſes inſtructions, tout ce qui luy ſembloit neceſſaire pour décrier feu M. de S. Cyran ; & craignant que ſes calomnies ne fuſſent trop remarquables, s'il les produiſoit ouvertement comme de luy-meſme, il a meſlé ſes propres diſcours à ceux qu'il attribuë à M. Vincent ; afin que ſes Lecteurs, voyant tout de ſuite ces differentes diffamations d'une meſme perſonne, crûſſent qu'elles venoient auſſi d'un meſme accuſateur, & que les ſentimens de l'Hiſtorien eſtoient ceux de M. Vincent dont il écrivoit l'Hiſtoire : de ſorte que tout le deſordre de cet Ouvrage tombe ſur M. Vincent, du nom de qui il a eſſayé de couvrir & d'appuyer le venin que luy & ſes bons Directeurs ont dans le cœur depuis tant d'années contre feu M. de S. Cyran.

Il y en a une marque bien evidente dans la maniere dont il parle de ſa mort. Car apres avoir dit, comme nous l'avons desja veu, *que ſa priſon n'avoit pas e[illegible] aſſez longue*, ſouhaittant qu'elle euſt duré autant que ſa vie, il encherit ſur cet[illegible] dureté en diſant, *que Dieu le retira de cette vie par un ſecret jugement*, ſans oſer exprimer que M. Vincent, dont il avoit commencé de rapporter les ſentimens, en euſt parlé de la ſorte, & euſt pretendu qu'il fuſt permis de penetrer ainſi dans les conſeils de Dieu, au deſavantage de ſes Serviteurs. Il eſt vray que M. Vincent & tous les Amis qui vinrent pleurer ſur le cercueil de feu M. de S. Cyran, attribuerent ſa mort à un jugement de Dieu, mais d'une maniere bien plus favorable & plus chreſtienne, que n'eſt le zele amer de M. Abelly. Car toutes ces Perſonnes qui connoiſſoient ſon merite, & qui eſtoient informées du deſſein qu'il avoit de deffendre l'Egliſe contre les Calviniſtes, & de l'amour qu'il avoit pour la verité, rap-

portoient ſa mort à un jugement de Dieu ſur les mauvais Catholiques, qui deshonorant la Foy par leurs mœurs, meritent que Dieu la laiſſe deshonorer & obſcurcir par les heretiques, à la confuſion des uns & des autres. Mais feu M. de S. Cyran meſme a regardé cette mort comme une miſericorde particuliere de Dieu ſur ſa perſonne. Car il avoit un tel reſſentiment des graces & des aſſiſtances ſignalées qu'il avoit receuës eſtant priſonnier, & pendant toute ſa perſecution, qu'il diſoit ſouvent, que ne ſçachant pas comment il pourroit les reconnoitre, il s'eſtimeroit heureux, ſi Dieu le retiroit du monde; & ainſi il attendoit toûjours la mort comme la derniere faveur que Dieu eſtoit preſt de luy faire, contre la penſée de tous ſes Amis, qui n'en voyoient aucune apparence. De ſorte qu'on peut
Ps. 20. v. 3. dire de luy, ce que l'Egliſe dit des Saints Martyrs, *Deſiderium animæ ejus tribuiſti ei.* C'eſt le ſecret jugement de Dieu, que les Gens de bien ont reconnu dans la mort de M. de S. Cyran avec luy-meſme, au lieu duquel M. Abelly a ſuppoſé un ſecret jugement de colere & de vengeance, ſans autre fondement, que celuy de la Maxime de ces bons Peres, pour leſquels il porte la parole, qui tiennent qu'il eſt permis de déchirer la reputation de ceux qui leur peuvent nuire, & de ne les laiſſer pas en repos, meſme apres leur mort, dans l'eternité.

Voila l'eſprit que M. Abelly a ſuivy dans ſon Hiſtoire, & non pas celuy de M. Vincent, qui eſtoit un eſprit moderé & charitable, comme tous ceux qui l'ont connu, l'ont remarqué; un eſprit retenu & circonſpect; un eſprit humble & doux; un eſprit éloigné des maximes de la Morale relâchée du tems, comme M. Abelly
Liv. 2. ch. 12. a eſté obligé de l'avoüer en ſe condamnant luy meſme, puiſque ſes Livres font aſſez voir la conformité de ſa Theologie avec celle des Caſuiſtes corrompus. Comment
Avis au Lecteur. donc a-t'il pû promettre qu'il auroit ſoin de ne rien alleguer dans ſon Hiſtoire *qui allaſt contre l'eſprit de M. Vincent, & qui défiguraſt ſa vertu*; eſtant impoſſible de concevoir des ſentimens plus oppoſez que ceux qu'il luy attribuë avec tant de déguiſemens, & ceux qui ont paru dans ſes actions & dans toute ſa conduite? La doctrine que M. Abelly ſoûtient dans ſa *Medulla Theologica*, qui ſeroit mieux nommé l'écorce, que *la moüelle* de la Theologie, l'a ſans doute trompé. Car c'eſt aſſez, ſelon ſes maximes, qu'il y ait de la probabilité en ce qu'on avance, pour l'aſſeurer hardiment. Et on ſçait avec quelle facilité les Theologiens qu'il ſuit, rendent une opinion probable. Ie ſçay bien qu'en declarant que M. Vincent improuvoit la Morale relâchée, il veut faire croire qu'il l'improuve, & qu'il ne la ſuit pas luy-meſme, voyant qu'il avoit donné ſujet de le penſer dans la maniere dont il parle de M. Vincent. Mais il faudroit ſçavoir ce qu'il entend par la Morale relâchée. Car s'il en rejette veritablement quelque point, il eſt aſſeuré toutefois que dans la morale de *ſa Moüelle Theologique*, il approuve les deux principaux fondemens de celle des Caſuiſtes, en ſoutenant toute la fauſſe doctrine de la probabilité, qui conſiſte en deux points; dont le premier eſt, qu'un ſeul homme, qui eſt eſtimé habile & pieux, peut rendre une opinion probable: & le ſecond, qu'il eſt permis de ſuivre une opinion probable, en la preferant à celle qui eſt plus probable & plus ſeure. C'eſt ce qu'il ſoûtient *part. 2. to. 2. cap. 1. 5. 6. § 1. & 3. Med. Theol.* Ces deux maximes ſont comme la moüelle & l'eſſence de toute la fauſſe morale des Ieſuites: & en recevant celle-là, on reçoit en effet toutes les autres. Car les plus horribles & les plus pernicieuſes de leurs opinions eſtant tenuës par des gens qui paſſent pour habiles, & pour vertueux, au jugement de ceux de la Societé, & de pluſieurs autres, il s'enſuit qu'elles ſont probables; & par conſequent qu'on peut les ſuivre, & les preferer à celles des autres qu'on croit meilleures & plus aſſeurées. Par cette raiſon M. Abelly donne lieu d'approuver & de

pratiquer

pratiquer toutes les opinions d'Escobar, quelques estranges qu'elles soient; puisqu'estant l'un des Professeurs de sa Compagnie, il est, sans doute, estimé sçavant & pieux, quoy que les autres en veüillent dire, au iugement desquels on ne sera pas obligé de se soûmettre, pouvant leur preferer celuy des Iesuites, comme estant probable, selon le raisonnement de M. Abelly. Et ainsi il établit toute la fausse morale d'Escobar, quoy qu'il semble l'improuver, parce qu'il en a honte, & qu'il craint d'estre condamné de tous les sages Theologiens qui la condamnent & la detestent.

Ce ne peut estre que par cette maxime pernicieuse, qu'il a pris la hardiesse de calomnier feu M. de S. Cyran, & de luy imposer publiquement des choses si horribles. Car quoy qu'il ne l'ait iamais connu, qu'il n'ait aucune conviction de ses accusations effroyables, & qu'il soit mesme certain qu'il n'en a jamais rien oüy dire à M. Vincent, de la part duquel il les publie; il a crû qu'il suffisoit que le Pere Annat, & d'autres Iesuites, qui ont connu aussi peu que luy feu M. de S. Cyran, les luy ayent rapportées, & qu'ils luy ayent dit qu'elles venoient de M. Vincent, & qu'il pouvoit en conscience les répandre par tout sous son nom, & en faire une bonne partie de l'Histoire de sa Vie. Il a iugé que ces Iesuites estant habiles hommes & vertueux, leur opinion estoit probable, & qu'il la pouvoit suivre sans scrupule, selon les regles de la probabilité, & faire toute autre chose que ces Peres luy suggereront pour la gloire de Dieu & de leur Compagnie, & pour ruiner tous ceux qu'ils tiendront pour leurs ennemis.

Voila le principe de M. Abelly, sur lequel il se trompent fort, s'il pense pouvoir asseurer sa conscience; estant clair qu'une doctrine si licentieuse & si déraisonnable, ouvre la porte à toutes les injustices & à tous les excez de la corruption & des passions de l'esprit de l'Homme. Mais il nous apprend luy-mesme, que M. Vincent a esté tres-éloigné de cette morale monstrueuse, la verité le contraignant de luy rendre ce témoignage: *Il ne pouvoit approuver la morale relâchée comme il l'a témoigné ouvertement en diverses occasions, ayant toujours recommandé aux siens de s'attacher fortement à la Morale vraiment chrestienne, qui est enseignée dans l'Euangile & dans les Ecrits des SS. Peres & Docteurs de l'Eglise; loüant grandement les Prelats & la Sorbonne, qui ont condamné ce relâchement.* On peut bien dire, que cette confession a esté penible à M. Abelly, & qu'il l'a faite la plus courte qu'il a pû, évitant sur ce point l'étendüe de paroles, qui luy est si ordinaire sur les autres. Mais ce qu'il en dit, suffit pour condamner sa conduite, & pour justifier M. Vincent de toutes les calomnies contre feu M de S. Cyran, dont il le rend auteur. Car il est certain que selon la doctrine des Peres & de l'Ecriture que M. Vincent a suivie, il n'est pas permis d'accuser le moindre des hommes du moindre crime, sans des preuves indubitables & convainquantes, & non sur des soupçons & des rapports de qui que ce soit. Ce qui n'est pas seulement conforme aux principes de la Foy, mais aussi à ceux de la raison, & de la lumiere naturelle. Car si on avoit la liberté de décrier les hommes comme coupables de ce qu'on auroit oüy dire d'eux à des personnes qui paroissoient pour sages & habiles, on rempliroit le monde de confusion; on renverseroit toute la societé humaine; & il n'y auroit point d'innocence qui ne pust estre bien-tost opprimée.

Liv. 2. ch. 12.

Que s'il est illicite de traitter de la sorte le dernier des hommes; à plus forte raison les Ecclesiastiques & les Prestres, contre lesquels S. Paul defend de recevoir des accusations, si elles ne sont confirmées par deux ou trois témoins, c'est à dire, par deux ou trois personnes, qui ayent veu eux-mesmes les choses dont ils parlent, & qui ne les sçachent pas seulement par oüy dire. Car ceux qui ne sont

1 Tim. 5. 19.

point asseurez par eux-mesmes, mais par le rapport d'autruy, de ce qu'ils disent, ne sont pas capables d'estre témoins, & ne peuvent estre écoutez par aucun Iuge équitable. C'est pourquoy l'Ecriture representant la Iustice du Fils de Dieu mes-
Isai. 11. me, dit, qu'il ne jugera point sur ce qu'il aura oüy dire; mais qu'il jugera iuste-
ment, c'est à dire, avec une connoissance certaine & evidente. Et Iob declare,
Iob 29. 16. qu'il examinoit avec toute sorte d'exactitude les affaires qu'il ne sçavoit pas assez, iusques à ce qu'il en fust pleinement informé. Que si ceux qui sont dans les Charges, & qui ont le pouvoir de Iuger, sont obligez à cette Loy, elle doit estre observée à plus forte raison par toutes les autres, à qui il est expressement defendu de iuger, en prévenant l'avenement de I. C. qui est le seul à qui il appartient de découvrir les choses cachées, dont Dieu n'a pas encore donné aux hommes une connoissance claire & entiere. D'où il s'ensuit, que ny M. Vincent n'a pû, selon la doctrine qu'il faisoit profession de suivre, accuser feu M. de S. Cyran des heresies & des dogmes extravagans qu'il ne luy avoit iamais oüy soûtenir; ny M. Abelly asseurer qu'il en a accusé feu M. de S. Cyran, sur la foy des Iesuites, ou d'autres personnes, qui n'ont iamais oüy rien de tel de la bouche de M. Vincent, & beaucoup moins de feu M. de S. Cyran; & qu'ainsi la conscience de M. Abelly ne sera iamis en seureté, qu'il n'ait reparé le tort qu'il a fait à l'un & à l'autre, en les iustifiant aussi clairement & aussi publiquement, qu'il les a diffamez, quelque asseurance que la fausse morale des Iesuites luy donne.

CHAPITRE X.

Qu'on peut juger des sentimens de M. Vincent pour feu M. de S. Cyran, par ceux de ses Amis intimes, qui l'ont estimé & honoré particulierement jusqu'à la fin de sa vie, & ont ainsi démenty les discours & les faux raisonnemens de M. Abelly.

CEUX qui ont renoncé aux prétention de ce monde, & qui n'aspirent qu'à celles de l'autre, n'ont iamais gueres trouvé de plus solide consolation parmy les traverses de cette vie, ny de marque plus sensible de la grace de Dieu parmy les oppositions des méchans, que l'amitié des Gens de bien, & particulierement de quelque grand Serviteur de Dieu, avec qui ils ayent pû faire union, en se separant de tous ceux qui suivent les passions de la nature corrompuë. Toutes les calomnies qu'on a publiées contre feu M. de S. Cyran depuis trente années, & qui ont esté renouvellées depuis peu par M. Abelly, ne sçauroient effacer le souvenir des excellentes qualitez, qui ont fait rechercher & estimer son amitié à tant de personnes pieuses qui ont vescu de son tems. Non seulement des Prelats tres-celebres par leur suffisance & par leur vertu; non seulement des Docteurs & des Ecclesiastiques d'une vie exemplaire & d'une science non commune; non seulement des Religieux les plus reformez & les plus fameux; mais mesmes les Personnes des plus considerables de l'Estat, ont tenu pour un insigne bon-heur de le connoître, de le voir, de l'entretenir, & d'estre aimez de luy. Et il y en a des principaux qui n'ont esté mal satisfaits de luy, que parce qu'il n'a pas voulu entrer dans leur connoissance, ne croyant pas les pouvoir servir, & n'ayant point de tems à perdre, quoy qu'il ressentist humblement l honneur qu'ils luy faisoient. Il seroit aisé d'en produire des témoignages illustres, si on avoit pour but principal de iustifier M. de S Cyran : mais parce qu'on n'a dessein, que de faire voir l'injure que M. Abelly fait à M. Vincent, en luy ostant la lumiere par laquelle il a reconnu le merite de feu M. de S. Cyran, & les grands avantages qu'il pourroit recevoir, & qu'il a receus effectivement de son amitié ; il suffira d'opposer à M. Abelly le jugement des personnes ausquelles M. Vincent a esté uny plus étroitement, & qu'il a singulierement reverées ; estant clair qu'il n'a pû avoir d'autre opinion qu'eux, de la Foy & de la pieté de feu M. de S. Cyran, puisque la Foy & la probité est le fondement & le lien de l'amitié chrestienne, qui ne peut subsister avec les erreurs & les heresies estranges, que M. Abelly suppose dans M. l'Abbé de S. Cyran.

Nous avõns desja parlé de feu M. le Cardinal de Berulle, qui a esté l'origine de la connoissance & de l'union de feu M. de S. Cyran & de M. Vincent ; parce que l'aimant & l'honorant tous deux, comme ils faisoient, il falloit qu'ils s'aimassent & se cherissent entr'eux ; & ce grand Cardinal avoit un soin particulier de leur communiquer l'affection qu'il avoit pour l'un & pour l'autre. Il avoit une tendresse & un amour si parfait pour feu M. de S. Cyran, & il estoit tellement satisfait de le voir & de l'entretenir, qu'il luy a dit quelquefois à luy-mesme, qu'il estoit ses delices. Ce qui luy attira l'envie & la haine de quelques-uns, qui l'en devoient considerer & estimer davantage. Ce fut ce qui luy fit faire tous ses efforts auprés de la Reine Marie de Medicis, trois mois avant qu'il mourust, pour faire nommer M. de S. Cyran à l'Evesché de Dol en Bretagne. Et il l'eust obtenu fort aisément en un tems où il paroissoit avoir plus de pouvoir sur l'esprit de la Reine, si le Medecin de la mesme Reine n'en eust eu encore davantage, & ne l'eust emporté sur luy pour un aumônier de cette Princesse avec lequel il s'accomoda. Ie croy que M. Abelly aura de la peine à persuader aux Amis de M. Vincent, qu'il luy fust fort honorable de s'estre voulu separer, comme il pretend, d'une personne dont M. le Cardinal de Berulle faisoit tant d estat, & qu'il iugeoit digne de remplir une dignité si relevée dans l'Eglise.

Ie ne parleray point du P. de Condren successeur de M. le Card. de Berulle, & second General de l'Oratoire, qui apres avoir chery feu M. de S. Cyran, comme le meilleur de ses Amis sans exception, & en avoir donné des marques evidentes, ayant mesme ordonné à quelques-uns de l'Oratoire, de l'honorer comme leur Superieur & le sien, ne s'éloigna enfin de luy, comme les principaux de l'Oratoire l'avoüerent, que parce qu'il crût que M. de S. Cyran n'approuvoit pas son opinion touchant le mariage de feu Monsieur le Duc d Orleans, quoy qu'ils n'en eussent jamais conferé ensemble.

Ie ne parleray pas non plus du P. Bourgoin troisiéme Superieur General de l'Oratoire, qui sçavoit mieux que personne les obligations que sa Congregation avoit à feu M. de S. Cyran, qui disoit d'ordinaire à ceux qui luy parloient des calomnies que les Iesuites faisoient répandre contre luy, que la seule lecture de son Catechisme suffisoit pour les détruire, & pour faire voir la pureté de sa doctrine ; & qu'il luy a toûjours conservé l'estime & l'amitie qu'il avoit euë pour luy, comme il paroist par une Lettre qu'il écrivit peu de tems avant sa mort.

Ie ne parleray que du R. P. de Gondy, avec lequel M. Vincent a eu une union & une intelligence singuliere, le regardant comme son Bien-facteur, comme son Maistre, & comme le Pere & le Fondateur des Prestres de la Mission. Il avoit une opinion si haute & si avantageuse de la Foy incorruptible & des autres Vertus de feu M. de S. Cyran, que lors qu'on le mit en prison, il ne craignit pas de dire avec sa grace ordinaire, qu'il le condamneroit quand il le verroit condamné par un Concile General, & qu'encore alors il considereroit s'il auroit esté libre : & quand on luy eut communiqué les réponses qu'on avoit faites aux informations prétenduës contre feu M. de S. Cyran, il en fut tellement satisfait, aprés les avoir veuës avec ses Amis particuliers, qu'il jugea qu'il les falloit faire imprimer, & que cela estoit dû à la vertu de M. de S. Cyran ; quoy que le Card. de Richelieu fust encore vivant, & dans le plus haut point de sa puissance.

M. Vincent aimoit aussi & honoroit singulierement le R. P. Tarisse Superieur General des Religieux de la Congregation de S. Maur, lequel peu aprés la détention de M. de S. Cyran, ne craignit point de visiter M. son Neveu, & de luy dire, qu'il s'étonnoit fort des erreurs dont on chargeoit M. de S. Cyran, & qu'il luy avoit souvent oüy dire le contraire.

Ie laisse quantité de Prelats & de personnes de toute sorte de conditions ; parce que ie ne parle que de ceux qui ont esté plus étroitement liez avec M. Vincent.

Mais je ne puis oublier feu M. Charpentier Superieur General des Prestres du Mont-valerien, & de Betarram en Bearn, dont la memoire est en benediction, & que M. Vincent honoroit comme un homme de Dieu. Il a témoigné une veneration si grande pour feu M. de S. Cyran, qu'il l'alla visiter au Bois de Vincennes, nonobstant les incommoditez de son age & de l'hyver, aussi-tost que le feu Roy eut accordé cette permission generale à tous ses amis ; & il ne craignit pas de déclarer dés le vivant du Card. de Richelieu, qu'il s'estimeroit heureux d'estre en la place de ce prisonnier, parce qu'il le tenoit pour un Saint, y ayant plus de trente ans qu'il le connoissoit.

Il faut ajoûter encore à ces témoignages celuy d'un des plus rares & des plus intimes amis de M. Vincent, qui est Monsieur des Cordes, si celebre dans toute la France pour l'amour extraordinaire avec lequel il a embrassé & exercé la vraye pieté, & pour l'integrité & la fidelité avec laquelle il a administré la Iustice dans la Charge de Conseiller au Chastelet de Paris, en sorte qu'il est devenu le modele non seulement des Magistrats, mais aussi de tous les Chrestiens. Ceux qui ont connu M. Vincent, peuvent se souvenir, qu'il n'y a gueres eu de personnes avec qui il ait eu plus de correspondance & de confiance pour toutes sortes d'affaires. Il le consultoit non seulement sur des sujets qui regardent le temporel de sa Congregation, mais aussi sur des points de conscience, & des affaires toutes spirituelles, comme il seroit aisé de le faire voir, si c'estoit une chose dont on pust douter. Et veritablement M. Abelly n'est pas excusable d'avoir negligé ou supprimé tout ce qu'il pouvoit rapporter de l'union particuliere que M Vincent a euë avec un Homme d'un si grand merite, sur tout ayant eu occasion d'en parler en plusieurs endroits de son Livre, & particulierement lors qu'il dit, *qu'il estoit aymé de tous les bons, & qu'il avoit des Amis par tout.* M. des Cordes estant donc si uny & si parfaitement lié avec M. Vincent, ne pouvoit pas ignorer ses sentimens sur le sujet de M. de S. Cyran ; & ayant part aux secrets de son cœur en tant de choses moins importantes, il devoit sçavoir parfaitement ce qu'il pensoit de la Foy & des mœurs de M. de S. Cyran, principalement apres les informations & les bruits qu'on faisoit courir contre luy avec tant de soin, pour justifier sa détention & le scandale qu'elle causoit dans les esprits qui consideroient la passion qu'on exerçoit contre un Homme de bien si estimé & si exemplaire, en mesme tems que tant d'impies & & d'athées joüissoient de toute l'impunité & de toute la liberté qu'ils pouvoient souhaitter pour assouvir leurs passions abominables. Dans ce tems-là M. des Cordes,

Liv. 3. ch. 11.

des, qui n'avoit gueres frequenté M. de S. Cyran, & qui ne le pouvoit bien connoître que par le rapport de M. Vincent, fit voir la haute estime qu'il en faisoit en une rencontre qui arriva vers la fin de sa détention. Car un des Proches de M. de S. Cyran, ayant esté obligé de le visiter pour une affaire qui dépendoit de sa Charge, & ayant esté receu de luy d'une maniere aussi favorable qu'il pouvoit souhaitter, n'ayant pas l'honneur d'estre connu de luy, il fut étonné que ce vertueux Magistrat luy dit tout d'un coup de luy-mesme, qu'il estoit entierement serviteur de M. de S. Cyran; qu'il le prioit de luy faire sçavoir, s'il le pouvoit; & de l'asseurer qu'il le témoigneroit par tout. Voila l'estat qu'il faisoit des accusations de feu M. de S. Cyran, & des informations qu'on avoit publiées contre luy pour éblouïr les simples & les ignorans. Elles contenoient les mesmes erreurs & les mesmes folies que M. Abelly impute à feu M. de S. Cyran, sous le nom de M. Vincent. Il devoit donc pour le moins considerer, que ses plus familiers & ses plus chers Amis, avec lesquels il n'a esté qu'un mesme esprit & un mesme cœur, les ayant condamnées & méprisées ouvertement, il estoit impossible que M. Vincent ne fust pas aussi indivisiblement uny à eux dans un point de cette importance, qu'il l'a esté dans toutes les autres; & qu'ainsi ayant desavoüé ces calomnies horribles, non seulement par luy-mesme, mais aussi par ses plus grands amis; il est hors de toute apparence de raison de l'en vouloir rendre approbateur plus de vingt cinq ans aprés qu'il les a si absolument desavoüées & detestées, comme s'il avoit pû renoncer non seulement à l'amitié de M. de S. Cyran, mais aussi à celle de tous ses autres Amis, & à soy-mesme, pour favoriser la passion & l'animosité de M. Abelly & des Iesuites.

CHAPITRE XI.

Que les mesmes témoins que M. Abelly employe pour loüer M. Vincent, servent pour justifier & pour rendre recommandable feu M. de S. Cyran.

L'ESCRITURE sainte nous defend d'avoir deux poids & deux mesures, comme une injustice insupportable. Ie ne voy pas comment on pourroit excuser M. Abelly d'estre tombé dans cet inconvenient en écrivant son Histoire avec si peu d'équité & de charité. Il seroit loüable d'avoir publié les bonnes qualitez de M. Vincent, & les graces qu'il a receuës du Ciel, s'il s'en estoit acquité avec moins d'injustice contre des personnes dont il pouvoit laisser la memoire en repos, sans nuire à son entreprise. Elle luy auroit sans doute mieux reüssi, & elle eust esté moins desavantageuse à celuy pour qui il semble qu'il l'ait faite, s'il n'eust point affoibly luy-mesme les considerations qu'il employe en faveur de M. Vincent, & ne se fust pas montré si deraisonnable & si indigne de creance, par des emportemens contre celuy qu'on peut aisément justifier par ses propres raisonnemens.

Nous avons fait voir dans le Chapitre precedent, par les principaux Amis de M. Vincent, qu'il a esté incapable de parler de M. de S. Cyran, comme il le fait parler. Il faut montrer maintenant que ceux mesmes que M. Abelly allegue, pour loüer & relever M. Vincent, n'ont pas moins loüé & relevé feu M. de S. Cyran. D'où il s'ensuit, que M. Abelly est convaincu par luy-mesme; & qu'au lieu de pouvoir maudire feu M. de S. Cyran par la bouche de M. Vincent, il luy doit rendre communes les loüanges & les benedictions qu'il a receuës. Car, quel égard peut-on avoir à ces grands diſcours, où il ſe met tant en peine de repreſenter l'eſtime que M. le Card. de Berulle, & le R. P. de Gondy faiſoient de la vertu de M. Vincent; puiſque tous ceux qui ſont capables de peſer cette conſideration, peuvent auſſi la faire valoir en faveur de feu M. de S. Cyran, à qui ces deux perſonnes illuſtres ont donné des marques pour le moins auſſi grandes & auſſi ſolides de leur approbation & de leur amitié? Quelle conſequence veut-il que l'on tire de ce qu'il repete pluſieurs fois, que feuë Madame de Chantail l'avoit en grande veneration; puiſque tous ceux qui peuvent iuger par là de ſon merite, peuvent auſſi ſe ſouvenir des ſentimens extraordinaires de charité, de reſpect & de déference qu'elle a fait paroître pour M. de S. Cyran, quelque tems avant qu'elle mouruſt? Il n'eſt pas croyable que M. Abelly ait ignoré ce qui a eſté publié il y a pluſieurs années ſur ce ſujet, pour la juſtification de feu M. de S. Cyran, dont on a encore les preuves en main. Les Lettres qu'elle écrivit à *ce digne & fidelle Serviteur de Dieu, & vertueux Prelat*, qui ſont les titres qu'elle luy donne: les dépoſitions de celle qui l'accompagna en ſon dernier voyage à Moulins; & d'autres témoignages qu'on a de ſes ſentimens, ont aſſez informé le Public de ce que cette excellente Religieuſe croyoit de M. de S. Cyran. Quelle juſtice donc, & quelle bonne foy peut-on dire que M. Abelly ait gardée, en diſſimulant des marques ſi conſiderables de l'innocence de celuy qu'il décrie dans la meſme Hiſtoire où il employe les meſmes marques pour celuy à qui il donne des loüanges? Si c'eſt une marque de vertu d'eſtre chery des Gens de bien, ſelon l'Ecriture, & ſelon M. Abelly meſme, qui veut qu'on iuge de M. Vincent par cette maxime; il faut l'étendre à tous ceux qui ioüiſſent de ce bonheur. Mais ſi M. Abelly ne veut pas qu'on employe cette regle en faveur de feu M. de S. Cyran, qu'il juge s'il ne détruit point luy-meſme les loüanges qu'il entreprend de donner à M. Vincent par le témoignage des meſmes perſonnes qui ont tant honoré feu M. S. Cyran, comme ſi elles eſtoient capables de rendre l'un illuſtre & glorieux, & n'eſtoient pas capables de defendre l'autre de ſes médiſances, & de ſes invectives.

Liv. 1. ch. 16. Liv. 2. ch. 7. page 34, & 334. Liv. 3. ch. 11.

M. Abelly ſe ſert des ſentimens de feu M. Bourdoiſe pour appuyer ceux de M. Vincent, & du témoignage de M. Vincent pour relever le merite de M. Bourdoiſe, l'appellant *un excellent Preſtre*, qui travailloit beaucoup & pouvoit procurer beaucoup de bien. Ce témoignage eſt veritable & fait voir que M. Vincent connoiſſoit les Gens de bien, & eſtoit connu d'eux par la lumiere de ſa vertu. Mais M. Abelly devoit ſçavoir que ſi M. Bourdoiſe a honoré la vertu de M. Vincent, il a honoré auſſi celle de M. de S. Cyran, & s'eſt voulu rendre ſon diſciple, l'ayant ſouvent viſité & conjuré pluſieurs fois de luy vouloir apprendre la vie & les devoirs d'un vray Eccleſiaſtique; & l'en ayant tellement preſſé, qu'il avoit de la peine à recevoir les raiſons dont M. de S. Cyran ſe ſervoit pour s'en excuſer. Il avoit ſi bien répandu dans ſa Communauté l'odeur des vertus & des rares qualitez de M. de S. Cyran, que feu M. Froger Curé de la Paroiſſe eut deſſein de luy reſigner ſon Benefice. Et enfin la memoire des lumieres ſolides de feu M. de S. Cyran, eſtoit tellement imprimée dans ſon ame, qu'il ſe reſolut aprés ſa mort de ſe mettre ſous la conduite de ſes Amis pour dépendre d'eux abſolument, iuſqu'à vouloir ſe dépoüiller de ſon Sacerdoce, ſi on le jugeoit à propos, & de s'humilier iuſqu'au dernier degré des Laïques. Mais on ne crut pas devoir abuſer de ſon humilité, ny ſcandalizer le monde par le rabaiſſement extraordinaire d'un ſi bon Preſtre. Ie ne ſçay ſi la bonne opinion qu'il a euë de M. Vincent, eſt allée ſi loin. C'eſt pourquoy

Liv. 1. ch. 5.

si son témoignage peut contribuer à la loüange & à la recommandation de M. Vincent, il ne doit pas auoir moins de force pour celle de feu M. de S. Cyran, & contre les faussetez du Livre de M. Abelly.

Il represente en plusieurs endroits de ce mesme Livre, la pieté & la charité de la feuë Reine de Pologne, qu'on appelloit avant son mariage la Princesse Marie de Mantouë, & il prend sujet de loüer M. Vincent, de ce qu'elle s'adressa à luy & à sa Compagnie, pour procurer des assistances spirituelles & corporelles à quelques villes de son Royaume. Il a pû faire valoir ce moyen que la Providence divine luy a donné de parler du zele de l'un & de l'autre. Mais il n'est pas assez iuste ny assez fidele, lors qu'il dissimule ou qu'il supprime volontairement l'estime extraordinaire, que la mesme Reine estant encore en France témoigna publiquement de la pieté & du merite de feu M. de S. Cyran. Car elle fut si touchée de la grande reputation de son integrité & de sa lumiere, qui le rendoit particulierement propre pour gouverner l'esprit & la pieté des personnes de grande condition, qu'elle estoit resoluë, peu avant qu'il mourust, de luy demander sa conduite, quoy qu'elle ne l'eust iamais vû. Et la mort l'ayant empesché d'executer ce dessein, elle voulut assister à ses Funerailles sans en avoir esté priée ; ne pouvant pas venir dans l'esprit de personne d'oser luy proposer rien de semblable. La seule renommée de ce grand Serviteur de Dieu, la porta à luy rendre cet honneur aprés sa mort. Elle y fut accompagnée par Monsieur de Marolles Abbé de Villeloin, qui vit encore, lequel peut témoigner combien cette Reine a reveré celuy à qui il a donné luy-mesme tant de marques d'estime & d'affection dans ses écrits, & dans toutes sortes de rencontres, & dont il a voulu honorer le Tombeau avec une Princesse si illustre. M. Abelly eust bien pû joindre ce témoignage de l'humilité & de la bonté de la Reine de Pologne aux autres loüanges qu'elle a iugé à propos de luy donner. Car ce n'a pas esté une chose secrete qu'il ait pû ignorer, mais elle s'est passée à la veuë de tout le monde qui en fut estonné. Il ne peut pas dire aussi que cela n'estoit pas de son sujet ; parce qu'il eust servy pour montrer la vertu de cette grande Princesse, & l'amour qu'il avoit pour la vraye pieté & pour la vertu chrestienne. Ce qui eust rendu encore plus considerable son témoignage, qu'il employoit pour rendre illustre la Vie & la conduite de M. Vincent. Mais en quelque maniere qu'il ait voulu oster par son silence à cette Reine la loüange qu'elle a meritée dans cette rencontre, celles qu'il luy a données suffisent pour justifier M. de S. Cyran, & pour le defendre des traits de sa médisance. Car si elles sont assez bonnes pour rendre considerable ce qu'elle a dit, & ce qu'elle a fait en faveur de M. Vincent, elles le doivent estre pour donner le mesme poids à ce qu'elle a dit, & à ce qu'elle a fait en faveur de M. de S. Cyran. Et ainsi M. Abelly demeure toûjours convaincu par ses propres raisonnemens, aussi bien que par le témoignage de cette Reine, & de ceux qu'il a produits, pour donner aux Hommes une haute opinion de M. Vincent ; puisqu'ils leur en donnent, pour le moins, une pareille pour M. de S. Cyran, & découvrent de cette sorte le peu de sincerité, aussi bien que le peu de iugement de l'Historien de M. Vincent.

Liv. 1. ch. 24. & 46. & liv. 2. c. 1. page 189. & suiv.

M. Abelly mettant tout en œuvre pour donner toutes sortes de loüanges à M. Vincent, a employé les témoignages que les deux derniers Ministres luy ont donné de leur estime, & de leur bien-veillance en diverses occasions. Mais il s'étend principalement à raconter les communications particulieres qu'il a euës avec M. le Card. de Richelieu, comme avec une personne qui avoit une veneration merveilleuse pour luy, & une confiance singuliere en ses avis. Et pour rendre la memoire de M. Vincent plus recommandable par cette consideration, il releve de telle ſorte les excellentes qualitez de ce *bon Seigneur* & de ce *ſage & zelé Miniſtre*, comme il l'appelle, qu'en quatre ou cinq endroits où il en parle, il ſemble qu'il veüille le faire paſſer pour un des plus ſaints Perſonnage de ce ſiecle. Et pour ramaſſer en peu de mots ce qu'il en rapporte en divers endroits, il dit, que ce *grand Cardinal avoit un grand deſir de procurer la gloire de Dieu dans le Clergé*, & pour preuve de ce grand zele, il dit, que *voulant laiſſer un monument de ſa pieté, il fonda une Maiſon de Preſtres de la Miſſion en la Ville de Richelieu.* Mais parmy ces loüanges il entremeſle à ſon ordinaire de certaines circonſtances qui ne ſont pas fort propres à perſuader que ce premier miniſtre agiſt envers M. Vincent avec la meſme ſimplicité, que M. Vincent agiſſoit avec luy. Ce qu'il n'eſt pas neceſſaire de repreſenter icy, puiſque tout ce que M. Abelly en rapporte, ne prejudicie point à ſa reputation, quoy qu'il ne contribuë pas beaucoup à l'augmenter.

Liv. 1. ch. 29, 31, 35, & 45. & liv. 2. c. 1.

Ie veux accorder à M. Abelly, que quelque veuë que puſt avoir M. le Card. de Richelieu dans les marques qu'il a données à M. Vincent de la bien-veillance qu'il avoit pour luy, il avoit une *grande eſtime de ſa perſonne & de ſa vertu. Le bruit commun*, comme il dit, que le merite de ce vertueux Preſtre répandoit alors, eſtoit capable de former ce ſentiment dans l'eſprit des plus indifferens. Mais ſi le témoignage d'un Homme ſi conſiderable par le rang qu'il tenoit dans l'Eſtat & dans l'Egliſe, a pû eſtre employé pour la recommandation de M. Vincent, il faut que M. Abelly reconnoiſſe que feu M. de S. Cyran a receu de la meſme perſonne des preuves pour le moins auſſi avantageuſes de l'eſtime qu'il avoit euë pour luy de tout tems, l'ayant fort connu & chery dés devant ſa grande élevation, & ayant continué depuis de ſe ſouvenir de luy en pluſieurs rencontres ſignalées, & de le conſiderer d'une maniere toute particuliere.

Entre les autres preuves qu'il luy en a dõnées de tems en tems, il luy fit l'honneur de le choiſir, ſans luy en parler, pour la Charge de premier Aumônier de la Reine d'Angleterre, l'ayant fait mettre en cette qualité ſur l'eſtat de ſa Maiſon, qui fut dreſſé devant ſon mariage en 1625. Feu M. le Card. de Berulle fit de grandes inſtances à M. de S. Cyran pour l'obliger d'accepter cét employ, où il croyoit qu'il pourroit beaucoup contribuer à l'avancement de la Religion parmy les Heretiques. Mais feu M. de S. Cyran eut des raiſons ſi conſiderables pour s'en excuſer, qu'on ne crut pas le devoir violenter davantage. Le Card. de Richelieu trouva ſi peu mauvais ce refus, qu'il ne laiſſa pas de le faire nommer quelque tems apres par la feuë Reine Marie de Medicis à l'Eveſché de Clermont, lors que M. d'Eſtain penſa mourir de la maladie dont il demeura aveugle. Il le fit encore nommer par la meſme Reine, & apres par le feu Roy à diverſes Abbayes, qui ne vaquerent point. Et M. de S. Cyran ſe trouvant obligé de l'en aller remercier, il receut toûjours de ce Cardinal des honneurs & des careſſes ſi extraordinaires, que ceux qui les voyoient en eſtoient ſurpris; & on ſçavoit ſi bien l'inclination qu'il avoit pour feu M. de S. Cyran, & le plaiſir qu'il recevoit de le voir, que lors que le bruit des mauvais offices que le P. Ioſeph luy avoit rendus auprés de luy, fut public; pluſieurs de ſes Amis jugerent, que s'il alloit voir ce Cardinal, il pourroit luy oſter par une ſeule viſite les mauvaiſes impreſſions qu'on luy avoit données contre luy. M. Vincent approuva fort cet avis, diſant qu'il s'en eſtoit bien trouvé, & qu'il avoit ainſi diſſipé les faux rapports qu'on avoit faits de luy & de ſa Congregation à ce Cardinal. *I'ay fait cela moy-meſme*, diſoit-il, *je l'ay eſté trouver, je luy ay dit, Monſeigneur, vous voyez ce criminel qu'on a accuſé auprés de voſtre Eminence, je viens me preſenter à elle pour en diſpoſer & de toute la Congregation comme il luy plaira: & depuis cela nous avons eſté en repos.* Feu M. de S. Cyran ne ſuivit

pas

pas neanmoins ce conseil par la facilité qu'il eut à se rendre à l'opinion contraire de quelques autres personnes ; quoy que toutes les suites ayent fait voir clairement que le premier conseil estoit le meilleur. Car il est certain que le mécontentement du Card. de Richelieu ne venoit que de ce qu'il croyoit que feu M. de S. Cyran s'éloignoit trop de luy, & ne luy faisoit pas la cour comme les autres, & comme il pensoit l'y avoir obligé par les marques d'affection & d'estime qu'il luy avoit données. Ce qu'il n'eust iamais fait, s'il n eust esté tres-persuadé, non seulement qu'il n'estoit pas sujet à des opinions folles & extravagantes, comme celles que M. Abelly luy attribuë, mais qu'il estoit remply de toutes les bonnes qualitez que la pieté, la science, le bon esprit, & le bon sens peuvent donner à un Homme, qui avoit passé toute sa vie dans les bons Livres, & dans la Theologie ancienne de l'Eglise, sans aucun interest, & sans autre dessein que de servir Dieu, comme le Card. de Richelieu mesme l'avoit remarqué autrefois avec admiration. En voila assez pour faire voir à M. Abelly, que M. le Cardinal de Richelieu connoissoit mieux que luy feu M. de S. Cyran, & qu'il ne sçauroit recuser son témoignage, sans ruïner l'une des preuves plus illustres qu'il a employées pour relever le merite de M. Vincent.

Pour ce qui est de M. le Cardinal Mazarin, je ne doute point qu'il ne *connust la sincerité du cœur* de M. Vincent ; & *la droiture de ses intentions* ; qu'il ne luy ait donné des loüanges dans quelques billets qu'il a pû luy écrire ; qu'il n'ait esté asseuré *de sa fidelite & de son affection* au service du Roy ; qu'il n'ait admiré la pauvreté qu'il pratiquoit dans ses habits lors mesme qu'il venoit à la Cour, & qu'il ne luy ait donné plusieurs marques semblables de l'estime qu'il avoit pour luy. Mais pour ne point m'arrester maintenant au meslange que M. Abelly est sujet à faire de plusieurs particularitez qui ne sont pas fort honorables à ceux qu'il entreprend de loüer, il me permettra, s'il luy plaist, de luy representer que ce mesme Cardinal Mazarin n'est pas moins recevable dans les approbations qu'il a données à la vertu de feu M. de S. Cyran, & qu'il y auroit trop d'injustice à mépriser la bonne opinion qu'il en a euë, lors qu'on a tant d'égard aux traitemens favorables qu'il a faits à M. Vincent. Dequoy neanmoins M. Abelly écrivant sa Vie, pouvoit rendre à son Eminence la reconnoissance qui luy estoit deuë, sans la diminuer par d'autres recits, qui ne luy sont pas favorables.

Liv. 1. ch. 39. Liv. 2. ch. 12. & ch. dern. Liv. 3. ch. 18.

Nous avons desja fait voir avec quelle fermeté il resista à ceux qui l'importunoient pour empescher la nomination qui avoit esté faite pour l'Abbaye de feu M. de S. Cyran de la personne de M. son Neveu par la feuë Reine Mere, de l'avis de son Conseil, dont il estoit le Chef. Nous ajoûterons seulement icy une preuve assez remarquable de l'estime particuliere qu'il faisoit de la vertu de M. de S. Cyran. Feu M. de Chavigny ayant rencontré un Volume de ses Lettres sur la table de M. le Cardinal Mazarin, luy demanda, comme en s'étonnant, s'il lisoit ces sortes de Livres. A quoy il répondit qu'oüy, & que celuy qui avoit fait ces Lettres estoit *un vray Homme de bien*.

Il seroit aisé de rapporter quantité de preuves semblables de la bonne opinion que plusieurs Personnes considerables ont euë de l'innocence, de l'integrité, & de la pieté de feu M. de S. Cyran, si cela estoit de nostre dessein. Tout ce que j'en ay dit par occasion, n'a esté que par la necessité de representer l'injustice du procedé de M. Abelly, lequel ayant remply l'Histoire de M. Vincent d'une infinité de calomnies & de contradictions toutes visibles, a ruïné par cette conduite tout le fruit qu'eust pû avoir son entreprise, si elle eust esté executée plus judicieusement & plus équitablement, & qu'il a plus contribué par ce bel Ouvrage à deshonorer qu'a relever la memoire d'un vertueux Prestre, qui estoit assez celebre d'elle mesme, sans avoir besoin du secours d'un Panegyriste si peu heureux.

CHAPITRE XII.

Que la Lettre de M. de S. Cyran à M. Vincent, sur laquelle M. Abelly fonde les outrages qu'il a fait à l'un & à l'autre, est le moyen le plus asseuré & le plus evident pour les justifier tous deux.

APRES avoir justifié M. Vincent & M. de S. Cyran par tant de preuves evidentes, & par les raisons mesmes que M. Abelly nous a fournies, il faut aller à la source des impostures, qui est cette Lettre de feu M. de S. Cyran à M Vincent, dans laquelle il est parlé de quatre Points, sous lesquels M. Abelly veut faire passer les quatre heresies horribles qu'il reproche à feu M. de S. Cyran. Il faut faire voir que ces quatre Points n'avoient rien de commun avec ces quatre erreurs effroyables, & que M. Abelly abuse pitoyablement de l'ignorance & de la credulité de ceux qu'il tâche de surprendre par ses discours.

C'est desja un grand préjugé de l'innocence de ces deux veritables Amis, & de la mauvaise foy de M. Abelly, de ce qu'il ne produit pas toute entiere la Lettre dont il se sert pour établir ses calomnies. Car il est certain qu'il a pû la rapporter au lieu des extraits qu'il en cite; la seule copie qui en fut faite, & l'original estant entre les mains de ses amis, qui ont retenu l'un & l'autre, avec plusieurs autres papiers, contre la justice & la foy publique, & contre l'ordre du feu Roy, qui voulut qu'on rendist à M. de S. Cyran tous ses papiers sans exception, & le luy fit dire par ses Ministres De sorte qu'on n'en a pû rien retenir sans infidelité & sans violence, & les Iesuites qui ont osé se vanter publiquement d'avoir plusieurs de ses Lettres dans le College de Clermont, se sont condamnez eux-mesmes de larcin & de perfidie; & ainsi ont rendu inutile & indigne de toute sorte de creance ce qu'ils en ont publié. Car des gens si injustes & si hardis ne meritent pas d'estre crûs, mais d'estre méprisez & rejettez de tout le monde comme ennemis de la bonne foy & de la societé humaine. Ils sont capables de falcifier non seulement les papiers de ceux qu'ils haissent, mais aussi l'Evangile; puisqu'ils ont l'asseurance de témoigner eux-mesmes publiquement qu'ils le méprisent, & qu'ils le foulent aux pieds, à cause qu'ils ne craignent point d'en estre punis par la justice du monde.

M. Abelly pouvant donc, s'il eust voulu, representer la Lettre de M. de S. Cyran à M. Vincent telle qu'elle estoit, & sans en rien retrancher; d'où vient qu'il s'est contenté de nous en donner une partie, & mesme assez differente d'un autre extrait qui a esté fait auparavant par un Emissaire des Iesuites, pour appuyer de semblables calomnies? Est-ce pour épargner feu M. de S. Cyran, & ne pas employer contre luy tout ce qui pouvoit servir à le décrier? Il n'y a guerres d'apparence, puisqu'il a bien voulu ramasser les impostures les plus absurdes qui ayent jamais esté publiées contre luy. C'est donc une conviction manifeste de la défiance qu'il a eue de cette mesme Lettre, & de la crainte qu'il a ressentie qu'estant produite toute entiere & sans alteration, elle ne donnast jour à la justification de ce qu'il en rapporte, & ne découvrist les artifices avec lesquels il en abuse.

Mais puisqu'il nous a osté ce moyen de le refuter, examinons ce qu'il nous met entre les mains, comme presupposant que c'est tout ce qu'il y a de plus fort pour établir ce qu'il pretend. Voicy comment il fait parler M. de S. Cyran à M. Vincent. *La disposition d'humilité que vous avez au fonds du cœur, pour croire ce que l'on vous feroit voir dans les saints Livres, me fait assez connoitre, qu'il n'y avoit rien de plus facile, que de vous faire consentir, par le témoignage mesme de vos yeux, à ce que vous detestez maintenant comme des erreurs.* Qui pourra s'imaginer qu'un homme ait eu tellement l'esprit troublé que de se persuader, qu'il n'y a rien de plus facile, que de faire voir des yeux à une personne sage dans les Livres saints, *qu'il n'y a plus d'Eglise depuis six cens ans*; qui est une des extravagances que M. Abelly pretend enfermer dans les quatre Points de cette Lettre? Qui croira qu'on y peut lire en termes exprez, *que l'Eglise n'est aujourd'huy qu'une adultere, une prostituée & de la bouë? Que l'Ecriture sainte est plus lumineuse dans la teste d'un* particulier, *que dans elle-mesme? Que le Concile de Trente n'est pas un vray Concile, & que la cause de Calvin est bonne*; qui sont les trois autres heresies que M. Abelly veut avoir esté reprochées à feu M. de S. Cyran par M. Vincent, comme si toutes ces choses se lisoient en termes formels dans les Livres saints, & qu'il ne fallust que des yeux pour les y reconnoistre, & pour se rendre à ceux qui les y montreroient? Quand un homme seroit assez miserable pour avoir des sentimens si impies, est-il croyable qu'il fust en mesme tems si privé de sens, & si ridicule, que de les vouloir persuader à d'autres par sa seule autorité, & d'asseurer hardiment qu'on les peut découvrir de ses propres yeux dans les saints Livres?

Mais ce que M. Abelly rapporte ensuite est encore plus extravagant. *I'ose vous asseurer qu'il n'y a aucun de ces Messieurs les Prelats qui hantent chez vous, avec qui ie ne demeure d'accord, & que ie ne fasse autoriser de leurs suffrages toutes mes opinions, quand il me plaira de leur en parler à loisir: & tant s'en faut qu'ils s'y opposent, qu'ils en seront ravis, & m'en remercieront.* Y a-t'il apparence que M. de S. Cyran ait crû M. Vincent capable de s'imaginer & de recevoir de telles folies? Y a-t'il apparence qu'il ait pû luy-mesme concevoir une entreprise si hors de raison, que de vouloir trouver en France des Evesques qui pussent demeurer d'accord, & approuver publiquement ces quatre blasphemes grossiers & inoüis, *qu'il n'y a plus d'Eglise depuis six cens ans, que Calvin a soûtenu une bonne cause, que le Concile de Trente est un faux Concile, & que la sainte Ecriture n'est pas si remplie de lumiere en elle-mesme, que dans l'esprit* d'un paticulier; & pour comble d'extravagance, presumer que ces Prelats pûssent se resoudre à faire des remercimens à un homme, pour leur avoir découvert ce qui fait horreur mesme à entendre? Ceux qui croiroient un homme capable d'une telle imagination & d'un renversement d'esprit si étrange, le justifieroient asseurément par là des accusations, dont M. Abelly charge feu M. de S. Cyran: & au lieu de le déclarer Heresiarque, ou Auteur d'Heresie; ils le condamneroient de folie toute visible & montreroient qu'il est non-seulement exemt d'erreur & d'Heresie, mais mesme incapable d'en former aucune. Car les erreurs ne s'introduisent & ne s'établissent que par des raisonnemens apparens & vray-semblables: & lors qu'on est destitué du fondement de la Foy, on est reduit à chercher de l'appuy pour ses opinions, dans l'éclat trompeur de la raison. Mais il n'y en a pas l'ombre seulement dans les propositions folles & absurdes, que M. Abelly attribuë à M. de S. Cyran, & dont il veut qu'il ait entretenu & tâché de persuader à M. Vincent.

A quelque preoccupation qu'il se soit laissé aller contre luy, encore devoit-il

Liv. 1. ch. 11. se souvenir de ce qu'il en dit luy-mesme, que plusieurs faisoient estime de son erudition, & de ses autres bonnes qualitez qu'ils croyoient estre en luy. Il ne doit donc pas croire qu'il fût si dénüé de sens, que d'oser proposer des impietez si évidentes à vn homme, qui ne luy faisoit paroitre aucune disposition à les receuoir; & qui au contraire luy auoit dé-ja témoigné de la surprise, lors qu'il les avoit entenduës la premiere fois. Et ainsi il est clair par les seuls extraits de la Lettre que M. Abelly a produits, que les quatre choses dont M. Vincent avertit M. de S. Cyran, estoient bien differentes des quatre blasphemes dont il parle; & que ce n'estoient que des Points dont M. Vincent n'avoit pas assez de connoissance, & qui l'avoient un peu surpris, parce qu'il ne les entendoit pas, & n'en avoit jamais oüy parler, comme il l'a avoüé depuis. Mais ce qui rend encore plus incroyables les contes ridicules de M. Abelly, est que quand M. de S. Cyran, eust esté capable de former dans son esprit des maximes si abominables; qu'il eût esté assez inconsideré & assez étourdy pour entreprendre de les débiter & de les proposer à M. Vincent; M. Vincent, eût-il pu, sans se rendre criminel devant Dieu & devant l'Eglise, dissimuler des égaremens si pernicieux, se contenter de les remarquer; & de tenir des erreurs si grossieres pour des sentimens suspects & dangereux seulement? Eust-il pû en conscience continuer à le visiter, & à le traitter civilement & avec des témoignages d'amitié, comme M. Abelly le rapporte luy-mesme? Quelle *circonspection* pretend-il que M Vincent ait pû pratiquer, en s'engageant luy-mesme à des visites & à des entretiens qui luy eussent esté si contagieux? N'eust-ce pas esté assez d'avoir oüy une seule de ces quatre impietez, pour se saparer de celuy de qui il les avoit entenduës, sans se mettre en danger d'en apprendre d'autres semblables, comme M. Abelly suppose que ces quatre extravagances ont esté dites en quatre rencontres toutes differentes? Apres avoir esté asseuré que son Amy avoit de tels sentimens, eust-il pû demeurer longtems sans luy en faire des reproches? Eust-il pû attendre pour luy en parler une occasion qui se presenta par hazard, sans laquelle il ne luy en eust peut-estre iamais parlé? Eust-il pû se contenter d'un avertissement secret, sur tout ayant veu que les premiers n'auoient pas reüssi? Eust-il esté excusable de se rendre si facilement à une Lettre, où il n'y avoit rien qui fust capable de prouver & d'établir de tels excez? Quelle indifference, quelle insensibilité eust-ce esté à M. Vincent de se taire, sçachant une dépravation & un renversement si visible de la verité? N'eust-il pas esté obligé d'employer tous ses efforts pour en convaincre l'Auteur, au lieu du soin qu'il a eu de le iustifier? N'eust-on pas dû voir sa déposition & son témoignage rendu en presence de quelque Iuge? que n'en produit-on, s'il y en a? & s'il n'y en a point, comment est-ce que M. Abelly pourra iustifier M. Vincent d'avoir trahy les interests de l'Eglise par son silence & par sa lâcheté? Mais il paroist bien qu'on a esté dans l'impuissance de rien produire de juridique sur ce sujet. Car M Vincent n'a pas esté passionné & prevenu comme son Historien: il a esté plus équitable dans les peines où il se trouva avec son Amy: il les luy découvrit avec franchise, & en sortit par sa docilité. De sorte qu'il ne faut pas s'étonner, si la Lettre qu'il receut de M. de S. Cyran, pour l'éclaircissement de ses doutes, de laquelle M. Abelly a voulu triompher, servit de si peu à ceux qui esperoient en tirer de grands avantages. Car quoy qu'elle ait esté l'unique sujet de l'Interrogatoire de M. de S. Cyran; neanmoins les réponses favorables que M. Vincent avoit desja faites à M. de Laubardemont, & au Card. de Richelieu, & d'autres toutes semblables que M. de S. Cyran fit à M. Lescot, furent cause qu'on n'en parla plus depuis. On luy demanda bien quels estoient les quatre Points dont il paroissoit que M.

(Margin notes: Ibid. — beside "porte luy-mesme? Quelle circonspection"; Ibid. — beside "danger d'en apprendre")

M.Vincent l'avoit averty, à quoy ayant répondu de méme que M. Vincent, qu'il les avoit oubliez, on ne lui en dist plus rien. On ne lui parla pas non plus d'aucune de ces quatre méchantes maximes que M. Abelly recommence à luy attribuer lors qu'elles estoient presque effacées de la memoire des Hommes. Ce qui montre invinciblement qu'on en recõnoissoit assez l'imposture, & qu'elle n'avoit point esté confirmée par le témoignage de M. Vincent, comme M. Abelly le pretend. Car c'est ainsi qu'il semble entendre ce qu'il dit, que M. de S. Cyran *fut interrogé par la Iustice sur les choses dont la Lettre dit que M. Vincent l'avoit averty*, comme si les quatre impietez dont il l'accuse, luy avoient esté reprochées par M. Lescot, & qu'il eust esté obligé de luy répondre là-dessus : ce qui est entierement faux, & que M. Abelly ne sçauroit prouver ; n'en ayant esté fait aucune mention dans le long interrogatoire qui dura plus de trois semaines. Et neanmoins c'eust esté un des principaux sujets sur lesquels on eust dû le faire parler, s'il eust esté veritable que M. Vincent eust deposé contre luy. Car l'interrogatoire de M. Vincent preceda celuy de M. de S. Cyran. De sorte, que s'il eust crû M. de S. Cyran coupable de ces quatre blasphemes, il eust esté obligé, & par le serment qu'on luy fit faire, & par le devoir de sa conscience, de declarer ce qu'il eust sceu de ses sentimens. Ce qui eust donné de grands avantages aux ennemis de M. de S. Cyran, qui ne manquoient que de pretexte pour le perdre ; & ils eussent eu de bons moyens de se satisfaire ; puisqu'une seule de ces erreurs estoit suffisante pour l'accabler, si elle eust esté bien averée. Mais ils n'en purent venir à bout, & M. Vincent demeura ferme dans les témoignages d'estime & d'affection qu'il avoit toûjours eüe pour M. de S. Cyran. C'est pourquoy voyant que ce qu'ils avoient esperé de ce costé là, leur manquoit ; & que tous les interrogatoires leur estoient inutiles, ils firent tous leurs efforts pour porter M. de S. Cyran à avoüer quelque faute de luy-mesme, en luy promettant qu'il seroit aussi tost delivré. Mais les promesses eurent aussi peu de pouvoir sur luy que les menaces : & il répondit fermement, que si apres tant de réponses qu'il avoit renduës avec des sermens qu'on luy avoit fait souvent reïterer, on doutoit encore de la sincerité de ses paroles, on n'auroit pas sujet de s'asseurer davantage quand il accorderoit ce qu'on luy demandoit encore. Ainsi ils travaillerent inutilement, & son innocence apres tant d'espreuves demeura pleinement justifiée, & l'injustice fut contrainte de se reduire à la seule violence. Liv. 1. ch. 12.

Il ne faut donc pas s'étonner si M. Abelly a évité de parler de l'interrogatoire de M. Vincent contre toutes les regles de la verité & de la fidelité de l'histoire. Il a esté trop contraire à la conduite qu'il luy attribuë, & trop glorieux à M. de S. Cyran : & il eust détruit luy seul tous les artifices dont on s'est servy pour le décrier, & pour armer M. Vincent contre luy. Certainement M. Abelly devoit considerer que si la Lettre dont il parle, n'a pû fournir aucun moyen de faire condamner M. de S. Cyran, lors que ses ennemis avoient tout pouvoir, & que M. Vincent vivoit, & pouvoit parler luy-mesme de ce qu'il sçavoit ; elle pourroit beaucoup moins servir pour le diffamer apres la mort de celuy qui n'a laissé que des marques d'approbation & d'estime pour la personne dont il veut deshonorer la memoire si injustement. Mais comme au contraire cette Lettre, qui d'abord qu'elle fut trouvée, avoit donné de grandes esperances aux persecuteurs de M. de S. Cyran, fut ce qui leur ferma la bouche, apres que M. Vincent eut esté oüy sur ce sujet, & fit paroitre indubitablement l'innocence de M. de S. Cyran ; ainsi cette mesme Lettre, qui a esté l'unique fondement des calomnies dont M. Abelly a grossi son histoire, est ce qui fait voir clairement la fausseté & l'infidelité, & qui justifiera toûjours également M. Vincent, & M. de S. Cyran, l'un à cause de la fidelité & de l'estime qu'il a conservée pour la vertu de son Amy, iusqu'à avoir déposé pour luy en Iustice ; & l'autre à cause de la force avec laquelle il a paru invincible aux attaques de la plus violente, & de la plus redoutable persecution où la pieté & l'innocence d'un Prestre puisse estre exposée.

CHAPITRE XIII.

Que feu M. de S. Cyran ne peut avoir parlé à M. Vincent, ny à personne, des quatre erreurs dont M. Abelly l'accuse : & qu'elles sont toutes infiniment éloignées de ses sentimens & de sa conduite.

NOVS avons fait voir que les calomnies de M. Abelly ne s'accordent pas avec les marques continuelles que M. Vincent a données de son affection & de son estime pour M. de S. Cyran durant sa vie & apres sa mort, ny avec les réponses & les dépositions qu'il a faites avec serment en sa faveur. Nous avons montré que les termes mesmes des extraits de la Lettre de M. de S.Cyran à M. Vincent, par lesquels il les veut prouver, prouvent tout le contraire, & détruisent entierement le fantôme de ces quatre heresies & impietez incroyables. Il faut luy prouver maintenant qu'elles n'ont rien qui approche de l'esprit & de la conduite de feu M de S. Cyran, & qu'elles n'ont pû luy estre attribuées que par des personnes qui ne l'ont iamais connu, & non par feu M. Vincent.

Tous ceux qui ont frequenté feu M. l'Abbé de S. Cyran, sçavent assez combien il estoit retenu à parler des matieres de science. Il sembloit souvent qu'il ne fust pas homme d'étude, & qu'il n'aimast pas les Livres. Ses entretiens ne respiroient que le service de Dieu & l'edification du prochain. Il avoit un éloignement merveilleux de toute curiosité, & des contestations qui se meslent aisément dans la conversation des Gens de Lettres, disant souvent qu'il ne les avoit aimées que trop dans sa ieunesse, & qu'il prendroit la poste pour les éviter. Tout son dessein, dans le commerce qu'il estoit obligé d'avoir avec le peu de personnes qui le connoissoient, estoit de les porter à honorer Dieu, & leur inspirer l'éloignement du mal, l'amour de l'ordre & du reglement, plûtost par ses actions & par son exemple que par ses paroles. C'est pourquoy tous ceux qui l'ont hanté & qui l'ont veu, iugeront qu'on ne pouvoit parler de luy avec moins de connoissance & de iugement, que de le representer comme un homme sujet à dogmatiser dans les compagnies & à debiter des maximes nouvelles, ainsi que fait M. Abelly. Cela est si contraire à la verité, que la plus grande peine que ses Amis avoient avec luy, venoit de la retenuë extraordinaire qu'il avoit dans les matieres importantes, quoy qu'elles ne regardassent que les choses humaines & civiles. Il haïssoit generalement les entretiens qui n'estoient pas necessaires : & quoy qu'on ne les desirast que pour s'animer à la pratique de la vertu & de la crainte de Dieu, il ne vouloit pas mesme les employer facilement pour une fin si juste & si loüable. Cela alloit si avant, que comme on l'a sceu de quelques bonnes Ames qui se sont confessées à luy, au lieu que les autres Confesseurs donnent ordinairement des instructions à ceux qu'ils confessent, avant de les absoudre, il se contentoit souvent de dire, en leur prescrivant quelque action de vertu, *hoc fac, & vives ; faites cela, & vous vivrez.* Et pour ce qui eſt des perſonnes qui ſembloient avoir plus de droit de le faire parler ſur des points de ſcience, comme eſtoient les Eccleſiaſtiques, & meſme les Eveſques, il évitoit le plus qu'il pouvoit ces rencontres, lors qu'il ne voyoit pas aſſez de neceſſité & d'engagement pour quitter l'exercice de l'humilité & du ſilence qu'il aimoit tant. Tous ceux qui ont parlé de luy autrement, & l'ont dépeint comme un homme qui aimoit à parler beaucoup en toutes ſortes de rencontres, & à faire le maiſtre & le cenſeur de tout le monde dans les compagnies, ſe ſont mépris, & ne l'ont fait que ſur le rapport de ceux qui ne l'ont point connu. Car jamais homme ne s'eſt moins meſlé de ce qui ne le regardoit pas, & ne s'eſt moins ingeré à ſe plaindre des deſordres du tems. Il ne penſoit qu'à ſon ſalut; & comme il n'avoit point de Charge publique, il ne ſe croyoit point obligé de mettre la main à la reforme ny au jugement des autres, mais de ſe tenir dans l'ordre où la providence de Dieu le faiſoit vivre, ſe trouvant aſſez occupé à ſervir Dieu en ſon particulier, & conſervant pour tous une charité ſincere, en attendant qu'il ſe viſt engagé à leur en donner des témoignages exterieurs par des ſervices indiſpenſables. C'eſt ce qui a fait qu'il ne recherchoit la connoiſſance de perſonne. Et quoy qu'il fuſt extremement ſoigneux de répondre à l'amitié de ceux à qui il ſe voyoit uny, il ne prévenoit pas neanmoins, mais ſe contentoit de ſuivre les engagemens où Dieu le faiſoit entrer. Ce qui eſt ſi vray que quelques-uns de ſes Amis, & particulierement M. Vincent en prit ſujet de luy dire, qu'ils avoient de la peine de le voir ainſi demeurer inutile. A quoy il répondoit, qu'il ne luy ſembloit pas que ſervir Dieu en ſecret, & adorer ſa verité & ſa bonté dans le ſilence, fuſt mener une vie inutile.

M. Vincent reconnut bien cette conduite par ſa propre experience; puiſque M. Abelly témoigne luy-meſme, que ce fut luy qui rechercha la connoiſſance de feu M. de S. Cyran. Mais il devoit ajoûter, ce qui eſt tres-conſtant, que quoy que leur amitié euſt eſté formée par M. le Cardinal de Berulle, comme par un inſtrument de Dieu, M. de S. Cyran ne crut pas que pour eſtre vray Amy, il fuſt neceſſaire de viſiter ſouvent M. Vincent, & de l'entretenir des matieres de doctrine; mais qu'il ſuffiſoit de luy rendre les devoirs & les ſervices dont il eſtoit capable en toutes les occaſions où il deſireroit quelque choſe de luy. De ſorte qu'il ne s'avançoit jamais dans le commerce qu'ils ont eu enſemble durant pluſieurs années, attendant, comme il avoit coûtume d'en uſer avec ſes autres Amis, que Dieu le previnſt par eux, & le fiſt ſortir de ſa retraite pour les ſervir ſelon ſon pouvoir. Ce qui montre le jugement qu'il faut faire de ce que M. Abelly oſe aſſeurer ſans aucun fondement & ſans aucune apparence, qu'il travailloit à inſpirer ſes erreurs à M. Vincent, *& enſuite les communiquer à toute la Compagnie*, de laquelle il ne voyoit quaſi jamais perſonne en particulier. Il viſitoit meſme fort rarement M. Vincent, & M. Vincent ne le viſitoit que pour luy parler de ſes affaires, fourniſſant lui-meſme les ſujets de leurs converſations, & M. de S. Cyran, ſelon ſa coûtume, ne faiſant que le ſuivre. Et comme il ſe contentoit de le recevoir & de le traiter charitablement quand il luy faiſoit l'honneur de le viſiter; il ſe contentoit auſſi de luy répondre & de le ſatisfaire le mieux qu'il pouvoit ſur les choſes que M. Vincent luy propoſoit, tâchant en l'un & en l'autre de ne faire rien de ſoi-meſme, & de ne troubler point l'ordre de Dieu, mais de luy eſtre fidelle, en s'acquittant humblement de ce qu'il luy demandoit par la bouche des Amis qu'il luy avoit plû de luy donner.

Liv. 2. ch. 12. (beside "M. Vincent reconnut… feu")

Liv. 2. ch. 12. (beside "Ce qui montre… à")

Voila comme M. de S. Cyran agiſſoit de ſon coſté; & comme il eſtoit eſloigné de ſe jetter avec ſes Amis dans des diſcours vaſtes de doctrine & de dogmes imaginai-

M 2

res, qui eussent esté encore moins propres pour M. Vincent que pour les autres, & beaucoup plus disproportionnez à son esprit & à sa pieté. Certes il faut avoüer que M. Abelly luy fait un extreme tort, & le deshonore entierement en le faisant passer pour un homme capable de souffrir qu'on l'entretinst une seule fois de choses aussi estranges & impies, que les quatre erreurs qu'il pretend que M. de S. Cyran luy a soûtenuës, & luy a voulu imprimer avec tant de chaleur, pour en infecter ensuite sa Compagnie. Car quand il ne diroit pas que M. de S. Cyran avoit dessein de le corrompre luy & tous ses Prestres, ce qui eust suffi pour le luy faire fuir comme une peste, au lieu de continuer à luy rendre ses visites, & à paroistre son amy, comme il a toûjours fait iusqu'à la fin; la seule consideration de Dieu, de sa verité & de son Eglise, que ces impietez outragent si épouventablement, luy devoit donner horreur d'un homme qui eust eu le front de les prononcer devant luy, & l'empescher de demeurer dans le silence, lors que la Maiesté divine estoit traitée si indignement avec autant d'opiniatreté que d'impudence selon M. Abelly. Car si les Ministres des Princes meritent la mort, lors que sçachant les attentats qu'on fait contr'eux, il ne les découvrent pas, & passent pour consentans & pour complices, que faut il dire des Ministres de Dieu & des Prestres, qui estant témoins des blasphemes estranges qu'on avance contre Dieu & contre sa Religion, & de l'obstination avec laquelle on s'efforce de les établir & de les répandre, les dissimulent & les couvrent par leur silence plusieurs années, & ne laissent pas de voir & de traitter en amis ceux qui en sont les auteurs? Car il n'y a personne qui puisse justifier que M. Vincent luy ait dit en toute sa vie, qu'il avoit oüy de la bouche de M. de S. Cyran, les quatre impietez que M. Abelly rapporte dans son Livre. On n'auroit iamais fait parler de la sorte M. Vincent qu'apres sa mort. C'est une nouvelle production du Livre de M. Abelly, qui ne l'eust iamais osé publier durant sa vie; & s'il l'eust fait, M. Vincent s'y fust indubitablement opposé plus que nul autre, comme à une injure & à une calomnie qui ne ruine pas moins sa reputation, que celle de M. de S. Cyran, & les rend tous deux coupables des mesmes impietez & des mesmes erreurs insupportables. Il est donc clair qu'elles sont entierement éloignées de la pieté & de la bonne odeur que M. Vincent a répanduë dans toute sa vie: & il est aisé de faire voir qu'elles ne combattent pas moins les sentimens & la conduite de feu M. de S. Cyran.

Le seul Catechisme qui a esté imprimé sans son aveu, pendant sa prison sous le nom de Theologie familiere suffit, comme disoit fort bien le P. Bourgoin General de l'Oratoire, pour dissiper ces calomnies, qu'on peut appeller anciennes & nouvelles: puisque M. Abelly ne fait que les renouveller & les tirer encore des tenebres, où elles avoient esté renfermées par la lumiere & par la force de la verité. Car pour ce qui est de la durée de l'Eglise & de sa visibilité, qui est un des quatre Points, sur lesquels M. Abelly le veut noircir, l'accusant d'avoir dit, qu'elle est perie depuis six cens ans, & qu'il n'en reste plus que de la bouë, on voit dans ce mesme Livre, qu'il enseigne non seulement qu'elle dure toûjours, & ne peut cesser d'estre, mais aussi qu'elle est toûjours visible & toûjours sainte.

On a vû parmy ses papiers pendant sa prison un Traité Latin de l'Eglise, où toutes les difficultez que les Heretiques font sur cette matiere, sont nettement & solidement démeslées. Son respect pour l'Eglise estoit si profond, & il en donna une marque si considerable estant prisonnier au Bois de Vincennes, qu'elle merite bien d'estre rapportée en ce lieu. Car lors que feu M. Lescot y alla pour l'interroger, comme Commissaire de feu M. de Paris, il protesta d'abord, que quoy qu'il eust une commission qu'on avoit extorquée à M. l'Archevesque, il n'estoit pas neanmoins

moins

moins tenu de luy répondre, parce que ce Prelat n'avoit point de pouvoir en ce lieu-là, & qu'ainsi sa commission n'estoit qu'un ombre de l'autorité de l'Eglise. Mais il declara, que parce qu'il sçavoit que quelques-uns l'avoient accusé de deshonorer l'Eglise, il vouloit faire voir qu'il l'honoroit si parfaitement, qu'il reveroit mesme son ombre dans la personne de M. Lescot Commissaire, en se soûmettant volontairement à luy répondre. Cela estoit si édifiant & si avantageux pour luy, qu'il ne faut pas s'étonner qu'on ne l'ait pas mis dans son interrogatoire; & on n'en eust iamais rien sceu, si on ne l'eust appris de feu M. de S. Cyran mesme, dés qu'il commença d'estre interrogé. Ce sentiment estoit tellement gravé dans son cœur, qu'il a recommandé ce respect inviolable pour l'Eglise à ceux qui luy ont demandé des avis pour la conduite de leur vie; & il a laissé dans ses Ecrits cette regle si belle & si digne de la pieté des Fidelles, qu'il faut embrasser avec soin & fidelité les moindres usages & les moindres ceremonies que l'Eglise autorise, & reverer iusqu'aux plus petites franges de la robbe de cette Epouse de Iesus-Christ. Il a pratiqué luy-mesme en toutes rencontres ce qu'il conseilloit aux autres sur ce point: & c'est ce qui l'a fait estimer de tous ceux qui l'ont connu, iusques dans sa prison, où on admiroit, qu'estant si élevé par une connoissance parfaite qu'il avoit des plus grands mysteres de nostre Religion, il descendoit avec non moins d'humilité & de fidelité iusqu'aux moindres pratiques de la devotion des Chrestiens, disant mesme trois fois le iour son Chapelet, sans parler des autres exercices de la devotion la plus commune & la plus soûmise aux sentimens de l'Eglise. Il avoit beaucoup estimé cette mesme disposition en la personne de M. le Cardinal de Berulle, de qui il rend un semblable témoignage, écrivant apres sa mort à un Pere de sa Congregation, comme on le voit dans ses Lettres. De sorte que ses sentimens & ses actions ayant esté conformes, il est hors d'apparence qu'il ait rendu tant de deference à un Fantôme, & à une Eglise qui n'estoit plus depuis six cens ans qu'une ombre & de la bouë, & qu'il ait parlé d'elle de vive voix & dans ses Ecrits que de la plenitude de son cœur, & avec cette mesme veneration, qui s'est toûjours manifestée sur ce point par les paroles que nous avons de luy, & par toute sa conduite, dont la memoire est encore toute fraiche.

To. 1. let. 55

La seconde calomnie regarde le Concile de Trente, lequel on l'accuse d'avoir rejetté & tenu pour faux. Mais cette imposture n'a pas seulement de vray-semblance apres tant de preuves qu'il a données de l'estime & du respect qu'il a eu pour cette sainte Assemblée. Il l'a fait paroitre publiquement dans une Predication qu'il fit le iour de S. Charles Borromée en l'Eglise des Peres de la Doctrine Chrestienne, où il loüa beaucoup ce Saint d'avoir fait conclurre ce Concile, & s'estendit fort sur ce point & sur celuy de l'Eglise, donnant assez à connoitre par tout ce qu'il en dit, qu'il avoit un sentiment & un zele incomparable pour l'une & pour l'autre. Plusieurs personnes considerables assisterent à ce Sermon, entre lesquels estoient quelques Evesques qui ont tous esté témoins de ce qu'on en a rapporté dans des réponses publiques pour le defendre de cette ancienne calomnie. Et feu M. Bignon Avocat General cita ce mesme Sermon à feu M. l'Evesque de Langres, le faisant souvenir de ce qu'ils y avoient entendu tous deux en l'honneur du Concile de Trente.

M. de S. Cyran a souvent recommandé la lecture du Catechisme du mesme Concile aux Ecclesiastiques qui luy ont demandé ses avis, & il l'a expliqué luy-mesme, & fait expliquer à plusieurs Prestres & Curez. Il a receu des Novices dans son Abbaye, en leur faisant declarer expressément dans l'acte de leur reception, qu'ils promettoient de vivre conformément aux Ordonnances du Concile de

Trente. Et pluſt à Dieu que ceux qui l'accuſent de n'avoir pas eſtimé cette ſainte Aſſemblée, euſſent autant de deference & d'obeïſſance pour ſes deciſions & ſes decrets, que ce Serviteur de Dieu en a eu, & en a fait voir par ſa conduite. Nous ne verrions pas la Theologie & la Morale alterée comme elle eſt par les fauſſes maximes, & par les ſubtilitez rafinées des Caſuiſtes. Nous ne verrions pas tant de nouveautez dans la conduite, tant de delicateſſes ſenſuelles, & tant d'eclat mondain, qu'on introduit tous les iours dans la devotion & dans les Egliſes. Mais nous verrions autoriſées par la doctrine de ce Concile, laquelle ils ne conſiderent point, pluſieurs choſes importantes qu'on a reprochées à feu M. de S. Cyran comme des ſingularitez, parce qu'elles ne s'accordent pas avec les intereſts & les pratiques toutes ſeculieres où on veut abſolument ſe maintenir, & qu'on tache de rendre de plus en plus communes & generales par le rapport qu'elles ont au relaſchement & aux deſirs des Gens du Monde. C'eſt ainſi qu'on a ruïné la diſcipline ancienne pour les Preſtres & les Eccleſiaſtiques; l'eſprit de la penitence publique & particuliere; la neceſſité de ſuivre la Tradition pour les mœurs auſſi bien que pour la Foy; & qu'on a multiplié ſi prodigieuſement l'uſage des Sacremens pour toutes ſortes de perſonnes, contre les ſentimens & les ordonnances manifeſtes de ce ſaint Concile Oecumenique, duquel il ſemble que quelques-uns ne veulent ſe ſervir que pour favoriſer les pratiques du temps, & non pour corriger les deſordres, qui pour cette raiſon croiſſent & s'étendent de plus en plus. De ſorte qu'on peut dire, que ceux qui font le plus de bruit pour recommander le Concile de Trente, ſont ceux qui au fonds de leur cœur ont le plus d'éloignement de ſa doctrine & de ſes reglemens, qu'ils ne ſuivent point du tout ny dans leur Theologie, ny dans la conduite de leur vie, ny dans celle des autres. Ainſi ils donnent ſujet de leur adreſſer pour cette ſainte Aſſemblée les paroles que le Fils de Dieu a prononcées contre les infracteurs de ſa Loy: *populus hic labiis me honorat, cor autem eorum longè eſt à me.*

Cette impoſture touchant le Concile de Trente eſt d'autant plus manifeſte, qu'elle ne marque aucun point particulier de ſa doctrine, que feu M. de S. Cyran ait rejettée. M. Abelly ſe contente de dire en termes generaux; *qu'il s'échauffoit à ſouſtenir une doctrine condamnée par le Concile de Trente.* Il donne à deviner ce qu'il veut dire, & témoigne ou qu'il craint de ſe faire entendre, ou qu'il ne s'entend pas luy-meſme, & que les Memoires qu'on luy a fournis ont eſté trop courts & trop confus. Des accuſations ſi vagues & ſi obſcures, qui ne ſpecifient rien, afin qu'on ne puiſſe pas ſe defendre, n'ont pas pour but la verité, mais la médiſance: & il n'y a point de Iuge qui ne ſoit obligé par toutes les Loix Civiles & Eccleſiaſtiques, & par la lumiere naturelle, de condamner ceux qui les avancent avec une paſſion ſi foible & ſi aveugle tout enſemble.

Liv. 1. chap. 1.

Le meſme caractere de fauſſeté paroiſt dans la troiſiéme Hereſie que M. Abelly produit contre feu M. de S. Cyran & contre M. Vincent, qui eſt que M. de S. Cyran a dit ſur quelque point de la doctrine de Calvin, que *ſa cauſe eſtoit bonne, & que ſes ſentimens eſtoient bons, mais que ſes expreſſions eſtoient mauvaiſes*, uſant de ces mots Latins pour donner plus de grace à l'impoſture, *benè ſenſit, ſed malè locutus eſt*, ſans particulariſer le point de la doctrine de Calvin, qui eſtoit le ſujet de ce diſcours impertinent.

Il eſt aiſé de voir qu'une telle calomnie eſt improbable d'elle-meſme, en ce que feu M. de S. Cyran n'avoit pas accoûtumé de parler Latin à M. Vincent, ny à d'autres, & beaucoup moins un Latin ſi bas & ſi plat, qui a plus de rapport à celuy qui l'a inventé, qu'à celuy à qui il le donne.

Et pour ce qui est du fonds de ce reproche, ceux qui ont connu feu M. de S. Cyran, n'ont jamais rien apperceu dans ses discours qui eust la moindre ombre de l'approbation des sentimens de Calvin, & qui ne témoignast tout le contraire. On luy a oüy dire quelque fois, qu'il ne falloit iamais lire les Liures de cet Heresiarque, ny des autres Heretiques, sans les avoir exorcisez auparavant, en faisant le signe de la Croix sur eux, lors mesme qu'on estoit engagé à les lire pour defendre ceux de l'Eglise; parce, disoit-il, que ces Livres ont une secrete malignité qui pourroit surprendre les plus forts, s'ils n'avoient soin de se recommander à Dieu en les lisant. Ce qu'il montroit par l'exemple d'un des plus celebres Ecrivains de Controverse du dernier siecle, qui ayant esté aux prises avec Calvin mesme, & (Albertus Pighius.) avec d'autres Protestans des principaux, n'a pas laissé de s'engager insensiblement dans quelques-unes de leurs erreurs, comme il est tombé en d'autres points dans les extremitez contraires, pour les avoir combattuës avec plus de zele que de lumiere, & avec plus de resolution que d'humilité.

Mais ceux qui sçavent que feu M. de S. Cyran avoit entrepris de refuter les erreurs de Calvin contre l'Eucharistie, lors qu'il fut mis en prison; & qu'il avoit resolu apres cela de passer à la matiere de la Penitence, & ensuite à celle de la Iustification, & enfin à celle du Pape & de l'Eglise, croiront aisément qu'il ne condamnoit pas moins la substance de la doctrine de Calvin en tous ses articles, que ses paroles & ses expressions, & qu'il les condamnoit encore plus qu'elle. Car il s'étonnoit que cet Auteur eust pû par la netteté de ses discours, donner tant de couleur & des explications si apparentes à des opinions toutes fantastiques & imaginaires, lesquelles il n'est pas aisé de bien concevoir à cause des façons de parler specieuses dont il les couvre. Ce qui fait qu'elles sont entenduës de peu de personnes, & qu'il est beaucoup plus difficile de les appercevoir & de les comprendre, que de les refuter apres qu'on les a bien comprises.

Apres tout cela M. Abelly pourra encore se souvenir d'un autre reproche qu'il fait à feu M. de S. Cyran d'avoir esté uny d'esprit & de sentimens avec un des plus grands adversaires des Calvinistes, qui est feu M. l'Evesque d'Ipre, lequel a écrit (Liv. 2. ch. 12.) avec beaucoup de succez pour la cause de l'Eglise, & a defendu hautement les Livres de M. le Cardinal du Perron dans un Ouvrage qui n'est pas inconnu parmy les Theologiens Catholiques. Car il a esté mesme estimé si utile & si propre à defendre la Foy Orthodoxe, qu'un des principaux Professeurs des Controverses de la Faculté de Paris, n'a rien jugé de meilleur pour dicter dans ses Leçons sur ce sujet, que d'extraire mot à mot une grande partie de ce Traité, & l'inserer dans ses écrits. (Feu M. Pereyret.) Ce qui leur a donné beaucoup de reputation parmy ceux qui ne sçavoient pas où estoit la source de cette doctrine. Vn homme d'étude, & qui traite des matieres de Theologie, comme M. Abelly, pouvoit bien avoir connoissance de ce Livre de M. d'Ipre, & conclurre en faveur de feu M. de S. Cyran, par la liaison qu'il a euë avec ce Defenseur de l'Eglise, qu'il a esté incapable d'approuver des Heresies qui ont esté détruites & refutées si solidement par celuy dont il asseure que les sentimens estoient les siens, & qu'il luy plaist d'appeller *le compagnon de ses estudes & le confident de ses desseins.* En quoy il fait bien voir sa passion & son injustice, employant pour décrier feu M. de S. Cyran des conjectures & des consequences, qui seroient beaucoup plus justes & plus fortes pour le justifier, & dissimulant les raisons qui établissent son innocence en les faisant servir au contraire pour le diffamer. Il veut qu'on croye M. de S. Cyran Heretique sur la doctrine de S. Augustin, à cause qu'il a esté uny avec un grand Evesque tres-Catholique, à qui il impute des erreurs sans aucune preuve, sur cette doctrine qui n'a peut-estre jamais estudiée dans S. Augustin, & il ne veut pas qu'on le juge Catholique & innocent en ce qui regarde les points de l'heresie de Calvin, quoy qu'il ait esté si uny au mesme Evesque, qui les a combattuës avec tant de force & d'applaudissement. S'ils ont eu les mesmes sentimens, & ont fait les mesmes estudes, pourquoy ne reconnoitra t'on pas la conformité qu'ils ont euë ensemble aussi bien sur les articles opposez à ceux de Calvin, que sur les matieres de la Theologie de S. Augustin & des autres Peres? Et pourquoy un monument public de la foy de M. d'Ipre, que les Docteurs de France honorent de leur estime, & employent dans leur Ecole & dans leurs écrits, ne servira-t il pas pour justifier celle de M. de S. Cyran, qui n'a eu sur ce sujet que les mesmes pensées & les mesmes maximes, non plus que sur les autres?

Il faut neanmoins avoüer, pour diminüer un peu les fautes de M. Abelly, que ses memoires l'ont trompé sur le sujet de ces deux Amis. Ils luy ont fait dire faussement qu'ils avoient estudié ensemble à Louvain, & que feu M de S. Cyran avoit amené en France M. d'Ipre. Feu M. de S. Cyran ne l'a jamais connu que dans Paris, où M. d'Ipre estoit venu pour changer d'air par le conseil des Medecins, lors qu'il n'avoit encore fait qu'une partie de ses estudes de Theologie. Leur amitié a esté toute chrestienne & dégagée des passions & des interests du monde. Ils n'ont esté unis que dans le desir de servir Dieu, de connoitre la doctrine de l'Eglise par la tradition ancienne, & d'employer toute leur vie pour la reverer, & pour la soûtenir contre ses adversaires. Ils ont eu dans tout le reste une sainte indifference, qui agit selon la lumiere que Dieu donne, & ils ont conservé cette liberté de sentimens qui est inseparable de la vraye amitié dans le cours de cette vie, & qui la distingue des unions & des intelligences humaines, fondées sur d'autres principes que Dieu seul & la verité eternelle, & plus dignes pour cette raison du nom de conspirations que d'amitiez veritables.

Liv. 2. ch. 12.

Mais la plus incroyable & la plus folle des quatre impostures que M. Abelly impose à M. Vincent contre M. de S. Cyran, est qu'il luy a oüy dire, *que l'Ecriture sainte estoit plus lumineuse dans son esprit que dans elle-mesme.* Si M. Abelly avoit connu feu M. de S. Cyran, comme plusieurs personnes illustres, dont quelques-uns vivent encore, il auroit vû aussi bien qu'eux, qu'on ne sçauroit rien dire de luy qui ait moins de rapport à ses sentimens, ny qui merite plus de mépris que cette calomnie ridicule. On se souvient combien il estoit éloigné de prendre avantage par la science sur qui que ce fust. Car il ne parloit presque jamais des matieres de Doctrine, s'il n'y estoit contraint. C'est pourquoy une personne qui l'avoit frequenté long-tems, disoit souvent, admirant sa moderation & son humilité, qu'il n'avoit jamais vû un homme à qui les fumées de la science montassent moins à la teste. Que s'il estoit si peu porté à s'élever au dessus des hommes, qui pourra s'imaginer qu'il ait esté capable de s'élever par dessus la Parole & l'Esprit de Dieu mesme, & de se persuader qu'il avoit plus de lumiere que luy? C'est une folie qui ne pourroit pas aisément tomber dans la pensée d'une personne mesme extravagante. Tous ceux qui ont eu affaire à feu M. de S. Cyran, ont reconnu qu'il n'avoit point d'égard aux lumieres des particuliers, & non seulement aux siennes, mais mesme à celles des personnes saintes qu'il estimoit plus que luy; & que sa regle n'estoit pas les revelations privées, mais la revelation publique de l'Eglise, & la Tradition ancienne & Apostolique. C'est pourquoy il estimoit extremement S. Bernard, d'avoir vû devant ses yeux toute l'Ecriture clairement expliquée dans une communication qu'il eut avec Dieu, & neanmoins de ne s'estre jamais servy de cette revelation, mais d'avoir toûjours suivy la sçience commune à toute l'Eglise, comme l'appelle S. Gregoire dans ses Morales, *socialis scientia.*

Il

Il se tenoit tellement attaché à cette regle de la Tradition & de l'ancienne Doctrine des Saints & des disciples des Apostres, qu'il abandonnoit les plus belles pensées qui luy venoient sur les Mysteres de la Religion & de l'Ecriture sainte, lors qu'il ne voyoit pas qu'elles fussent assez autorisées dans l'antiquité; comme on le pourroit prouver par plusieurs exemples. Il les soûmettoit souvent à celles de ses Amis, & prenoit plaisir à les suivre, & à recevoir la verité que Dieu luy presentoit par eux, disant qu'il le faut écouter, lors qu'il parle par les moindres des hommes. Et neanmoins M. Abelly luy attribuë *la temerité d'un esprit enyvré de sa propre estime*, comme s'il vouloit montrer qu'il est luy-mesme tellement enyvré de l'estime qu'il a des Iesuites, qu'il prend sur leur parole le blanc pour le noir, & l'un des hommes du monde, qui a eu le moins de sentiment de soy-mesme & des grandes qualitez que Dieu luy avoit données, selon le témoignage de ceux qui l'ont connu, pour *un esprit temeraire, & enyvré de sa propre estime.* Mais quand feu M. de S. Cyran auroit esté tel, ce seroit toûjours une grande temerité à M. Abelly de traiter si outrageusement un Homme mort qu'il n'a iamais connu pendant sa vie, & duquel il n'a pû parler de la sorte que par la suggestion de ceux qui ne l'ont pas connu plus que luy, & qui n'ont autre idée de luy que celle que la haine violente qu'ils luy portent, leur a imprimée. C'est ainsi qu'ils exercent la Charité, & pratiquent l'Evangile, qui commande d'aimer les plus grands ennemis, & de benir ceux qui nous maudissent. M. Abelly n'a pas eu pour le moins l'asseurance de proposer ce discours injurieux & satyrique sous le nom de M. Vincent, témoignant qu'il n'est pas venu de luy; & ainsi il n'avoit rien de commun avec l'Histoire de sa Vie, & n'est procedé que de l'abondance de l'esprit de médisance & de calomnie. *Prodiit quasi ex adipe iniquitas eorum.* Liv. 2. ch. 12.

CHAPITRE XIV.

Refutation des autres calomnies de M. Abelly, qu'il veut faire passer sous le nom de M. Vincent, en les confondant avec les quatre premieres dont nous venons de parler, quoy que ce soient de nouvelles pieces de son invention, aussi fausses & aussi incroyables que les autres.

IL n'y a rien que les sages Historiens évitent davantage que de paroître passionnez. Ils parlent avec beaucoup de retenuë des choses dont ils n'ont pas des preuves évidentes, & principalement des crimes & des vices des hommes, n'en rapportant que ce qui est verifié par des témoignages indubitables. Ils ne les exagerent, & ne les amplifient point, & ils les multiplient beaucoup moins, en y ajoûtant des choses importantes par leur propre invention & par leur malice. Mais il semble que M. Abelly veut faire voir par tout que le Livre qu'il a écrit de la Vie de M. Vincent n'est pas une Histoire, mais un Libelle diffamatoire, & une declamation injurieuse. Il ne se contente pas mesme de la licence des Poëtes, qui forment presque toutes leurs fables sur des veritez & sur des histoires: mais en faisant dire à M. Vincent contre feu M. de S. Cyran des choses qui n'ont rien de veritable, & l'accusant de la part de cet Amy de quatre erreurs insupportables, qui sont aussi peu entrées dans la pensée de l'un que de l'autre, il mesle parmy ces quatre erreurs d'autres faussetez, qu'il n'ose pas attribüer expressement à M. Vincent, mais qu'il veut faire passer à la faveur de ces quatre premieres, en insinüant qu'elles sont toutes venuës de M. Vincent, & qu'il les a égallement soûtenuës. C'est un artifice honteux d'entasser fausseté sur fausseté; & peu convenable à la dignité sacrée de M. Abelly; & les Iesuites sont entierement inexcusables d'abuser ainsi de la personne d'un Evesque qui se fie trop en eux, en l'engageant dans un employ si opposé à son Ministere, qui est d'annoncer la verité.

Cela seroit neanmoins un peu plus supportable, si les accusations que M. Abelly a ajoûtées aux quatre premieres, & qu'il veut appuyer de l'autorité de M Vincent n'estoient que mediocres, & ne regardoient que des actions personnelles & particulieres. Mais elles touchent toute la Foy, blessent tout le corps de l'Eglise, & renversent son ordre & son autorité. Car M. Abelly accuse hardiment feu M. de S. Cyran de s'estre fait chef d'un Schisme & *d'une Heresie*, & d'avoir voulu estre *Auteur d'une Secte*. Et afin qu'on ne pense pas qu'il soit tombé tard dans cette folie, il pretend qu'il a commencé dés sa jeunesse, & qu'*apres avoir amené de Louvain en France Iansenius avec luy*, qui est un fait absolument faux, *il debita peu à peu sa doctrine dans les conversations particulieres; qu'il pretendoit reformer l'Eglise, tant en sa discipline, qu'en plusieurs points de la Foy; qu'il disoit que sa doctrine estoit inconnuë depuis plusieurs siecles aux Docteurs Scolastiques; qu'il avoit l'esprit enyvré de sa propre estime; qu'il estoit aveuglé de la vaine opinion de sa propre suffisance, & poussé par l'esprit de presomption & de superbe; qu'apres l'avertissement de M. Vincent, il persistoit toûjours à debiter secretement sa mauvaise doctrine; qu'il fut mis en prison sur ce sujet; qu'il fut interrogé par la Iustice sur les choses dont sa Lettre dit que M. Vincent l'avoit averty; & qu'il a voulu impugner l'unité du Chef de l'Eglise.* Voila une partie des declamations que M. Abelly fait de son propre mouvement contre feu M. de S. Cyran, & qu'il tache de couvrir subtilement du nom de M. Vincent. Mais plus ces accusations sont atroces & indignes, plus elles doivent estre rejettées, comme des calomnies certaines & visibles, tant qu'elles ne seront point verifiées par des preuves manifestes & convaincantes. Toutes les Loix sont favorables aux accusez, & rigoureuses au contraire aux accusateurs; parce que l'equité naturelle a toûjours fait juger aux Hommes sages, qu'il valoit mieux pour le repos du public, que quelques coupables demeurassent sans châtiment, que de souffrir que des innocens fussent en danger de succomber à la calomnie. Ce qui arriveroit tous les iours infailliblement si on écoutoit les accusations qui ne sont pas fondées sur des preuves evidentes & indubitables. Cependant c'est l'inconvenient où est tombé M. l'Evesque de Rodez, & où il a voulu envelopper avec luy M. Vincent, en le chargeant de son chef, & sans aucune preuve, de tant d'impostures horribles contre feu M. l'Abbé de S. Cyran.

Liv. 2. ch. 12. & Liv. 1. c. 44.

Il ne peut pas dire pour son excuse, qu'*on n'a pas sceu tout le détail de l'entretien* que M. Vincent eut avec luy sur le sujet des quatre Points qu'il luy proposa. Car cela mesme au lieu de l'excuser, le condamne par sa propre bouche; puisque s'il n'a pas sceu le destail de cet entretien, il n'en peut point parler avec connoissance & dans la verité, mais en aveugle ou en devin, & par le seul mouvement de sa passion. Il ne peut asseurer en homme de bien, ny quels furent les quatre Points principaux de cet entretien, ny quels furent les autres qu'il y ajoûte, comme les suites & les dependances de ceux-là. Et comme nous avons découvert aisément la fausseté & la nullité des quatre premiers, il est aisé aussi de découvrir & de convaincre celle des autres. Car, comment peut-on dire que feu M. de S. Cyran a voulu estre Auteur d'une Secte d'Heresie & de Shisme, puisqu'on ne peut montrer qu'il ait enseigné aucune erreur, ny qu'il ait fait aucun schisme? N'est-il pas ridicule d'accuser d'avoir voulu estre auteur d'une secte celuy qu'on accusoit d'aimer trop la retraite & le silence, & de ne voir quasi personne, ensorte que quelques-uns luy ont voulu du mal de n'avoir pû avoir sa connoissance? Comment donc peut-on dire, qu'il debitoit sa doctine dans les compagnies, sans marquer ny les tems ny les lieux, ny les personnes qui estoient dans ces compagnies? Et quelle doctrine pourra-t'on croire que debitoit dans les compagnies celuy qui ne parloit quasi iamais de doctrine à ses plus intimes Amis, ny à ceux mesme qui faisoient profession de science, ensorte qu'ils avoient beaucoup de peine à l'engager à produire quelque partie de la sienne? Comment peut-on dire qu'un Homme, qui passoit presque sa vie dans son cabinet, avoit dessein de reformer l'Eglise dans la Foy & dans les mœurs, demeurant particulier, & sans aucune autorité dans l'Eglise, dont il a toûjours fuy les charges & les emplois avec un extreme soin, contre le sentiment mesme de ses Amis? Que s'il a souhaitté que les desordres de l'Eglise fussent ostez, & qu'elle fust reformée selon les Regles des saints Peres, qu'y a-t'il dans ce souhait qui ne se trouve dans le cœur de tous les Gens de bien, & des Conciles mesme, & particulierement de celuy de Trente & de celuy de Constance, dans les Actes duquel il est declaré du consentement general de tous les Assistans, qu'il estoit convoqué *ad reformandam Ecclesiam in fide & moribus*, qui sont les propres termes que M. Abelly reproche à feu M. de S. Cyran, parce qu'ils ne sont pas conformes à sa science, & que sa *Moüelle Theologique* n'a pas penetré jusques-là. Comment peut-on dire qu'il se vantoit que *sa doctrine estoit inconnuë depuis plusieurs siecles, qu'il estoit aveuglé de la vaine opinion de sa propre suffisance, & poussé par l'esprit de presomption & de superbe*, puisqu'au contraire il faisoit profession de n'avoir point de propres sentimens ny de propre suffisance, & qu'il a travaillé toute sa vie à estudier la doctrine de l'Antiquité, & de la Tradition Apostolique, pour éviter de tout son pouvoir les nouveautez, & n'estre que le disciple des Peres & l'enfant de l'Eglise, sans avancer iamais rien de soy-mesme, mettant en cela principalement la solide humilité & la vertu chrestienne? Qui ne voit que tous ces noms *de presomption, de propre suffisance, d'esprits superbes & amateurs de nouveautez* conviennent beaucoup plus à ceux qui n'aiment ny ne connoissent point la Tradition ancienne; qui disent qu'il ne faut point suivre les saints Peres dans la doctrine des mœurs; que les Auteurs nouveaux leur doivent estre preferez; & qu'on peut s'arrester sans crainte à l'opinion d'un seul Homme pretendu habile & pieux, sans se mettre en peine des Anciens, ny des autres? Enfin comment peut-on dire que celuy que M. Vincent avoit averty *de sa mauvaise doctrine, persistoit toûjours de la debiter en secret*; puisque M. Abelly ne peut sçavoir quelle estoit cette mauvaise doctrine dont M. Vincent luy avoit parlé, & beaucoup moins quelle estoit celle qu'il debitoit en secret avec tant d'opiniatreté; puisqu'il n'a point esté de ce secret, & ne marque ny ne sçauroit marquer personne qui luy en ait pû apprendre des nouvelles? Comment peut-il dire que M. de S. Cyran *fut mis en prison pour ce sujet* secret & inconnu à luy & aux autres; tout le monde ayant sceu que le pretexte de la detention de M. de S. Cyran, fut le Livre du P. Seguenot Prestre de l'Oratoire, lequel M. de S. Cyran ne connoissoit pas seulement, & avec lequel il n'avoit iamais eu aucune habitude?

Mais comment peut-il dire que *feu M. de S. Cyran fut interrogé sur les choses dont sa Letre dit que M. Vincent l'avoit averty*, c'est à dire sur les impostures de

M. Abelly; puisqu'il n'y en a rien dans son interrogatoire, & que M. Lescot luy ayant seulement demandé qu'elles estoient ces quatre choses, & M. de S. Cyran luy ayant répondu qu'il ne s'en souvenoit point, comme M. Vincent avoit répondu auparavant à M. de Laubardemont, on en demeura là, sans en dire depuis un seul mot dans tout le tems que dura l'interrogatoire, pour montrer que les ennemis mesme de M. de S. Cyran ne trouverent aucun avantage contre luy dans l'interrogatoire de M. Vincent, ny dans le sien, ny dans ceux de tous les autres?

Le dernier point de l'invective de M. Abelly n'est pas plus vray ny plus vraysemblable que les autres. Car d'où sçait-il que feu M. de S. Cyran a voulu *impugner l'unité du Chef de l'Eglise?* D'où a-t'il eu assez de lumiere, pour découvrir ses volontez & ses intentions aprés sa mort; puisqu'il ne dit pas qu'il a impugné l'unité du Chef de l'Eglise, mais *qu'il fut mis en lumiere un Livre qui avoit passé par ses mains, afin d'impugner par ce moyen l'unité du Chef de l'Eglise?* Il faut necessairement que l'esprit d'erreur ait conduit la plume de cet auteur, puisqu'on sçait au contraire que feu M. de S. Cyran avoit resolu de traiter la matiere de l'Eglise, & de defendre l'unité de son Chef, ensuite des autres controverses ausquelles il commençoit de travailler lors qu'il fut mis en prison, & que dans ses papiers qu'on enleva, & principalement dans le Traité Latin de l'Eglise, l'unité du Chef est tenuë & expliquée avec toute la clairté qu'on sçauroit desirer.

Mais il paroist bien que ses conjectures le trompent, puisque le Livre de l'unité de S. Pierre & de S. Paul, duquel il se sert pour établir sa calomnie, ne fut fait que depuis la mort de feu M. de S. Cyran, & imprimé prés de deux ans apres, sçavoir en 1645. & il y a si peu d'apparence de s'imaginer que l'unité du Chef de l'Eglise y soit impugnée, qu'il n'a esté fait que pour la soûtenir, & pour faire voir qu'elle a esté établie dans ces deux Apostres, comme ne faisant qu'un mesme chef & un mesme centre de l'unité de l'Eglise universelle. Car le nombre n'est pas contraire à l'unité de l'Eglise, mais la division & le desordre. Ce n'estoit donc pas à M. Abelly de parler de ce Livre, n'estant pas mieux informé de ce qu'il contient; & il n'en sçauroit tirer aucun reproche contre feu M. de S. Cyran qui soit plus juste, plus judicieux, & plus raisonnable que tous les autres, qui sont plus propres pour confondre ceux qui les inventent, que ceux qui les souffrent.

CHAPITRE XV.

M. Abelly abuse du nom de M. Vincent, pour couvrir les excez des Iesuites contre la dignité Episcopale.

APRES avoir montré que M. Vincent n'a point violé la verité, le serment, l'amitié, ny la reconnoissance qu'il avoit pour feu M. de S. Cyran, dans les calomnies que M. Abelly luy impose, & que sa vertu n'estoit pas capable de ces injustices & de ces excez, il faut maintenant le defendre du blâme dont le mesme Auteur le veut charger, en le rendant entremetteur d'une cabale que les Iesuites ont suscitée contre la dignité des Evesques. Il a suivy dans son Ouvrage l'artifice ordinaire de ces Peres qui travaillent de tout leur pouvoir à faire agir pour eux dans leurs mauvaises affaires ceux qui ne sont pas de leur Compagnie, afin que si le succez n'est pas tel qu'ils le desirent, ils puissent se décharger de ce qu'il y a d'odieux dans leur entreprise, en disant, lors qu'on s'en prend à eux, ce qu'ils ont répondu souvent en de semblables rencontres; ce n'est pas nous qui avons agy en cette affaire? nous n'y avons nulle part. Peut-estre que M. Abelly est assez simple pour ne voir pas leur souplesse, estant prévenu de l'opinion qu'il a de leur probité & de leurs bonnes intentions. Car c'est par cette methode qu'ils l'ont engagé à écrire l'Histoire de M Vincent pour la gloire de Dieu & de la Societé, comme on le verra plus particulierement au Chapitre suivant. Nous ne pouvons pas l'empescher de se rendre leur esclave, s'il le veut, & de leur assujettir son esprit, son honneur & sa conscience. C'est à luy à voir quel compte il en rendra à Dieu, qui nous deffend cette servitude & cet abandonnement à la passion d'autruy. Mais on a droit de le reprendre de la liberté qu'il se donne d'y engager avec luy M. Vincent, & d'abuser de la simplicité & de l'humilité qu'il avoit dans les matieres de science, dont il ne jugeoit point, pour autoriser une entreprise tres-hardie, & de consequence pernicieuse contre l'ordre de l Eglise, & contre le caractere Episcopal, dans laquelle M. Vincent se laissa engager fort innocemment par les Iesuites, dont il ne connoissoit pas assez le déreglement. Il seroit impossible que M. Abelly ne s'en apperceust pas luy-mesme sans cet engagement qu'il a de longue-main avec eux; & il auroit reconnu qu il estoit plus à propos, écrivant la Vie de M. Vincent, de couvrir cette partie de sa conduite par un silence discret, que de vouloir à toute force justifier & mesme loüer un procedé qui n'est pas conforme à la verité, & à l'établissement de l Eglise, & auquel M. Vincent n'a esté porté que par un esprit estranger, & non par le sien propre.

Il n'est pas necessaire à ceux qui écrivent la Vie des Gens de bien, de relever generalement toutes leurs actions particulieres, comme si elles procedoient d'une vertu, qui pust estre exemte de toutes sortes de défauts dans l'estat de cette vie: au contraire comme les bonnes qualitez des vrays Serviteurs de Iesus-Christ sont toûjours bornées en ce monde, c'est une marque du peu de solidité des loüanges qu'on leur donne, lors qu'on veut les faire passer pour entierement accomplies & qu'on les propose pour des modelles souverains de toutes sortes de vertus. Les anciens ne s'y sont pas pris de la façon: & quand ils ont voulu recommander de grands Personnages à la posterité, ils n'ont pas fait difficulté en parlant de leurs merites, d'avoüer qu'ils avoient esté sujets à quelque manquement, & qu'ils avoient eu part à la fragilité humaine. Les exemples en sont communs, & il n'est pas besoin d'en produire en ce lieu: mais M. Abelly, ou plutost ses Amis avoient trop d interest à maintenir une intrigue où ils ont attiré M. Vincent, en surprenant sa pieté, & à justifier par les loüanges qu'ils luy en font donner, l'action la plus irreguliere & la plus insoûtenable du monde. Ils s'en sont tellement défiez eux-mesmes, qu'ils n'ont osé s'en declarer les Auteurs, comme ils sçavent bien faire, quand les choses leur sont avantageuses. De sorte que les Eloges que M. Abelly donne de leur part à M. Vincent sont trop suspects & interessez, ne procedant que de l'ardeur qu'ils ont de mettre en usage une conduite & un artifice qui n'a rien de commun avec l'esprit de l'Evangile, & dont ils craignent avec raison d'estre blâmez de tous les vrays Seruiteurs de Iesus-Christ.

Il est donc juste & necessaire pour le veritable honneur de M. Vincent de faire connoître à tout le monde qu'on luy a dressé des pieges pour le surprendre, & le faire entrer dans un engagement dont il estoit extremement esloigné par le fonds de son cœur, & par l'instinct de sa pieté? Car M. Abelly ayant voulu découvrir cette tache qu'on a imprimée dans la sincerité de sa vertu & pretendant la faire passer pour une chose fort glorieuse à sa memoire; il nous oblige de demesler toute cette affaire en peu de mots, & de separer ce qu'il y a de propre à M. Vincent, de ce qui doit estre attribué à la passion des Iesuites.

L'entreprise qu'ils avoient faite contre le Livre de Iansenius, & contre la doctrine de S. Augustin, ayant esté ruïnée par le Decret de la Faculté de Theologie de Paris, à qui ils avoient fait presenter les cinq Propositions pour estre censurées; puisque la Faculté ayant declaré qu'elle n'y devoit point toucher, parce qu'on ne sçavoit pas qui en estoit l'Auteur, & qu'il estoit contre sa coûtume de juger des propositions dont les Auteurs estoient inconnus; elle avoit témoigné par mesme moyen que ces Propositions n'estoient pas dans le Livre de Iansenius, lequel estoit public, & avoit esté imprimé dans Paris dix ans devant; ils ne pûrent souffrir un si grand affront, & pour s'en relever, ils se resolurent de porter l'affaire à Rome, où il leur seroit plus facile de broüiller les choses par leurs intrigues, parce que le Livre de Iansenius n'y estoit pas si connu qu'à Paris, & que ceux qui le defendoient n'y avoient pas tant d'Amis & de credit qu'eux. Mais considerant qu'il leur seroit difficile de porter Rome à se commettre avec la Faculté de Theologie de Paris dans une affaire de cette sorte, si la Faculté mesme ne luy en déferoit le jugement, à quoy ils ne voyoient aucune apparence de la pouvoir induire; ils crurent qu'ils auroient moins de peine à gagner quelques Evesques de qui ils s'asseuroient, & à cabaler secretement par eux les autres, pour leur faire demander au Pape la condamnation des cinq Propositions attribuées à Iansenius, & que ny le Pape n'apprehenderoit pas de répondre à la consultation des Evesques selon leur desir, lors qu'ils luy rendroient une si grande soûmission, ny personne ne pourroit se plaindre que les Evesques l'eussent consulté volontairement sur des matieres de Foy par un commun consentement, sans s'assujettir au Decret de la Faculté de Theologie. Les Iesuites se soucioient fort peu que cette resolution fust contraire à la dignité Episcopale, à l'ordre de l Eglise, & des assemblées des Evesques, où on a accoûtumé de proposer les affaires de cette importance pour en deliberer, & pour les resoudre d'un commun consentement. Au contraire l'occasion de rabaisser l'Episcopat, & de le rendre méprisable par les Evesques mesmes, estoit un nouveau motif pour fortifier leur desir, & pour les animer encore davantage à l'executer; n'y ayant rien qu'ils souhaittent plus que l'aneantissement de la puissance Episcopale qu'ils ne regardent que comme un empeschement des pretentions & de l'agrandissement de leur Societé.

Liv. 2. M. Abelly dit que M. Vincent fut employé pour accomplir ce dessein, & qu'on
ch. 11. se servit de luy pour gagner plusieurs Evesques. Il produit mesme des lettres qu'il luy attribuë, où on les exhorte à souscrire avec leurs Confreres à ce qui avoit esté dressé pour l'envoyer à Rome. Mais il ne faut que lire ces mesmes lettres, comme M. Abelly les produit, pour juger qu'elles ne sont pas du style de M. Vincent, mais de celuy des Iesuites, dont les maximes & les opinions contraires à la Hierarchie de l'Eglise & à l'honneur des Evesques y sont exprimées clairement. Ce qui a obligé les plus celebres Prelats de ce tems, & les plus reverez de feu M. Vincent, d'en faire leurs plaintes & d'en témoigner leur ressentiment, disant que la demande qu'on fit au Pape au nom des Evesques, & la lettre qui luy fut écrite, qui est celle dont M. Abelly fait tant de cas, ne fut precedée d'aucune deliberation commune, & ne proceda que d'une conspiration particuliere dans laquelle on engagea insensiblement des Evesques les uns apres les autres, en commençant par ceux qui estoient plus attachez aux Iesuites, & plus emportez contre les Disciples de S. Augustin.

En effet tous ceux qui ont la moindre connoissance des usages de l'Eglise sçavent qu'il appartenoit aux Evesques de juger des cinq Propositions en premiere instance par le pouvoir que Dieu leur a donné de conserver la foy comme il a toûjours esté pratiqué depuis le commencement du Christianisme. Mais dans ces autres lettres que M. Abelly attribuë à M. Vincent, on luy fait dire tout au contraire que ce n'estoit pas à eux à iuger des cinq Propositions; que cela n'eust fait qu'augmenter le mal, & qu'il falloit necessairement en remettre le iugement au Pape, alleguant & repetant souvent plusieurs raisons qui sont nées dans l'école des Iesuites & tres éloignées de l'esprit de M. Vincent & de l'esprit de l'Eglise Catholique. Car il estoit trop retenu pour présumer de iuger de l'ordre de l'Eglise, ny de la conduite & du pouvoir des Evesques, non plus que des cinq Propositions, dans lesquelles il faisoit profession de n'entendre rien, ny dans les autres questions qui regardent la science. De sorte qu'il paroist que M. Abelly n'a eu dessein que de couvrir les Iesuites par M. Vincent, en luy attribuant le mépris qu'ils ont fait de l'autorité Episcopale, & les artifices dont ils ont usé pour la détruire sous le pretexte d'honorer le Pape, en luy faisant demander par les Evesques mesmes la condamnation des cinq Propositions attribuées à Iansenius; estant certain que le Pape ne s'en fust point meslé pour ne les pas offenser, s'ils ne l'en eussent prié de leur propre mouvement par une Lettre signée de leurs mains.

Les Iesuites se sont servis en cette rencontre de la simplicité de M. Vincent, & l'ont fait agir & parler comme ils ont voulu, de mesme qu'ils l'avoient desja employé pour faire condamner les mesmes cinq Propositions par de pauvres Hibernois dans l'un des Colleges de l'Vniversité de Paris, & les porter ensuite à écrire au Pape, pour obtenir de luy la confirmation de leur censure. Dieu a permis qu'on ait esté informé de cette Cabale par la confession de quelques-uns de ces Hibernois, qui furent interrogez sur ce sujet par Monsieur le Recteur dans une assemblée de l'Vniversité, qui fut tenuë exprez pour remedier à ce desordre. Les Actes en furent imprimez en mesme tems, avec des Memoires Apologetiques, où il est écrit; que quatre de ces pauvres Estrangers, qui furent obligez de comparoître " devant l'assemblée chez M. le Recteur, reconnurent qu'ils avoient souscrit à une " Declaration qui leur avoit esté presentée toute dressée, chacun en particulier, " sans l'avoir examinée en commun; qu'ils en avoient signé trois ou quatre exem- " plaires dont pas un n'estoit demeuré entre leurs mains, mais qu'ils en avoient " donné un à M. Vincent Principal du College des Bons-enfans. Il est dit de plus " dans ces Actes & dans ces Memoires, que ces Hibernois avoient esté sollicitez " par des Ecclesiastiques qui estoient en reputation d'avoir du credit à la Cour; " qu'estant reduits à des incommoditez notables, ils avoient esté portez de satis- " faire au desir de ceux qui ne leur promettoient de l'assistance, que sous condition " de signer la Declaration; que de vingt-six qui donnerent leurs suffrages il n'y en " avoit qu'un seul Docteur en Theologie, deux Bacheliers, deux Maistres és Arts, " tous les autres n'ayant ny rang ny degré dans l'Vniversité de Paris, & quelques- " uns mesme ayant à peine estudié en Philosophie ou Grammaire; que des Theo- " logiens du mesme païs avoient presenté une Requeste à l'Vniversité au nom de " toute la Nation, pour prier qu'on n'imputast pas à tout le Corps la faute & la te- " merité de quelques particuliers, dont les uns avoient esté trompez pour ne pas " entendre les choses, les autres avoient esté seduits par les Adversaires de l'Vni- " versité; que deux Iesuites avoient promis en foy de Religieux, *Religiosissimè*, de " procurer une maison aux Hibernois s'ils vouloient signer cette Declaration; qu'- " on leur avoit fait mesme esperer que quelqu'autre personne feroit une fondation " en leur faveur, & que l'on feroit donner des Benefices à ceux qui l'auroient signée. "

Tout cela se lit dans un Imprimé publié à Paris par l'ordre de M. le Recteur l'an 1651. avec toutes les autres circonstances de cette intrigue, qu'il n'est pas besoin de representer. Il suffit de voir que M. Vincent y fut meslé aussi bien que dans la sollicitation des Evesques pour signer la Lettre au Pape, & que les Auteurs de ce double stratageme, l'ont engagé à l'un & à l'autre avec la mesme innocence de sa part, & avec la mesme corruption & la mesme malice de la leur. Ils ont donc également abusé de luy, & ils se sont rendus également coupables & odieux dans l'un & dans l'autre : & la seule difference qu'il y a, est que l'attentat qu'on a fait sur la Dignité des Evesques estant plus pernicieux à l'Eglise que l'illusion de ces Hibernois, la difficulté de l'excuser est encore plus grande ; tant s'en faut qu'on puisse l'approuver, & donner des loüanges à ceux qui en ont esté les entremetteurs, comme pretend M. Abelly. Ainsi comme on ne peut pas avoir plus d'estime de ces pauvres Estrangers, pour s'estre laissé aller à ce que les Iesuites & M. Vincent ont desiré d'eux, & que c'est assez de les excuser sur leur necessité, & leur ignorance ; de mesme on ne doit pas fonder le merite de M. Vincent sur le procedé que les Iesuites luy ont fait tenir dans l'affaire des cinq Propositions : & M. Abelly luy eust fait plus d'honneur en excusant sa simplicité & sa bonté en cette rencontre, qu'en relevant contre toute sorte de raison une conduite qui ne peut jamais recevoir l'approbation de ceux qui connoissent l'esprit de l'Eglise & la verité Apostolique. Mais cela n'estoit pas dans ses memoires, & il n'eust pas contenté les Iesuites, qui ne l'ont chargé de loüer M. Vincent, qu'autant qu'il seroit utile pour la gloire de leur Compagnie, la regardant toûjours comme le but de son Ouvrage, & la regle de tout ce qu'il diroit à l'avantage de M. Vincent, sans considerer si cela rendroit suspecte l'Histoire de sa Vie, & luy osteroit toute creance comme à une fausse vie de M. Vincent, & à une franche Apologie des Iesuites.

CHAPITRE XVI.

Qu'il paroist dans plusieurs endroits du Livre de M. Abelly, qu'il a cherché des occasions de loüer les Iesuites, & qu'il leur a donné par la bouche de M. Vincent des loüanges fort éloignées de son sujet.

IL n'est pas besoin de prouver que M. Abelly a eu pour but de donner gloire aux Iesuites en écrivant la Vie de M. Vincent, apres que nous avons fait voir avec quelle étenduë il a soûtenu leurs entreprises & leurs cabales contre l'Eglise & contre l'ordre des Evesques, & avec quelle passion il a calomnié & traité indignement ceux qu'il a pris pour leurs ennemis. Mais si quelqu'un doute encore de cette verité, il ne faut que luy representer le peu de necessité qu'il a eu dans le chapitre dixiéme du 3. Livre, de faire mention de ces Peres, & de dire, sans que cela vinst à son sujet, que M. Vincent *parloit souvent avec estime & eloge des Religieux de la sainte Compagnie de Iesus, loüant Dieu des grandes choses qu'il a faites par eux en toutes les parties du Monde, pour la propagation de l'Evangile, & pour l'établissement du Royaume de Iesus-Christ son fils.* Nous n'avons pas presentement à examiner, si ces loüanges sont bien veritables ; & si cette Compagnie a servy, comme

Liv. 2. ch. 11.

me il pretend, à la propagation de l'Evangile, & à l'établissement du Royaume de I. C. Plusieurs se sont crûs obligez en diverses rencontres de faire voir par beaucoup de preuves, que cette Compagnie au contraire s'opposoit par tout à l'observation de l'Evangile, & à l'obeïssance qu'on doit aux Loix de I. C. jusqu'à dire ouvertement, qu'il n'estoit pas besoin d'annoncer sa Mort & son Crucifiement aux Infidelles qui s'en scandalisoient; qu'il suffisoit de leur parler de sa Gloire, & *aneantir* ainsi *le scandale de la Croix* contre la parole de S. Paul; ce qui a esté condamné à Rome nonobstant leur credit & toutes leurs brigues. Gal. 5. 11. Ils ont mesme enseigné, que toutes les Sectes d'Heretiques & de Philosophes peuvent estre souffertes & passer pour opinions probables, dans lesquelles on se peut sauver, comme celles des Thomistes, des Scotistes & des Nominaux : ce que les Heretiques mesmes n'oseroient pas avancer. Leur Morale seule dont tous leurs Livres sont remplis, ruïne les deux commandemens de la Charité, par le moyen de laquelle Dieu regne dans les ames, & qui est l'ame de la Religion.

Il suffit maintenant de considerer avec quel soin M. Abelly travaille pour faire valoir quelques paroles qu'il fait dire à M. Vincent en leur faveur, sans se mettre en peine si elles seront avantageuses à M. Vincent, & si cet endroit de son Histoire est assez bien étably pour persuader tout le monde.

Le titre du chapitre dont je parle, est *du zele que M. Vincent a eu pour la gloire de Dieu & le salut des ames.* Surquoy M. Abelly ayant rapporté plusieurs paroles & quelques actions de M. Vincent pour preuves du zele qu'il luy attribuë, ajoûte ensuite, pour venir à son point, qu'*il ne se conjoüissoit pas seulement avec les siens des benedictions que Dieu donnoit à leurs Missions, mais qu'il concevoit aussi une sainte joye du bien que faisoient les autres Communautez, & des services qu'elles rendoient à l'Eglise.* Apres cela, croyant avoir assez d'ouverture pour entrer dans son sujet, il ne s'amuse pas à parler d'aucune de toutes le Communautez qui ont du rapport à la profession des Missionnaires : il passe tout d'un coup à dire, que M. Vincent *parloit souvent avec estime & eloge des Religieux de la sainte Compagnie de Iesus*, sans considerer qu'il n'y a point de Compagnie dans l'Eglise qui ait plus d'éloignement des fonctions des Missionnaires, que celle des Iesuites. Car on ne voit personne qui evite plus qu'eux d'avoir affaire aux pauvres gens de la campagne, & qui recherche plus d'avoir affaire aux riches & aux puissans, comme tout le monde le remarque. D'où vient que dans les Villes mesmes ils ne sont point aimez du peuple à cause du mépris qu'ils en font. M. Abelly rapporte mesme que M. Vincent proposa aux Iesuites de la part de Madame la Generale des Galeres de se charger des Missions qu'elle vouloit fonder pour ses terres; mais qu'ils ne voulurent pas s'y engager. Liv. . ch 8. & 17. Les Prestres de la Mission au contraire, suivant le dessein de leur Instituteur, ne font profession que d'instruire les pauvres des champs, ils se nomment *les Prestres des pauvres*, & sont bien esloignez de cette conduite, qui n'employe son zele que pour les riches & les aisez. Liv. 1. ch. 47. & liv. 3. c. 11. & 13. Et pour faire voir plus particulierement la difference qu'il y a entre ces deux Compagnies, & le peu de fondement que M. Abelly a eu de les comparer ensemble, il ne faut que luy remettre dans la memoire ce qu'il dit avec beaucoup d'étenduë à propos de l'un de Messieurs de Chandenier, qui desiroit ardemment d'estre receu dans la Congregation de la Mission. Liv. 1. ch. 16. & 49. Car il rapporte que M. Vincent faisoit difficulté de recevoir parmy les siens des personnes d'une naissance relevée selon le monde, Liv. 3. ch. 3. il leur recommandoit fort qu'on ne cherchast personne pour estre de la Mission. Liv. 1. ch. 14.

Il ajoute encore qu'il leur recommandoit de s'employer à l'estude de la science avec sobrieté. Liv. 3. ch. 3. 11. & 24. Ce n'est pas là la maxime des Iesuites. Car il est visible qu'ils ne

& liv. 1. ch. 1. & 2. recherchent rien tant, que d'aſſocier à leur Compagnie les perſonnes les plus conſiderables ſelon le ſiecle. Les exemples en ſont frequens depuis leur établiſſement, & ils en ont donné depuis peu qui renouvellent la memoire des precedens. L'on ſçait qu'il n'y a gueres d'eſcoliers chez eux d'une naiſſance un peu remarquable, qui n'éprouvent les artifices, qu'ils ont accoûtumé d'employer pour les attirer à eux, quelques mauvaiſes qualitez qu'ils ayent d'ailleurs. M. Abelly a eu ſur ce ſujet l'équité de nous en fournir luy-meſme un exemple. Car il rapporte tout ſimplement, qu'une perſonne fort riche de la province de Breſſe conſulta M. Vincent touchant ſon fils unique qui avoit formé le deſſein de ſe faire Ieſuite, quand il auroit achevé ſes claſſes. Voicy tout ce que M. Abelly fait dire au Pere touchant les qualitez de cet enfant dans la lettre qu'il écrivit à M. Vincent. *C'eſt le fils le plus avantagé des biens de fortune qui ſoit en toute cette province.* Et apres avoir ajouté ces paroles de la meſme lettre, *Que dois-je faire? mon doute procede de deux choſes*, il les finit par un *&c.* qui donne ſujet de croire qu'il y avoit enſuite quelque mot peu favorable aux Ieſuites. Tant d'experiences que l'on en a montrent clairement que c'eſt l'éclat & les richeſſes qu'ils recherchent plus que la vertu & le ſalut des ſujets dont ils veulent remplir leur Compagnie. Et pour ce qui eſt de la ſcience, ils ont fait paroître de tout tems qu'ils affectoient d'y exceller, & de paſſer pour les Maîtres en tous les genres de connoiſſances meſmes les plus humaines & les plus profanes, comme il eſt aiſé de juger par leurs Livres, où neanmoins ils ont aſſez mal reüſſi juſqu'à preſent. Meſſieurs de la Miſſion ſe qualifient de pauvres Preſtres & ignorans, & M. Abelly fait parler ainſi M. Vincent de luy-meſme & des ſiens. Mais les Ieſuites ſe glorifient par tout de l'extraction & de l'habileté de leurs Confreres, comme on le peut voir dans l'image de leur premier ſiecle. Les Miſſionnaires ont pour maxime, d'eſtudier peu, & de prier & travailler beaucoup, comme quelques-uns d'entre eux le mettent à l'entrée de leur Breviaire; les ſçavans leur ſont ſuſpects, & paſſent dans leur eſprit pour ſujets à l'orgueil & à la vanité; ce que M. Abelly reconnoiſt luy-meſme dans ſon Hiſtoire. Mais les Ieſuites s'occupent peu ou point à la priere commune & publique, ils regardent l'office eccleſiaſtique comme une charge, *onus diei*; ils ne s'appliquent qu'à l'eſtude; ils s'exercent en toutes les ſciences meſme ſeculieres, méchaniques, politiques, & en celles qui ſont plus éloignées de la vocation des Preſtres & des Religieux, comme la Medecine, l'Aſtrologie, les Mathematiques, l'Alchymie, & meſme la Magie; & ils n'eſtiment dans leur Compagnie que ceux qui ſe rendent celebres par quelque Livre, & par quelque marque de leur ſuffiſance, qui puiſſe relever la gloire de la Societé.

Liv. 1. ch. 11. | Liv. 1. ch. 21. & liv. 3. c. 3. & 13. | Liv. 2. ch. 1. & 2.

M. Abelly a donc affecté de donner aux Ieſuites une loüange tout à fait hors de propos, & éloignée du ſujet ſur lequel il a fait parler M. Vincent, puiſque ce ſujet les regarde beaucoup moins que pluſieurs autres Compagnies, qui ont plus de conformité à celle de la Miſſion, & que par conſequent M. Vincent avoit plutoſt en l'eſprit, lors qu'il parloit de l'employ des ſiens, & de la benediction qu'ils recevoient du Ciel dans leurs travaux. Ainſi c'eſt M. Abelly qui a parlé en ce lieu, & non pas M. Vincent, comme c'eſt M. Abelly & non pas M. Vincent qui a dit ce qu'il ajoûte avec aſſez peu de retenuë, que *quelques-uns ont eſté excitez & conviez peut-eſtre par emulation à faire des Miſſions.* Il n'importe pas de ſçavoir au vray de qui il parle de la ſorte. Mais cela pouvant ſe rapporter à ceux de la Congregation de M. Vincent, auſſi bien qu'à d'autres, il paroiſt clairement par là que M. Abelly diſtribuë les loüanges & les reproches, comme il luy plaiſt, & que hors les Ieſuites qu'il glorifie hautement, il ſe ſoucie fort peu des autres Societez, &

Liv. 1. ch. 12. Sect. 5. & liv. 3. c. 3.

ne se mettent pas en peine si ses paroles les favorisent ou les deshonorent.

Il ajoûte à ces loüanges vagues qu'il donne aux Iesuites, qu'un Paisan qui portoit les hardes de S. Ignace & de ses Compagnons, ayant accoûtumé de se mettre à genoux & de prier avec eux, quand ils arrivoient en quelque lieu; comme on luy eut demandé ce qu'il faisoit, répondit qu'il prioit que Dieu les écoutast, & leur accordast ce qu'il ne pouvoit luy demander luy-mesme. Cette réponse de ce pauvre Homme peut bien servir de témoignage à sa simplicité. Mais cet exemple ne fait rien pour appuyer la grande estime qu'il veut donner de celle des Iesuites.

Que s'il pretend que cette loüange ne regarde que les premiers de la Societé & les Compagnons de S. Ignace, cela fait encore moins à son sujet, qui est de faire voir que M. Vincent se réjoüissoit du bien qui se fait presentement dans l'Eglise, & se consoloit en cette maniere avec ceux de sa Maison dans leurs travaux communs. A quoy la consideration de ceux qui nous ont precedé ne sert pas davantage, qu'à une personne infirme le souvenir de la santé des anciens. Et puis s'il n'estoit question que de se proposer des exemples d'humilité & de vertu dans les siecles passez, il y en avoit de beaucoup plus illustres & en plus grand nombre à puiser dans tous les autres siecles, sans se reduire à n'en chercher que dans le dernier, quelqu'un qui regardast les premiers Iesuites, comme M. Abelly fait alleurs Liv. 2.
parlant seulement de S. François Xavier, sans rien dire de ceux qui l'ont suivy. ch. 1. Sect. 7.

Mais M. Abelly ne se contente pas de faire publier par M. Vincent les actions & 9.
glorieuses des Iesuites, & les services incomparables qu'ils rendent à Dieu dans toutes les provinces du monde: il se sert encore de son témoignage pour leur donner la gloire de souffrir des agitations & des persecutions horribles. Car parlant Liv. 3.
de la patience de M. Vincent dans les afflictions, il prend sujet de luy faire dire, ch. 21.
que de toutes les Compagnies qui *sont agitées de tems en tems, il en voyoit particulierement une des plus grandes & des plus saintes qui soient en l'Eglise, laquelle se trouve parfois comme en consternation, & qui mesme souffre presentement une persecution horrible, &c.* On voit aisément qu'il marque les Iesuites, dont il a desja par- Liv. 3.
lé comme d'une Compagnie sainte & exposée aux persecutions, & qui est ou la ch. 10
plus nombreuse, ou une des plus nombreuses & des plus étenduës de toutes, quoy & 17.
qu'elle soit une des dernieres. Mais il ne paroist pas d'abord, pourquoy il l'a choisie entre toutes les Compagnies qui ont esté agitées de tems en tems comme si elle l'avoit esté, & qu'elle le fust encore plus que toutes les autres. Il est clair, au contraire, que c'est elle qui les traverse & les trouble presque toûjours; & que c'est elle qui est la source des divisions & des contestations qui troublent aujourd'huy l'Eglise, & que comme elle les y a formées, c'est elle qui les y entretient, & empesche de tout son pouvoir qu'on ne les appaise & qu'on ne les calme; parce que son ambition & sa vangeance n'est pas satisfaite. C'est elle qui persecute des Gens de bien morts & vivans, qui valent mieux qu'elle, & ceux qui sont capables de servir mieux l'Eglise avec une erudition & une vertu plus pure & plus desinteressée, dont elle est jalouse; & elle se plaint d'estre persecutée lors qu'elle les persecute, comme les Iuifs accusoient les premiers Chrestiens d'exciter les mouvemens & Act.
les seditions qu'ils excitoient eux-mesmes, & de causer les maux qu'ils leur fai- 17. v. 6
soient souffrir. & 13.

21. v.
Quelle peut donc estre cette persecution si estrange, que M. Abelly se plaint que 28. 24.
les Iesuites endurent aujourd'huy, si ce n'est peut-estre, qu'on ne leur permet pas v. 5.
de faire tout le desordre qu'ils voudroient dans l'Eglise; qu'on découvre leurs erreurs & leurs heresies; qu'on s'oppose à leur Morale corrompuë, qui a attiré sur eux tant de Censures & de condamnations dans les Vniversitez & dans les Tribu-

naux de divers Dioceses, & à Rome mesme, quoy qu'ils y ayent tant d'amis? C'est aussi ce qui a fait prononcer contre leurs injustices & leurs violences tant d'Arrests dans les Parlemens du Royaume & dans les Cours étrangeres. Ils appellent tout cela persecutions & afflictions qui exercent leur patience, ayant bien osé rapporter eux-mesmes dans leurs Livres sous le Titre de *Societas patiens* des resistances & des reproches tres justes qu'on leur a faits, dont le seul recit, de la maniere qu'ils le font eux-mesmes pour en tirer de la gloire, suffit pour les convaincre & pour faire condamner leur conduite. De sorte que s'ils souffrent quelquefois des peines & des rencontres fâcheuses, ce n'est pas pour la Iustice chrestienne, selon l'Evangile, mais pour leurs fautes & pour leurs entreprises toutes humaines. Ils persecutent plus les Gens de bien par leurs desordres, que les Gens de bien ne les persecutent par les justes reproches & par les punitions qu'ils en reçoivent, comme S. Augustin dit qu'Agar affligeoit plus Sara par ses dereglemens & par son orgueil, que Sara ne l'affligeoit en la chastiant avec charité & avec iustice.

Quand ils ne feroient que seduire les simples & tromper les ignorans par le relâchement de leurs maximes, ce seroit toûjours une persecution tres-fâcheuse &
Galat. 4.29. tres-dangereuse, & tel que S. Paul a declaré qu'elle avoit esté figurée par le fils de cette esclave, lequel s'attachant à ioüer avec le fils de la femme libre, fut traitté comme le persecuteur de l'enfant de la maison. Mais quelque iustice qu'on ait faite autrefois aux Iesuites, si on considere leurs excez & leurs emportemens, elle paroîtra fort douce, & on verra qu'ils ont plus de suiet de s'en loüer que de s'en plaindre, & qu'ils devroient plutost tâcher d'étouffer la memoire de leurs desordres, que d'essayer de se defendre. On ne les a épargnez que trop, & plus qu'ils ne l'esperoient eux-mesmes. Lors qu'ils se soûleverent en Angleterre & en France contre la dignité Episcopale, & que pour la combattre avec plus d'avantage, ils oserent renverser & avilir la sainteté du Sacrement de Confirmation; lors qu'ils irriterent ensuite, & outragerent toutes les Puissances par leurs libelles, & par leurs intrigues seditieuses, ils ne purent dissimuler à leurs amis, qu'ils se voyoient sur le point d'estre traittez avec la derniere rigueur, & de retomber dans les mesmes extremitez dont ils estoient sortis il n'y avoit pas long-tems. Ils n'en eurent neanmoins que la peur; & quoy que le crime qu'ils eurent bien le front de nier, & qui ne paroissoit neanmoins que trop, ait esté depuis avoüé par les leurs, & qu'ils s'en soient vantez impudemment dans les Livres qu'ils ont publiez avec l'approbation de leurs Superieurs; ils n'ont pas laissé de demeurer en repos, & d'estre traittez comme des innocens. Ils ont répandu depuis vingt ans une infinité de faussetez, d'impostures, & de calomnies dans des écrits publics, contre toutes sortes de personnes ecclesiastiques & seculieres, dont ils ont esté convaincus si evidemment, que quoy que leur hardiesse soit incroyable & capable de tout, ils n'en ont pas neanmoins eu assez pour répondre & pour se defendre. Ils meritoient d'en estre punis dans l'ordre de la justice beaucoup plus exemplairement que ceux qui volent & ravagent sur les grands chemins; puisque l'innocence & la verité sont sans comparaison plus precieuses, que l'argent & tous les biens du monde. Mais non seulement ils n'en ont point esté chastiez par la iustice, mais leur impunité a esté si grande, que leur insolence a passé toutes sortes de bornes, & que ceux contre lesquels ils ont vomy toutes les injures & les calomnies qu'ils ont voulu, n'ont pas eu la liberté de se defendre.

S'il y eut iamais occasion de les persecuter iustement, c'estoit celle qu'ils ont donnée en produisant les maximes horribles par lesquelles ils ont corrompu les mœurs & toute la morale chrestienne. Elles ont esté découvertes par les Docteurs, verifiées

verifiées par leurs Livres, & condamnées par les Evesques, & par le saint Siege mesme, qui leur estoit si favorable. Mais tout cela n'a pas empesché qu'ils ne soient demeurez en repos; & qu'au lieu de s'humilier & de se reconnoistre, ils ne se soient encore plus eleuez, iusqu'à se plaindre de ce qu'on a osé y trouver à redire, & à faire passer les iugemens de ceux qui les ont condamnez pour des persecutions insupportables. Car ils n'ont point receu depuis peu d'autre opposition à laquelle M. Abelly puisse rapporter ce qu'il faut dire à M. Vincent de leurs persecutions & de leurs souffrances. Mais en cela mesme M. Abelly luy fait grand tort & le deshonore en voulant persuader, qu'il ait tant estimé les peines & la confusion qu'ils ont endurée pour ce sujet. Car quelque bonne opinion que sa simplicité luy ait permis d'avoir de leur Compagnie, il est impossible qu'il ait regardé les Censures que la Sorbonne, les Prelats & le S. Siege ont faites de leur Morale comme une persecution de leur ordre; puisque de l'aveu mesme de M. Abelly, *il ne pouvoit approuver la Morale relaschée*, qui est visible dans leurs Livres. Liv. 2. ch. 12. Il n'y a point apparence de s'imaginer, qu'il fust assez peu informé de ce qui se passoit à la veuë de tout le monde, pour ne pas reconnoistre que les Iesuites se declaroient pour ces maximes condamnées, & qu'ils les soûtenoient ouvertement dans leur Apologie des Casuistes, laquelle ils distribuoient eux-mesmes dans Paris à leurs amis & à leurs confidens. De sorte que le témoignage solemnel que M. Abelly luy rend, *d'avoir loüé grandement les Prelats & la Sorbonne qui ont condamné ce relaschement*, est une preuve convaincante qu'il n'a pas eu une si extraordinaire veneration pour ces Peres, qui en sont les Chefs, & qu'il n'a pas compaty au ressentiment qu'ils ont eu de cette condamnation.

Aussi quoy que M. Abelly soit fort diffus dans la pluspart des sujets dont il traitte, il paroist neanmoins bien sterile dans les témoignages qu'il tâche de tirer de M. Vincent à l'avantage des Iesuites. Car on voit assez clairement le desir qu'il a de les rendre recommandables par son autorité: mais on voit aussi qu'il n'a pû luy faire dire en leur faveur, que quelques paroles generales, qui témoignent en luy plus de volonté que de facilité de leur donner des loüanges.

I'ajoûteray à ce que i'en ay desja representé, une preuve manifeste qui ne souffre point de replique. Dans le chapitre où M. Abelly parle de la gratitude de M. Vincent, il rapporte, *qu'un Prestre de la Mission estant mort en Lorraine dans une maison des Reverends Peres Iesuites, qui le firent enterrer honorablement, M. Vincent fit faire pour cela une conference à sa Communauté sur la reconnoissance, afin d'exciter ses Enfans à prier Dieu pour ces bons Peres, & pour luy demander la grace & les occasions de reconnoitre ce bien-fait.* Si M. Abelly en estoit demeuré là, il n'y a personne qui eust pû y trouver à redire, les moindres services qui nous sont rendus par qui que ce soit, meritant reconnoissance. Mais à propos d'un bon office mediocre, où plusieurs autres que les Iesuites eurent part, & qui ne pouvoit estre negligé sans une extraordinaire dureté & ingratitude, sur tout en un tems où M. Vincent procuroit des assistances prodigieuses à cette province de Lorraine, M. Abelly prend sujet d'ajoûter de luy-mesme, que *M. Vincent a reconnu ce bien-fait en son particulier dans toutes les manieres possibles; prenant toûjours le party de cette sainte Compagnie, lors qu'il s'est elevé des persecutions contre elle, taschant d'en détourner les calomnies, & publiant les vertus qu'elle pratique, & les grands biens qu'elle fait.* Il ne marque point quelles *vertus* M. Vincent reconnoissoit en cette Compagnie, ny quels *grands biens* il luy attribüoit. Mais des loüanges si contraires aux experiences que le public en a, ne sont propres qu'à remettre dans la memoire des Lecteurs les scandales & les troubles que cette Societé excite il y a long-tems dans l'Eglise. M. Abelly n'exprime point non plus quelle espece de persecution s'éleve contre elle, & si elles sont de la nature de celles que David souffroit, ou de celles qu'il faisoit souffrir aux autres. Il ne specifie point les calomnies dont elle est attaquée, de peur qu'on ne se mette en peine de montrer que ce sont des veritez indubitables, dont elle se plaint souvent comme des injures. Ie ne veux pas m'arrester à refuter un discours si peu considerable. Ie supplie seulement les personnes équitables de faire reflexion sur la maniere pitoyable dont il loüe M. Vincent, estant reduit à fonder sa reconnoissance & son zele envers les Iesuites sur un enterrement qu'ils firent à un Prestre de la Mission qui estoit mort chez eux en Lorraine, où deux Chapitres de Chanoines, un Convent d'Augustins, & six ou sept cens pauvres rendirent ce convoy celebre au rapport du Recteur mesme des Iesuites, dont M. Abelly produit une lettre. Ie veux que M. Vincent ait reconnu ce bien-fait en son particulier dans toutes les manieres possibles. C'est une grande fidelité que ne rien negliger pour reconnoître les moindres offices qu'on reçoit des autres. Mais de s engager par là à prendre toûjours le party de cette Compagnie, comme si pour avoir contribué à l'enterrement d'un Prestre de la Mission en Lorraine, elle estoit devenuë incapable de soûtenir aucune mauvaise cause ; ou quelque mauvaise qu'elle fust, M. Vincent eust crû estre obligé, pour reconnoître ce petit service, de se declarer toûjours pour elle, principalement en un tems où toute l'Eglise void ses égaremens & ses entreprises illicites contre elle, contre ses Evesques, contre ses Fidelles, contre sa Doctrine, c'est ce qui ne peut estre supporté & qui ne peut servir à la recommandation de M. Vincent ny de personne qui ait quelque peu de crainte de Dieu, ou de iugement.

Liv. 2. ch. 1.

Il n'y a peut-estre gueres de Communautez qui n'ayent rendu à M. Vincent & à sa Congregation quelque bon office autant ou plus considerable que celuy que les Iesuites Lorrains luy ont fait en cette rencontre: neanmoins on ne voit pas que M. Abelly ait eu soin de faire paroistre la reconnoissance que M. Vincent pouvoit & devoit rendre à tant de saintes Compagnies qui luy ont esté aussi affectionneés que les Iesuites.

Mais puisqu'il estoit question de relever la gratitude que M. Vincent a euë pour tous ceux à qui il estoit le moins du monde redevable, d'où vient que M. Abelly a supprimé tant de services considerables que nous avons montré luy avoir esté rendus par feu M. de S. Cyran, soit en la personne de ses parens, soit en la personne de ses amis & de ceux de sa Congregation, aux deux premiers établissemens de laquelle il a eu une tres grande part? D'où vient que M. Abelly a étouffé par un silence volontaire des témoignages si constans, si continuels & si publics de la reconnoissance que M. Vincent a euë envers feu M. de S. Cyran, iusqu'à prendre son party, pour user de ses termes, durant une violente persecution contre un premier Ministre d'Estat tres-redoutable? Ie n'ay pas besoin d'en dire davantage pour faire iuger, que M. Abelly n'a eu en veuë dans son Ouvrage que la seule Compagnie des Iesuites, sans se mettre en peine de bien établir le merite & la reputation de M. Vincent & beaucoup moins de ses Amis, sur tout de ceux qui ont esté plus exposez à leur animosité, à leurs médisances, & à leurs iniustices.

Liv. 3. ch. 8. Sect. 1.

On pourroit considerer encore icy un conte ridicule qu'il fait sur le suiet de la frequente Communion, & un dialogue de M. Vincent avec *un superieur d'une sainte Compagnie*, & avec *un autre grand Directeur des ames*. Mais parce qu'il n'est pas si évident qu'en l'autre, qu'il parle des Iesuites, nous ne nous y arresterons pas. Il est bon seulement de remarquer, qu'au moins en ce lieu il veut faire estimer les maximes des Iesuites, & l'usage qu'ils ont introduit de reduire toute la devotion à la frequente Communion, sans se mettre tant en peine du changement de vie & du reglement des mœurs, comme il paroist par cette Histoite. Car il nous represente une Dame, qui ayant accoûtumé de communier par le conseil de ses premiers Directeurs deux fois la semaine, & depuis ayant diminué le nombre de ses Communions par le conseil d'un autre Confesseur, qui la reduisit peu à peu à ne communier que tous les mois, elle regarda cette derniere conduite comme un relâchement de vie pour elle, auquel elle attribüoit *un estat tres deplorable où elle estoit tombée en se laissant emporter à ses passions.* Il veut faire passer le sentiment d'une personne si débordé & si deplorable pour celuy de M. Vincent, comme si cette ame perduë, ayant reietté sur son Confesseur la cause de ses cheutes, M. Vincent eust esté de son avis, & eust crû avec elle, qu'une personne si foible & si dangereuse fust capable de communier deux fois la semaine, & que si elle eust vescu aussi chrestiennement que doivent vivre ceux qui veulent communier plus souvent que les autres, la reduction de ses communions à une seule par mois, eust esté capable de la faire tomber si lourdement. Voila l'honneur qu'il fait à M. Vincent pour autoriser la conduite pernicieuse des Iesuites, qui au lieu de considerer que la multitude des Communions ordinaires, où ils engagent les personnes les plus foibles & les plus dereglées, les ruinent & les precipitent dans toutes sortes de miseres, en les exposant *à manger & à boire* si souvent *leur condamnation*, comme parle l'Ecriture; veulent persuader au contraire, que ce de- (1 Cor. 11.29.) sordre est leur remede, & qu'il ne peuvent le quitter sans se perdre. Mais cela estoit fort éloigné de M. Vincent. Car encore qu'il ait pû se porter à faire communier de bonnes ames un peu plus souvent que ne feroient d'autres Confesseurs, il n'est pas croyable neanmoins, qu'il ait esté si avant que d'attribuer le dereglement *tres deplorable* d'une personne à une cause qui y a si peu de rapport.

Il n'est pas croyable qu'il ait ignoré les sentimens du Concile de Trente, qui veut que la bonne vie precede la reception de l'Eucharistie, & qui exhorte les fi- (Seff.13. ch.7. & 8.) delles à vivre de telle sorte qu'ils puissent en approcher souvent, mettant la preparation à la Communion dans *une grande reverence & sainteté, dans une foy ferme & constante, dans une devotion, une pieté, un respect* digne *de ces saints & sacrez mysteres*, & non pas seulement dans la confession. M. Abelly rend témoignage (Liv.1. ch.11.) luy-mesme de l'usage qu'avoient quelques Missionnaires de ne faire *communier* que *presque tous les mois* ceux qu'ils instruisoient: & il parle souvent de l'attache- (Liv.1. ch.6.) ment que M. Vincent avoit & recommandoit que l'on eust aux decisions de cette sainte Assemblée, & de la deference qu'il souhaittoit qu'on eust pour tous ses ordres, luy faisant dire en une lettre qu'il écrit aux siens: *vous suivrez en tout l'usage* (Liv. 2. ch.1.) *du Concile de Trente.* Comment donc eust-il pû considerer comme une source de desordre la regle qu'il prescrit pour la Communion des Religieuses, en ne les (Seff.25 ch.10.) obligeant pas de s'y presenter plus souvent que tous les mois, & declarant que cela peut suffire pour les defendre de toutes les tentations du diable, *ad omnes oppugnationes dæmonis fortiter superandas?* M. Vincent a-t'il pû se persuader que le Concile se soit si fort trompé, & qu'il ait estably pour remede contre toutes les tentations, une conduite qui pust faire tomber les ames dans *un estat tres deplorable*, ou bien qu'il ait iugé les Dames du monde mieux disposées à la frequente Communion, que les Vierges retirées dans les asyles de leurs Monasteres; Mais M. Abelly n'examine pas de si prez ce qu'il avance sur le sujet de M. Vincent, & il ne se met pas en peine de l'opinion qu'on en formera, pourveu qu'il debite les opinions des Iesuites, & qu'il rencontre quelque moyen de leur donner du credit par les relations & les reflexions de son Histoire qu'il tourne comme il luy plaist en leur faveur.

CHAPITRE XVII.

M. Abelly donne des loüanges si dereglées & si excessives à M. Vincent, qu'elles le condamnent en effet, & rendent suspectes celles qui luy appartiennent veritablement.

Liv. 1. ch. 1. sect. 1. art. 5. & ep. à la Reine.

MONSIEUR Abelly a si peu tenu la parole qu'il avoit donnée de n'user point d'exageration dans son Histoire, que presque par tout on ne void que des excez, soit dans les loüanges, soit dans les invectives dont elle est remplie. Ce qui oblige le Lecteur de se tenir sur ses gardes, & de suspendre son esprit dans les endroits mesmes qui ont plus de vray-semblance. Il faut en rapporter quelques exemples par le moyen desquelles on iugera de tous les autres.

Liv. 1. ch. 3. & 16. liv. 3. ch. 2, 8, 13, 16. & der.

Il asseure par tout que M. Vincent a esté un sçavant Theologien, & qu'il a penetré les veritez de nostre Religion avec une grande lumiere, iusqu'à dire, *qu'il a paru dans l'Eglise comme un nouveau Soleil*, &c. *& qu'il possedoit les veritez de la foy d'une maniere aussi parfaite qu'elle se peut en cette vie*, &c. Ces témoignages font voir quelle est la verité & la fidelité des discours de M. Abelly. Car l'opinion qu'on a toûjours euë de M. Vincent, ses emplois, sa profession, les paroles qu'il a dites souvent de luy-mesme, sont entierement contraires à cette idée que M. Abelly veut nous en donner. Il rapporte luy-mesme en plusieurs endroits de son Histoire, qu'il parloit ordinairement de luy comme *d'un ignorant, & d'un escolier de quatriéme*; qu'il détournoit ceux de sa Compagnie de l'étude, & de la recherche de la science; qu'il ne s'estoit engagé avec eux, qu'à donner aux pauvres gens de la campagne les premieres & les plus simples instructions de la Religion. Et cette declaration qu'il avoit faite de renoncer à l'acquisition de la science, estoit si connuë de tout le monde, qu'on s'est étonné pour cette raison de ce qu'il avoit joint au premier employ de son Institut, qui de soy ne demande pas tant de lumiere, celuy *d'instruire aux sciences*, ceux qui entrent dans les Ordres, comme M. Abelly le reconnoist, parce que cette derniere fonction presuppose une capacité fort grande, laquelle M. Vincent ne reconnoissoit pas en luy. Aussi on a oüy dire quelquefois à un grand Magistrat, qui estimoit d'ailleurs sa pieté, qu'il ne comprenoit pas comment une personne qui faisoit profession de peu de science, avoit entrepris d'instruire ceux qui en doivent avoir beaucoup, comme les Ecclesiastiques qui doivent conduire les autres.

(Marg.: Liv. 1. ch. 3. — Liv. 2. ch. 8. & 11. — Liv. 3. ch. 3. 15, & 24. — Liv. 2. ch. 1. & 2. — Liv. 1. ch. 5.)

Ce n'est pas qu'on le veüille blâmer de n'avoir pas voulu estre sçavant, chacun doit servir Dieu dans son don, & il distribuë à tous ce qu'il luy plaist pour la gloire de son nom, & pour le bien de ses élus. Mais on est surpris des exagerations de M. Abelly, qui veut faire croire contre la connoissance commune de tous ceux qui ont frequenté M. Vincent, qu'il estoit fort versé dans la Theologie, & dans la science Ecclesiastique. C'est pourquoy toutes ces supputations qu'il fait de je ne sçay combien d'années qu'il luy fait employer en l'étude de la Theologie; ces Lettres de Bachelier, & le Grade de Licentié en l'Vniversité de Tolose, *avec la permission d'y expliquer & enseigner publiquement le second Livre des sentences, seellée & si-*

(Marg.: Liv. 1. ch. 3.)

gnée

gnée du Chancelier de la mesme Vniversité, ne sont pas des témoignages fort *autentiques*, comme il les appelle de l'habileté d'un homme, si d'ailleurs on ne void des preuves plus solides de sa suffisance & de sa grande doctrine. Il n'y a personne qui ne voye que ce ne seroit pas une loüange fort honorable à un Magistrat, si pour preuve de sa grande capacité on n'alleguoit que les Lettres de Licence qu'il auroit obtenuës pour estre receu Avocat. On sçait que ces sortes de titres sont communs à plusieurs qui ne sont pas des plus habiles, & qu'ils ne donnent pas de la science à ceux qui n'en ont pas d'ailleurs.

Que si on vouloit faire des reflexions sur les discours que M. Abelly attribuë à M. Vincent, on y trouveroit des marques d'une science bien bornée, pour ne rien dire davantage. Mais cela n'a pas nüy à M. Vincent, & il luy a mesme esté avantageux; parce qu'il en a esté plus humble, plus moderé & appliqué à la vertu: ce qui est infiniment plus estimable. C'est pourquoy il faut cherir & honorer en luy ces bonnes qualitez, & les autres que Dieu luy avoit departies, laissant les dons de la science à ceux à qui il luy a plû de les communiquer, en considerant qu'ils ne sont pas les plus grands de tous. La science & les autres talens spirituels, qui rendent une personne capable de servir son prochain, sont des faveurs du Ciel pour ceux qui ne s'en élevent point & qui en font bon usage. Mais sans cela ils sont des peines de la Iustice de Dieu: & celuy à qui il ne les a pas donnez, n'en est pas moins estimable, ny moins heureux, s'il se tient dans les bornes de la vocation, & s'il connoist ses forces & la mesure de la grace qu'il a receuë pour la cultiver.

M. Vincent a donc esté loüable d'avoir reconnu que Dieu luy avoit donné peu de science des matieres de Theologie, & M. Abelly est reprehensible de ne pas croire veritable ce qu'il en a dit & protesté souvent. Car il doit considerer qu'un vray Serviteur de Dieu, quelque humble qu'il soit, quelque estime basse qu'il ait de luy-mesme, conserve toûjours la verité dans ses paroles, & la discretion dans la pratique de l'humilité, sur tout si ce sont des discours & des actions qui luy soient ordinaires. C'est pourquoy un homme fort instruit en quelque art ou en quelque profession, bien qu'il n'en doive pas tirer vanité, ny croire qu'il y soit accomply, ne peut pas dire neanmoins, qu'il y soit entierement ignorant, & il blesseroit la verité & l'humilité mesme veritable, s'il parloit de soy comme d'une personne qui n'en auroit aucune teinture. D'où vient que l'Ecriture sainte, parlant aux sçavans & aux sages, les avertit de n'estre pas trop humbles dans leur sagesse & leur science. Et M. Abelly ne peut tenir cette regle de vertu pour suspecte, ny croire qu'elle soit un effet de la prudence humaine, puisqu'elle nous a esté inspirée du Ciel.

Eccl. [illegible]

Si M. Vincent eust esté *tres abondamment pourveu de doctrine & de suffisance*, comme il l'asseure hardiment dés l'entrée de son Histoire, il estoit trop reconnoissant pour desavoüer absolument, comme il faisoit, que Dieu l'eust favorisé de ces dons: ce qui l'eust rendu incapable de les employer pour son service, comme il y eust esté obligé. Il faut donc demeurer d'accord, que son Historien a passé les bornes des loüanges qui luy sont deuës, qu'il a esté *contre son esprit*, en voulant luy attribuer ce qu'il n'a iamais receu, & qu'il a affoibly ce qu'il dit de ses autres vertus, en affectant de luy donner une *grandeur & une abondance de lumiere & de doctrine*, qu'on sçait qu'il n'a iamais euë. Il n'importe par quels moyens Dieu opere le salut des siens. Ceux dont il se sert pour les sanctifier, sont toûjours les meilleurs & les plus excellens pour eux; & on est asseuré que quoy que la science n'ait pas esté considerable en M. Vincent, il a pû se remplir de graces &

de bonnes œuvres, avec autant de facilité que s'il euſt eſté le plus habile Theologien de la plus celebre Faculté de l'Europe.

Vn autre excez que M. Abelly a fait en le loüant, & qui n'eſt pas moins contraire aux regles de la prudence de l'hiſtoire, eſt ce qu'il dit des mœurs de ſa jeuneſſe, & de ſon entrée dans les ſaints Ordres. Car pour accomplir le deſſein qu'on a de rendre une perſonne recommandable, il n'eſt pas neceſſaire de luy donner toutes ſortes de loüanges ſans diſcernement, ny de luy attribuer *toutes ſortes de vertus en un tres-haut degré de perfection*, & de le rendre *conſommé en vertu, en doctrine & experience*. Mais il faut appuyer ces eloges ſur la verité certaine & ſur des faits dont on eſt aſſeuré. Cependant M. Abelly paroiſt mal informé de ce qu'il avance ſur ce ſujet. Il ne rapporte aucun témoignage conſiderable, ſur lequel l'eſprit du Lecteur puiſſe ſe repoſer.

Liv. 1. ch. 6. & liv. 3. ch. 1.

Il euſt eſté bien plus à propos de ne point faire mention de ce qui n'eſt pas venu à la connoiſſance de perſonnes dignes de foy, de qui M. Abelly ait pû l'apprendre, que de répandre des loüanges douteuſes & incertaines, qui ne font nulle impreſſion, & qui empeſchent qu'on ne s'arreſte à celles qui ſont indubitables. L'Egliſe a toûjours eu éloignement de cette maniere de loüer les Saints, qui ne procede que d'un zele indiſcret qu'on a pour leur gloire, qui fait qu'on leur attribuë toutes les vertus imaginables, comme ſi on ne pouvoit publier leurs merites particuliers à moins que de les faire paſſer pour les premiers & pour les plus accomplis de tous ceux qui ont jamais eſté ſur la terre. Il faut prendre de l'Ecriture ſainte la methode de loüer les Serviteurs de Dieu, & dire ſimplement ce qu'ils ont eu de bon, ſans affecter de ſupprimer toutes leurs imperfections, dont il eſt quelquefois utile de faire mention, pour rendre plus éclatante la miſericorde de Dieu ſur eux; pour donner aux pecheurs, à qui ils ont eſté ſemblables en quelque choſe, l'eſperance & le courage de ſe relever, & pour imprimer la crainte, l'humilité & la défiance de ſoy-meſme à ceux qui ont évité leurs cheutes. Toute autre maniere de rapporter les actions des Gens de bien eſt contraire à la verité, à l'ordre de Dieu, au ſentiment & à la gloire veritable de ceux dont on parle, à l'edification des Fidelles, & à la perſuaſion des Infidelles.

Rom. 12. 1.

1 Cor. 15.

De mend. cap. 12

Cette regle va ſi avant, qu'il n'eſt pas meſme de l'honneur qu'on doit à Dieu, & *du culte raiſonnable* qu'il demande de nous, de luy attribuer des effets de puiſſance, de ſageſſe, & de iuſtice, qu'il n'a pas voulu accomplir, comme ſont les miracles qu'il n'a pas faits, & d'autres œuvres qu'on s'imagineroit luy eſtre glorieuſes. S. Paul a fondé dans une de ſes Epiſtres un raiſonnement conſiderable ſur cette maxime; & il declare que ce ſeroit eſtre faux-témoin & contraire à Dieu meſme, que de publier de luy ce qu'il ne nous auroit pas revelé, quoy que ce ne fuſt que pour établir ſa gloire parmy les hommes. C'eſt pourquoy S. Auguſtin, qui ſuit particulierement ce grand Apoſtre, faiſant attention ſur le lieu que nous venons de citer, en tire cette concluſion generale, *que le menſonge eſt un faux témoignage encore qu'on l'employe pour loüer quelqu'un.* Ita oſtendit *falſum teſtimonium eſſe mendacium, etiam ſi in cujuſcumque falſa laude dicatur.*

Aprés ces reflexions des Saints, & pluſieurs ſemblables que l'on trouve dans les Livres de l'Egliſe, M. Abelly n'aura pas ſujet de ſe plaindre qu'on luy ait repreſenté les excez qui ſe voyent, en ce qu'il dit avec tant d'aſſeurance de la conduite de M. Vincent dans ſa ieuneſſe, & de la maniere dont il a receu les Ordres. Car on n'ignore pas ce qu'il devoit avoir appris avant que de commencer ſon Hiſtoire, que les premieres années de ſa vie n'ont pas eſté tout à fait reglées, comme il l'a regretté depuis qu'il s'eſt converty. Cette reconnoiſſance des fautes paſſées n'euſt pas donné moins de gloire à Dieu, ny moins de reputation à M. Vincent, que ce que M. Abelly a écrit, *qu'il a esté prevenu de la grace* de Dieu dés son enfance; qu'il a esté *un enfant de benediction; que sa vie a esté toute innocente & toute sainte.* Liv. 1. ch. 2. & 13. Car la grace de la vraye penitence est encore plus rare selon S. Ambroise que celle de l'innocence. Liv. 3. ch. 1. & 21. Et ainsi il y avoit lieu de publier *cette grande misericorde* que Dieu luy avoit faite, selon la pensée de M. Vincent mesme, & relever le bonheur extraordinaire qu'il a eu d'embrasser serieusement le service & la crainte de Dieu aprés l'avoir negligé au commencement de sa vie. Psal. 50. Liv. 1. ch 8.

Et pour ce qui est de la reception des saints Ordres, au lieu de representer M. Vincent lors qu'il en approcha, comme un homme *sur qui nostre Seigneur versa tres abondamment la plenitude de son esprit Sacerdotal*; Liv. 1. ch. 1. il devoit faire reflexion sur ce qu'on luy a souvent oüy dire, que lors qu'il fut fait Prestre, il ne sçavoit pas seulement les choses necessaires au salut. Ce qu'il disoit pour reconnoitre la bonté dont Dieu avoit usé envers luy,

Et c'est peut-estre ce que M. Abelly témoigne n'avoir pas compris, quand il dit, *que lors que M. Vincent parloit de soy, c'estoit en des termes si humilians, qu'on avoit quelquefois peine a les entendre.* Liv. 3. ch. 13. M. Abelly n'eust pas eu tant de difficulté à comprendre des paroles si claires, s'il eust voulu suivre la simplicité de celuy qu'il reconnoist avoir excellé en cette vertu, & à qui il a fait dire au mesme lieu, apres un discours étrangement humiliant, & beaucoup plus que celuy que j'ay rapporté, *qu'il ne parloit pas par exageration.* Et il n'eust pas rendu un petit témoignage à son humilité, s'il eust rapporté cette confession que M. Vincent a faite plusieurs fois, dont quelques-uns de sa Compagnie peuvent encore estre témoins. Tout ce qu'on en a sceu, n'est venu que de luy-mesme, & de la franchise avec laquelle il agissoit avec ses Amis. M. Abelly pouvoit en estre mieux informé que personne; puisqu'ayant entrepris de composer sa Vie, il n'a pas manqué de memoires, comme il a eu soin de le declarer pour gagner la creance de ses Lecteurs. Abb. au Lect. Mais on peut dire sans temerité, qu'il a passé au delà des avis qu'il a receus, & qu'il a fait des efforts plus qu'ordinaires pour executer son entreprise, n'ayant gardé aucune mesure dans ce qu'il avance.

L'on void qu'ayant parlé des premieres années de M. Vincent & de son ordination, avec des hyperboles étranges, croyant qu'on ne pouvoit pas trop loüer un homme, qu'il vouloit faire paroitre admirable; il se contredit en d'autres endroits, où se laissant encore emporter aux sujets qu'il traite, il pousse les loüanges qu'il donne à M. Vincent iusqu'à une autre extremité qui ne s'accorde pas avec les precedentes. Le chapitre où il traite de l'humilité de M. Vincent, luy a paru un sujet fort propre pour étendre son Panegyrique, & luy faire largesse de ses benedictions, sans crainte d'en dire trop. C'est pourquoy n'ayant aucun égard à ce qu'il avoit dit à l'entrée, & en plus de dix ou douze endroits de son Ouvrage touchant les premieres années de M. Vincent, dont il dit que la pieté & la charité *n'a iamais esté interrompuë ny relaschée*, Liv. 3. ch. 21. il rapporte que lors qu'il demeuroit encore au College des Bons-enfans, *il s'est mis plusieurs fois à genoux devant sept ou huit Prestres qui composoient sa Compagnie, declarant en leur presence les pechez les plus griefs de sa vie passée.* Liv. 3. ch. 13. Et dans un autre endroit il cite une lettre de M. Vincent à un Prelat, où il confirme la mesme confession, quoy qu'il ne la fasse qu'en general. Liv. 3. ch. 11. Ce qui est conforme à ce qui se lit au chapitre de l'humilité, *qu'il s'estimoit & publioit en toutes rencontres indigne de la qualité de Superieur General & du caractere de Prestrise, & qu'il avoit dit plusieurs fois, que s'il ne l'avoit pas encore receu, ayant la connoissance telle qu'il avoit de son indignité, il ne pourroit ia-*

mais se resoudre de le recevoir. Et dans une Lettre qu'il avoit écrite à un Chanoine, qui est rapportée par M. Abelly; voicy comme il parle de la qualité d'Ecclesiastique. *Pour moy si i'avois sceu ce que c'estoit quand i'eus la temerité d'y entrer, comme ie l'ay sceu depuis, i'aurois mieux aimé labourer la terre, que de m'engager à un estat si redoutable. C'est ce que i'ay témoigné plus de cent fois aux pauvres gens de la campagne, &c.* Il n'est pas question dans cette lettre d'une pratique d'humilité, telle qu'il l'exerçoit quelquefois devant les siens; où neanmoins il est necessaire de conserver la verité, si on veut rendre ces exercices de vertu agreables à Dieu, qui est l'esprit de verité & la verité mesme. Mais M. Vincent parle à un de ses Amis avec une entiere confiance, & luy rend réponse sur le sujet d'un de ses Neveux dont cette personne avoit voulu prendre soin pour l'amour de luy, estant en peine de sçavoir à quelle condition M. Vincent le destinoit. Il luy mande donc que ce n'est point du tout son sentiment que son Neveu soit élevé pour l'estat ecclesiastique: & à ce propos il dit que pour luy il y est entré avec temerité, & que s'il eust sceu alors ce que c'estoit, il auroit mieux aimé labourer la terre. C'est bien assez dire pour faire entendre qu'il n'y estoit pas entré avec des dispositions si excellentes que M. Abelly le publie avec tant d'exageration. Car il n'est
Liv. 1. ch. 3. pas aisé de comprendre comment une personne peut avoir receu *au moment de la Consecration tres abondamment la plenitude de l'esprit Sacerdotal, & de si hauts sentimens de ce sacré caractere*, & neanmoins estre demeuré toute sa vie dans le regret d'avoir receu le Sacerdoce, & dans la resolution de ne le recevoir iamais, s'il eust sceu alors ce que c'estoit.

Quand un Prestre est appellé legitimement, & par les voyes que Dieu & l'Eglise ont marquées pour discerner une veritable vocation, il est difficile qu'il puisse avoir du regret de s'estre soûmis à leur commandement & de leur avoir obeï; & encore moins d'estre resolu si cet engagement n'estoit pas fait, de n'y entrer iamais. Ce seroit se repentir d'avoir obeï à Dieu, d'avoir suivy sa vocation, & d'avoir receu sa grace, comme les plus humbles ont appellé leur sacerdoce. Au lieu de reconnoitre cette grace, & de luy en rendre les loüanges qui luy sont deuës, ce seroit vouloir détruire l'œuvre de Dieu, & la condamner en faisant penitence de la soûmission qu'on luy a renduë & à son Epouse, lors qu'on est entré par leur ordre & avec leur benediction abondante dans la participation de la puissance de Iesus-Christ. M. Abelly n'a pas apperceu ces contradictions & ces absurditez manifestes, non plus que la difficulté qu'il y a d'accorder *des pechez grief & enormes*, que M. Vincent a confessez humblement, avec *une vie sage, vertueuse & edifiante, qui surpassoit de beaucoup son âge*, laquelle il luy attribuë depuis l'enfance, *& avec une vie qui a esté presque un continuel miracle, & un tissu de toutes sortes de vertus.*

Liv. 1. ch. 8. & liv. 3. c. 13. Liv. 1. ch. 1. 8, & dern. Pref. du 3. li.

Ce n'est pas ainsi que les Saints nous ont appris à juger & à parler des graces de Dieu & des actions de ses Serviteurs, mais bien à user de retenuë, à ne se répandre pas legerement sur les apparences qui se presentent, & à balancer tellement les diverses considerations qu'on peut avoir dans l'esprit, que l'une ne combatte & n'emporte pas l'autre, & qu'on donne à chacune le rang & l'étenduë qui luy appartient. Car il arriue souvent à nos pensées & ensuite à nos discours, ce qui est si ordinaire à nostre volonté & à nos actions, que comme en voulant éviter un vice & une action blâmable, on se laisse aller à un vice qui luy est contraire; de mesme en voulant détourner son esprit d'une veuë qui nous déplaist, on l'applique trop à une autre qui ne déplaira pas moins peu apres quand on sera revenu à soy, & que la premiere chaleur sera passée.

Cette

Cette méprise est arrivée à M. Abelly, lorsque commençant son Histoire, avec dessein de loüer M. Vincent, il a éloigné de son esprit tous les défauts qui pouvoient faire paroître sa jeunesse disproportionnée à la bonne vie qu'il a menée depuis : & ainsi ne voulant trouver aucune tache dans la personne qu'il entreprenoit de loüer, il l'a representé comme prévenu de toutes sortes de graces, comme *ayant excellé en toutes sortes de vertus, & ayant répandu en tous lieux,* & en Liv. 1. ch. 4.
tout tems *une bonne odeur* sans avoir égard à la verité & à ce qu'il auroit a en rap- Liv. 3. ch. 8. & 11.
porter en d'autres endroits de son Histoire. Mais ayant continué de parler de ses differentes vertus avec la mesme effusion, il est venu iusqu'à y mesler des loüanges qui ne s'accordent pas avec les premieres, & qui obligent le lecteur à remarquer ce qu'il luy avoit caché dés le commencement. Ainsi il est tombé dans des excez contraires & à l'entrée & dans la suitte de son Ouvrage, exagerant toutes choses, & ne pensant point à garder la moderation necessaire pour rendre son Histoire digne de creance, & proportionnée à celuy dont il a voulu representer la vie.

On pourroit remarquer d'autres excez semblables, où M. Abelly s'est laissé aller, sans avoir égard si M. Vincent en seroit plus estimé, comme quand il dit, *qu'il* Liv. 2. ch. 1.
semble que la providence misericordieuse de Dieu ait voulu employer les Missions pour cooperer efficacement aux effets principaux qu'il avoit dessein de produire par l'Incarnation de son Fils, & qu'il avoit fait predire par son Prophete, c'est à sçavoir d'effacer l'iniquité, d'abolir & exterminer le peché, & de restablir la sainteté & la justice. Il n'y a gueres d'apparence de croire que M. Vincent eust souffert qu'on parlast ainsi des fruits de son travail & de celuy des siens, aprés les réponses humbles & fortes que M. Abelly rapporte luy-mesme qu'il a faites, quand on a loüé plus modérement son Institut & ses exercices. Il estoit trop équitable pour supporter qu'on attribuast à sa Compagnie, ce que l'Eglise mesme ne presume pas se devoir accomplir en elle dés ce monde, quelque benediction que Dieu ait donnée à la predication des Apostres & de leurs Successeurs, ausquels on ne doit pas égaller les ouvriers des derniers tems, quoy que fidelles & approuvez de Dieu. Mais cette Prophetie ne s'accomplira que dans le Ciel, où *le peché prendra fin,*
selon les paroles latines citées en marge, *finem accipiat peccatum* ; où l'iniquité Dan. 9. 24.
sera tellement effacée & finie, qu'elle ne se renouvellera plus par les recheutes, qui n'ont iamais esté si frequentes qu'en ce tems, comme M. Abelly luy-mesme Liv. 1. ch. 2. & 4.
témoigne que M. Vincent le reconnoissoit; & où la Iustice sera eternelle & sans interruption, *& deleatur iniquitas, & adducatur justitia sempiterna.* Il seroit aisé de faire voir, que l'application que M. Abelly a faite de cette parole du Prophete, & cette maniere de donner des loüanges, est démesurée, non seulement par des preuves de la verité Ecclesiastique, mais mesme par les discours & les sentimens de M. Vincent, tels qu'ils sont rapportez dans sa Vie. Mais ce peu d'excez de M. Abelly, si clairs & si notables, suffisent pour iuger de tous les autres dont il est capable. Il faut voir une autre espece de loüanges dont il charge M. Vincent, & qui ne luy sont pas plus honorables que celles dont nous venons de parler.

CHAPITRE XVIII.

M. Abelly loüe M. Vincent de plusieurs actions, qui ne sont ny si vrayes qu'il presuppose, ny si conformes aux regles de Dieu & de l'Eglise.

MONSIEVR Abelly ne se contente pas de donner à M. Vincent des loüanges hyperboliques & incroyables : il luy en donne encore d'autres qui ne sont pas moins suspectes sur des sujets qui ne meritent pas tant d'honneur, & de la verité desquels il y a lieu de douter, si on a seulement une estime mediocre de sa prudence & de sa vertu. De sorte qu'en plusieurs endroits du Livre de ce Prelat, la conduite de M. Vincent se trouve plus *desfigurée* & obscurcie, que sa memoire n'y est honorée. Ie rapporteray seulement quelques exemples de ces loüanges peu fidelles & peu judicieuses.

Vne des principales, selon la pensée de M. Abelly, & où il s'est plus étudié de faire valoir son eloquence, est celle qu'il fonde sur l'établissement des retraites qu'on fait faire à ceux qui veulent recevoir les Ordres, lequel a commencé de nostre tems par l'entremise des Prestres de la Mission & de M. Vincent leur premier Superieur. Cet engagement n'est pas si ancien que les premiers emplois de cet Institut, qui sont d'instruire les pauvres gens de la campagne, à quoy l'humilité & le zele de M. Vincent s'arresta d'abord. M. Abelly faisant parler M. Vincent sur ce sujet, luy fait dire, *c'est là nostre capital, le reste n'est qu'accessoire.* Il n'est pas de nostre dessein de rapporter comment on l'engagea depuis, & ceux de sa Compagnie, à recevoir gratuitement chez luy les personnes du Diocese de Paris, qui se presentent pour les saints Ordres, & à les instruire durant quelques iours de leurs devoirs. Ie ne m'arresteray pas à plusieurs manquemens d'exactitude, qu'on peut remarquer dans tout ce que M. Abelly en dit ; parce qu'ils ne sont pas de grande importance. Mais il est necessaire de representer l'injure qu'il fait à M. Vincent, en donnant à ce dessein des retraites spirituelles des Ordinans, comme on les appelle, une origine peu canonique & peu conforme à la conduite de l'Eglise. Voicy comme il pretend que cela commença.

Liv. 2. ch. 1. & liv. 3. c. 11.

Liv. 1. ch. 25.

Il arriva un iour, dit-il, que feu M. de Beauvais faisant voyage, & menant avec luy M. Vincent dans son carrosse au mois de Iuillet de l'année 1628. ce bon Prelat demeura quelque tems les yeux fermez sans parler, méditant quelque chose dans son esprit ; & ceux qui l'accompagnoient s'estant tenus quelque tems dans le silence, croyant qu'il sommeillast, il ouvrit les yeux & leur dit qu'il ne dormoit pas, mais qu'il venoit de penser quel seroit le moyen le plus court & le plus asseuré pour bien dresser & preparer les pretendans aux saints Ordres ; & qu'il luy avoit semblé que ce seroit de les faire venir chez luy, & de les y retenir quelques jours, pendant lesquels on leur feroit faire quelques exercices convenables, pour les informer des choses qu'ils devoient sçavoir, & des vertus qu'ils devoient pratiquer. Alors M. Vincent qui luy avoit representé en general la necessité de cette preparation, en approuvant grandement la maniere, & élevant sa voix, luy dit : O Monseigneur, voilà une pensée qui est de Dieu, voilà un excellent moyen pour remettre petit à petit tout le Clergé de vostre Diocese en bon ordre. Et sur cela l'ayant encouragé de plus en plus a commencer une si sainte entreprise, ce vertueux Prelat se resolut dés lors d'en venir à l'execution, & se separant de M. Vincent, il luy dit qu'il alloit faire preparer toutes choses à cette fin, le priant de penser aux matieres propres pour entretenir ceux qui se presenteroient à l'ordination.

M. Abelly rapporte ensuite que M. de Beauvais engagea M. Vincent de l'assister aux premiers exercices qu'il feroit faire à la prochaine ordination; que *M. Vincent y expliqua particulierement le Decalogue, d'une maniere si nette & tout ensemble si affective & si efficace, que ses Auditeurs en conceurent un desir de luy faire des confessions generales; & mesme M. du Chesne Docteur, qui faisoit de son costé une partie de ces entretiens en fut tellement touché, qu'il voulut faire une confession generale de toute sa vie à M. Vincent, dequoy les Ordinans furent édifiez; qu'à quelque tems de là M. de Beauvais estant revenu à Paris, & ayant entretenu feu M. l'Archevesque des grands fruits que ces exercices commençoient à produire dans son Diocese, il luy en fit voir l'importance, l'utilité & mesme la necessité; de telle sorte que ce bon Prelat ordonna dés le commencement de l'année 1631. que tous ceux qui seroient admis pour recevoir les Ordres dans son Diocese, seroient obligez de se retirer chez les Prestres de la Congregation de la Mission dix iours avant chaque ordination, &c.*

Voilà tout ce que M. Abelly a trouvé de plus propre pour donner au public une grande estime du travail que M. Vincent & les Prestres de sa Congregation ont embrassé pour l'instruction & la preparation de ceux qui sont promeus aux saints Ordres. Mais il y a apparence que les memoires de M. Abelly n'ont pas esté plus justes en ce point, qu'en beaucoup d'autres, & il est difficile de croire que M. Vincent ou M. de Beauvais ayent fondé cette entreprise sur une rencontre aussi legere & aussi peu considerable, qu'est celle d'une pensée qui vient par hasard à un homme qui resve ou qui repose dans un carrosse. On ne doit pas avoir si mauvaise opinion de ces deux personnes, qu'on presuppose qu'ils ont esté capables de croire tout de bon, que la conduite de l'Eglise la plus importante, qui est celle qui regarde la vocation & l'ordination des Ecclesiastiques, puisse estre fondée sur des songes ou des imaginations casuelles, au lieu de les établir sur les regles publiques & asseurées que l'Eglise a toûjours conservées dans les Canons des Conciles, & dans les écrits des saints Peres, ainsi qu'il a esté particulierement ordonné dans le Concile de Trente, dont M. Abelly rapporte luy-mesme une des principales Ordonnances sur ce sujet. Liv. 2. ch. 5.

On doit presumer qu'ils n'ont pas ignoré ny rejetté les Decrets de ce Concile Oecumenique, qui veut qu'on regle les Ecclesiastiques par ces autoritez anciennes, & non par des pensées & des inventions nouvelles des hommes qui sont toûjours méprisables dans cette matiere. Autrement il n'y auroit rien de plus propre pour décrier ce qui se fait à la Mission envers ceux qui se preparent aux saints Ordres, & pour empescher d'esperer que Dieu y donne sa benediction, que de faire croire qu'il a une origine si humaine, si basse, & si éloignée de l'esprit & de la conduite de l'Eglise.

Ie ne parleray pas de ce que feu M. de Beauvais a fait d'abord dans son Diocese pour l'instruction & la preparation de ses Ecclesiastiques aux Ordres. On peut assez iuger de ses sentimens par le Seminaire qu'il y a étably devant sa mort, duquel M. Abelly a évité de parler, quoy qu'il en eu une occasion manifeste, lors qu'il a fait le dénombrement des Seminaires établis en divers Dioceses depuis l'année 1642. Il paroist clairement que feu M. de Beauvais ne s'est point amusé à la pensée qu'on dit qu'il eut dans son carrosse en l'année 1628. selon le conte de M. Abelly. Liv. 1. ch. 31.

Car il ne s'est pas contenté *de faire venir les pretendans aux Ordres quelques iours seulement avant l'ordination* en sa maison Episcopale ; mais il les a obligez de s'enfermer durant plusieurs années dans un Seminaire pour y donner des preuves de leur vertu & de leur bonne vie : & s'il a exigé moins d'eux au commencement, ça esté pour les instruire peu à peu, & les disposer à recevoir la vraye conduite de l'Eglise & du Concile de Trente, selon les pensées qu'il a conservées & nourries dans son cœur par la consideration des regles immuables des Peres, bien loin de faire cas de ce qui pouvoit luy estre venu dans l'esprit, lors qu'il reposoit dans un carrosse.

On peut reconnoître davantage son intention & le sentiment où il a persisté jusqu'à la fin de sa vie, dans un Livre qui a esté publié & imprimé par son ordre, sçavoir le Traité du Sacerdoce de S. Chrysostome, où il a fait ioindre une ordonnance de feu M. l'Evesque de Bazas pour l'établissement d'un Seminaire dans sa maison Episcopale. Si feu M. de Beauvais s'estoit imaginé qu'une retraite de dix jours fust un moyen si divin & si admirable *pour remettre tout le Clergé de son Diocese en bon ordre*, il n'en auroit point cherché d'autre, & il n'auroit pas projetté durant tant d'années, comme il est dit de luy dans la preface de ce Livre, l'établissement d'une maison, où ceux qui aspiroient à l'estat Ecclesiastique pussent estre formez dés leur jeunesse, pour estre capables d'entrer dans les Ordres & dans les fonctions du ministere de l'Eglise en son Diocese. Mais au lieu des dix jours que M. Abelly croit estre un tems si considerable pour l'épreuve & la preparation des Ordinans ; ce Prelat a voulu qu'on retinst les Ecclesiastiques dans son Seminaire autant qu'on le jugeroit à propos pour l'asseurer de leur vocation. Il n'a pas limité non seulement le nombre des iours, mais mesme celuy des années. Il n'a pas crû qu'un terme si court pust suffire pour donner moyen aux Evesques de satisfaire à l'avertissement de S. Paul, *de ne pas imposer facilement les mains, & de ne se rendre pas participans des pechez d'autruy*, comme pretend M. Abelly, par une interpretation de ce passage qu'il n'a pas prise dans les Livres de l'Eglise. Il avoit sans doute une idée plus veritable & plus solide de la sublimité du ministere de l'Eglise ; puisqu'au lieu d'un examen si superficiel tel qu'est celuy que M. Abelly veut qu'il ait inventé avec M. Vincent, il estoit dans la pensée de choisir de bonne heure, & d'élever à loisir avec un grand soin ceux qui sont destinez aux fonctions Ecclesiastiques, comme il a tâché de faire suivant les intentions de l'Eglise & du dernier Concile general, sans se contenter d'une retraite de dix jours, de laquelle les Conciles ny les Papes, ny les anciens Evesques n'ont iamais fait aucune mention. Il a consideré que le Concile de Trente ordonne qu'on employe beaucoup plus de tems & de travail pour former dans la pieté & la sainteté ceux qui doivent estre la lumiere du monde, & qu'on les oblige de passer par toutes les pratiques de l'obeïssance Clericale ; qu'on les prepare durant plusieurs années à la grace de l'ordination par toutes sortes d'exercices de vertu & de doctrine ; & que tous les anciens Canons de la discipline Ecclesiastique touchant les Clercs soient renouvellez.

1. Tim. 5. 22. Liv. 1. ch. 25.

Et pour montrer encore plus clairement que feu M. de Beauvais a eu peu d'égard à la pensée que M. Abelly releve si fort, & à la retraite de quelques iours pour se preparer aux Ordres, il ne faut que faire attention aux paroles merveilleuses d'un ancien Pape inserées dans l'Ordonnance de feu M. de Bazas, que M. de Beauvais a fait ajoûter au Traité du Sacerdoce de S. Chrysostome. *Il faut craindre*, dit-il, *que ce ne soit reietter les ordonnances de Dieu pour establir des traditions humaines, que d'introduire des pratiques nouvelles, par le mouvement de l'esprit humain, qui se plaist*

plaist d'ordinaire aux nouveautez, & trouve plus de complaisance à suivre son propre iugement, qu'à le soûmettre au reglement de nos Peres. De sorte que si au lieu de consulter les Canons ecclesiastiques, nous voulons establir de nouvelles Ordonnances, c'est laisser le fondement & bastir sur le sable, & contrevenir au commandement de Dieu, qui nous ordonne de ne point passer les bornes que nos Peres ont establies: Ce que les Evesques doivent principalement observer dans les Ordinations.

Voila ce qui a fait impression dans le cœur de feu M. de Beauvais, & non pas la pensée qui luy est venuë dans son carrosse, laquelle il faut conclurre ou qu'il n'a iamais euë, ou qu'il la rejetée, & n'y a fait aucun fondement pour le gouvernement de son Diocese & des Ecclesiastiques qui en sont la partie principale, comme leur instruction & leur éducation est le fondement de leur vocation, & de tout leur ministere.

Il faut dire la mesme chose de M. Vincent, & M. Abelly nous donne luy-mesme des témoignanes evidens de ses veritables sentimens sur ce sujet. Car premierement dans le mesme chapitre, où il le fait parler des retraites de quelques jours, en la maniere que nous avons rapportée, il dit que feu M. de Beauvais *ayant demandé a M. Vincent, qu'est-ce qu'il pourroit faire pour remedier aux dereglemens de son Clergé, & le remettre en l'estat qu'il devoit estre? Ce sage & l'experimenté Missionnaire luy répondit, qu'il estoit presque impossible de reformer & redresser les mauvais Prestres qui avoient vieilly dans leurs vices, & les Curez mal reglez en leur vie qui avoient pris un mauvais ply; mais que pour travailler avec esperance de fruit à la reforme de son Clergé, il falloit aller à la source du mal, pour y appliquer le remede, & que puisqu'on ne pouvoit que tres-difficilement convertir & changer les anciens Prestres, il falloit mettre peine d'en former de bons pour l'avenir: ce qui se feroit 1. en prenant resolution de n'en plus admettre aux Ordres, qui n'eussent la science requise, & les autres marques d'une veritable vocation. 2. en travaillant vers ceux qu'on voudroit admettre pour les rendre capables de leurs obligations, & leur faire prendre l'esprit Ecclesiastique, desquels on pourroit apres pourvoir les Parroisses.*

Voilà une réponse judicieuse & conforme aux sentimens de l'Eglise, & qui ne pouvoit estre écoutée & receuë de feu M. de Beauvais qu'avec un entier acquiescement & avec une estime toute particuliere. Mais M. Abelly fait encore voir les sentimens de M. Vincent d'un maniere plus claire sur le sujet dont il s'agit. Car dans le chapitre 31. où il traite de l'établissement des Seminaires, il dit que *les exercices des Ordinans, les conferences, & les retraites des personnes Ecclesiastiques*, qu'il appelle *des moyens tres excellens & tres propres pour faire revivre le premier esprit ecclesiastique dans le Clergé, ne produisoient pas encore tout le fruit que la charité de M. Vincent souhaittoit*, & qu'il *jugea qu'il falloit porter le remede iusques dans la premiere source de la Clericature, c'est à dire, de preparer & disposer de longuemain les enfans qui témoignoient avoir quelque inclination & vocation pour cet estat par le moyen des Seminaires, selon l'intention du saint* Concile de Trente. & il ajoûte dans le 2. livre ch. 2. *M. Vincent ayant bien reconnu, que tous les autres moyens auroient peu d'effet, si on n'appliquoit le remede à la source du mal*, &c. Liv. 2. ch. 2. Il est vray que dans les mesmes endroits où il represente ces sentimens de M. Vincent, touchant la reforme du Clergé, il les affoiblit, comme il luy arrive presque sur tous les autres sujets. Car luy ayant fait dire, que *les fruits des Seminaires* établis, *selon l'intention du Concile de Trente estoient un peu tardifs*; il rapporte que *pour cette consideration & plusieurs autres M. Vincent iugea qu'il estoit en quelque façon necessaire d'establir d'autres Seminaires pour les Ecclesiastiques desja promeus aux saints Ordres, ou qui estoient dans la disposition prochaine de les recevoir, afin d'y estre exercez pendant un ou deux ans.* Ce qui est entierement contraire à ce qu'il avoit dit à feu M. de Beauvais, touchant *la difficulté de changer les anciens Prestres*, quoy qu'il ne le soit pas moins aux grands eloges que M. Abelly luy fait donner aux retraites de dix iours, qui ne sont rien en comparaison d'un an ou deux qu'il prescrivoit pour cette seconde espece de Seminaire.

Il est aussi fort étrange que M. Abelly ait voulu representer M. Vincent dans une telle opposition au Concile de Trente que de luy faire juger trop tardifs les fruits d'une Institution que cette sainte Assemblée n'a pas crû devoir precipiter par des moyens plus promts, ayant pû prevoir fort aisément les inconveniens qu'il fait l'honneur à M. Vincent de luy faire découvrir dans l'accomplissement de ses Ordonnances, Mais quelque adresse que M. Abelly employe pour déduire les sentimens de M. Vincent aux usages les plus foibles & les plus éloignez des souhaits & de l'intention de l'Eglise, il n'a pû s'exempter d'en dire assez pour montrer evidemment que M. Vincent n'a pas eu une estime si particuliere des retraittes de quelques jours pour le rétablissement du Clergé, & qu'il n'a pû s'appuyer dans ses entreprises sur une pensée toute casuelle, & plus humaine que divine.

S'il eust pris ces sortes de retraites pour *un excellent moyen de remettre le Clergé en bon ordre* & de le preparer à recevoir la grace de l'ordination, il n'eust pas crû *l'estat* de la prestrise *si redoutable* que M. Abelly luy a fait dire; puisqu'on pourroit s'en rendre capable en dix jours, que ne suffisent pas pour apprendre le moindre
Liv. 2. ch. 2. mestier, selon le raisonnement de feu M. Bourdoise, que M. Abelly a bien voulu employer sur ce sujet. Il faudroit donc dire que ce seroit le plus facile & le moins redoutable de tous les mestiers, au lieu qu'il est le plus grand & le plus relevé selon les Saints, *ars artium regimen animarum*, qui sont des paroles que M. Vincent
Liv. 3. ch. 24. pesoit beaucoup, au rapport de M. Abelly.

M. Vincent n'auroit pas aussi pû dire, comme il a dit plus de cent fois, selon M. Abelly, que *s'il eust sceu ce que c'estoit que la Prestrise, comme il l'a sceu depuis, lors qu'il eut la temerité d'y entrer, il eust mieux aimé labourer la terre que de s'y engager.* Car il n'y auroit nulle temerité d'entrer dans un ordre dont on pourroit se rendre digne par une retraite de dix iours: & il y auroit plus de temerité à s'engager dans le mestier de Laboureur qui ne se peut pas apprendre en si peu de tems, & pour lequel tout le monde n'a pas assez de force, au lieu qu'il n'y a quasi personne qui n'en ait assez pour une retraite de dix iours.

Enfin si M. Vincent eust pensé que cette retraite de dix iours fust *un moyen si excellent* pour élever les hommes à la prestrise, & *pour remettre en bon estat le Clergé d'un Diocese*, quelle raison eust-il eu non seulement de se repentir de s'y estre avancé, mais aussi de dire que la connoissance qu'il en avoit, l'empescheroit de si introduire s'il n'y eust pas esté engagé; puisque ce moyen si excellent & si admirable de la retraite de dix iours, qui estoit en sa main, eust suffi & pour l'en rendre digne, & pour le rétablir & le rehabiliter, quand il y fust entré indignement, en luy donnant les dispositions & les conditions necessaires pour cette dignité, quelque haute & divine qu'elle pust estre?

Il est donc manifeste par le Livre mesme de M. Abelly, que M. Vincent n'a pas fait tant de cas de cette retraite de dix iours, & qu'il ne l'a pas iugée capable ny de donner aux Ecclesiastiques les bonnes qualitez & les graces dont ils ont besoin pour recevoir dignement les Ordres, ny de leur oster les empeschemens & les defauts qui les en rendent indignes. Mais il a encore reconnu & témoigné clairement que ce terme estoit bien court ; puisqu'il a crû que les retraites de quelques jours ne suffisoient pas pour disposer les sujets qui se presentoient pour estre admis en sa Congregation, & qu'il a étably une épreuve beaucoup plus longue & plus exacte, pour examiner la vocation de ceux qui voudroient y estre receus. M. Abelly est témoin de cette exactitude que M. Vincent employoit à choisir ceux qui se presentoient à luy pour estre de la Mission, & il nous le represente comme ayant soin de suivre l'avertissement de S. Iean, qui a esté observé de tout tems par tous les bons Superieurs des Monasteres & des saintes Societez de l'Eglise, qui est *d'eprouver les esprits, & de voir s'ils sont de Dieu.* Que s'il usoit de tant de circonspection à l'égard des sujets qui devoient composer son Institut, peut-on luy faire ce tort de croire qu'il ait pris moins de part aux interests de l'Eglise, & qu'il ait jugé suffisante une épreuve si courte & si legere de ses Ministres ? Peut-on dire de luy en le loüant comme d'un sentiment bien recevable, ainsi que fait M. Abelly, qu'il a crû que *la retraite* des Clercs durant dix iours avant leur ordination, *estoit conforme à la pratique ancienne de l'Eglise*, & que les Evesques se soient contentez, *de faire instruire chez eux durant plusieurs iours, ceux qui desiroient estre promeus aux Ordres ?* Ie voudrois bien que M. Abelly nous citast quelque Ordonnance soit des anciens soit des derniers Conciles, qui autorise des retraites si courtes pour ceux qu'on éleve au Ministere Ecclesiastique ; ou qu'il nous y fist voir quelque expression semblable à la sienne, qui favorise *les desirs* ambitieux de ceux qui s'ingerent d'eux-mesmes dans les fonctions de la Clericature. Mais il ne sçauroit montrer que l'Eglise ait jamais eu bonne opinion de ceux qui *desiroient* cet honneur. Il fait donc tort à M. Vincent de le faire parler de la sorte de ceux qui estoient destinez aux saints Ordres.

Liv. 1. ch. 34.

1. Ioan. 4. 1.

Liv. 2. ch. 2. sect. 1.

C'est sa conduite ordinaire dans cette Histoire de juger de tout, & de parler de tout selon les usages du tems, & de prendre pour une discipline canonique tous les relâchemens que l'Eglise tolere en ceux qu'elle ne peut gouverner comme elle voudroit. Mais il ne doit pas pretendre que M. Vincent ait jugé des choses comme luy, & qu'il ait fort estimé les moyens & les remedes si differens de l'ancienne discipline, ausquels on est reduit souvent en ce siecle. Si les Prelats qui ont employé M. Vincent & les siens à ces assistances, n'ont pas trouvé plus de disposition dans les personnes de leurs Dioceses pour recevoir de plus grands secours ; & si M. Vincent luy-mesme n'a pas crû que le tems permist de faire davantage pour le rétablissement des mœurs dans les Ecclesiastiques ; est-ce une consequence qu'il ait eu beaucoup d'estime pour un moyen si disproportionné à un dessein qu'il se proposoit, & à l'intention des Evesques ? Et n'y a t'il pas plus de fondement de dire, qu'il a fait ce qui estoit en son pouvoir, & que ne pouvant pas porter tout d'un coup les Ecclesiastiques à l'observance des regles & des maximes établies par les Saints & par le consentement de l'Antiquité, selon le desir du Concile de Trente, il a crû les devoir exciter pour le moins à faire une retraite de quelques jours, pour y recevoir quelque connoissance de ces regles, & quelque commencement de l'esprit par lequel il les faut observer, afin que ceux à qui Dieu toucheroit le cœur, pussent continuer apres à s'instruire de leurs devoirs, & à se rendre capables de s'en acquitter entierement par la lecture des Livres de l'Eglise, & par l'exercice des vertus & des bonnes œuvres, sans s'imaginer que cette retraite de peu de jours leur pust suffire, & qu'ils n'auroient plus besoin de se mettre en peine de travailler pour acquerir la science & la vertu necessaire à de bons Ecclesiastiques ?

M. Abelly auroit conceu aisément cette bonne opinion de M. Vincent s'il se fust

Liv. 1 ch. 4 souvenu d'une conduite semblable qu'il rapporte qu'il a gardée dans le reglement Liv. 1. ch. 44. de sa Congregation, & de ce qu'il luy fait dire ailleurs, touchant les mœurs dépravées des Fidelles & des Ecclesiastiques, de l'extreme difficulté de les corriger, & du danger qu'il voyoit que Dieu ne transferast à d'autres Nations son Royaume. Car ces pensées ne s'accordent pas avec les exagerations dont il use pour relever les fruits des retraites de dix iours, en les faisant passer pour une invention toute divine & pour *un excellent moyen* de faire de bons Ecclesiastiques, & *de rétablir le Clergé* dans sa vigueur & dans son lustre. Il faut faire difference entre les choses qui sont de la premiere intention de l'Eglise, & celles qui ne sont pas de condescendance & de pure necessité. Et *c'est aller contre l'esprit* des personnes sages de leur donner les mesmes loüanges pour les usages où ils ont esté obligez de se rabbaisser, que s'ils avoient étably des reglemens & des ordres d'eux-mesmes, & de leur propre mouvement.

C'est neanmoins par ce renversement & par cette confusion que M. Abelly a iugé de beaucoup d'actions de M. Vincent, & c'est par ce mesme principe qu'il releve avec tant d'étenduë ce qu'il dit qu'il a fait dans le Conseil de conscience, où la feuë Reine Mere le fit entrer durant quelques années de la Regence, asseurant Liv. 1 ch. 13. s. 4, & 5. & li. 3. c. 12. *qu'il s'est opposé constamment aux abus qui se commettent en la recherche des Benefices, & qu'il a fait tous ses efforts pour l'en empescher*, & d'autres entreprises & pretentions illicites où on vouloit qu'il prist part. En ces sortes de loüanges qu'il luy donne sans discernement aucun, il témoigne qu'il n'est pas trop bon Panegyriste, & qu'il ne sçait pas ménager la reputation de celuy qu'il veut loüer. Car les preuves de ce qu'il avance sur ce sujet sont si legeres & si foibles, qu'elles sont plus propres à donner des impressions d'une conduite trop accomodante, qu'à imprimer de la veneration pour le courage & la fermeté de celuy dont il parle. Et de plus il n'allegue rien qui puisse oster la peine qui reste à ceux qui ont sceu ce qui est arrivé du tems de M. Vincent. Il dit bien qu'il a employé quelques paroles & quelques remontrances pour empescher le mal qu'il n'approuvoit pas. Mais il ne fait pas assez voir, que M. Vincent ait persisté iusqu'au bout dans les oppositions qu'il avoit commencées, & qu'il ne se soit pas rendu en prenant part à ce Liv. 1. ch. 32. qu'il improuvoit. Il raconte luy-mesme, que M. Vincent ayant esté pressé de s'employer à un dessein d'une façon qu'il n'approuvoit pas, il en écrivit ainsi à une personne de confiance. *L'on me violente, je crains qu'on n'ait pas un tel succez que ie souhaitte; ie le dis & le redis, & neanmoins l'on passe par dessus. L'humilité m'oblige à deferer.*

Entre les autres faits qu'il rapporte pour appuyer ce qu'il a avancé du zele & de la fermeté de M. Vincent, il y en a eu un dont il a fait une section entiere, & qu'il appelle un exemple remarquable, lequel neanmoins il est impossible de tourner à son avantage, quelque biais qu'on luy donne, & qui ne fait pas honneur ny à M. Vincent, ny à ceux qui y sont meslez, lesquels quoy qu'il ne nomme pas, il designe assez clairement,

Liv. 2. ch. 13. s. 5. Il rapporte qu'un Pere ayant demandé un Evesché pour son fils, & M. le Cardinal Mazarin en ayant écrit à M. Vincent comme d'une affaire sans difficulté; M. Vincent, *qui sçavoit fort bien que cet Ecclesiastique à qui on donnoit l'Evesché, n'avoit pas les qualitez requises, se trouva en peine. Que fera donc ce fidelle & zelé Serviteur de Dieu*, dit M. Abelly, *pour essayer à détourner ce coup? Car de s'adresser à la Reine & à M. le Cardinal, il estoit trop tard, le Brevet estant desia expedié; & d'ailleurs la Cour ayant pour lors un besoin particulier des services du Pere: si faut-il pourtant qu'il fasse quelque effort, &c.* Mais M. Abelly ne rapporte

porte point que M. Vincent en ait fait d'autre que d'aller trouver le Pere pour *le divertir de la resolution qu'il avoit prise*, & luy *en representer les suittes funestes*, ce qui luy *fit passer de mauvaises nuits*. Mais la conclusion fut, que l'Evesché ne laissa pas d'estre accordé à cette personne; que M. Vincent ne repliqua plus rien aux discours que le Pere luy fit quelques jours apres sur ce sujet, se tenant dans le silence, *& laissant la conduite & l'evenement de cette affaire à la divine providence.*

Voila toute la force que M. Abelly luy donne en ces rencontres, & neanmoins comme s'il nous l'eust representé tout remply d'un zele extraordinaire, & faisant toutes sortes de resistances pour empescher absolument un si grand mal, il releve sa conduite par le recit qu'il fait de la mort promte de ce jeune Evesque, qui arriva aussi-tost qu'il eut esté élevé à cette Dignité, joignant ainsi le jugement de Dieu au conseil que donna M. Vincent, pour montrer qu'il s'estoit acquitté de tout ce qui estoit de son devoir.

Si M. Abelly se contente d'un resistance si legere en une affaire de cette importance, ceux qui liront son Livre, pourront bien n'estre pas de son avis, & ne se pas satisfaire de si peu de chose; & il y en aura plusieurs, sans doute, qui concevront une fermeté toute autre dans M. Vincent en cette occasion, ne pouvant pas comprendre qu'il ait pû se lasser si-tost de s'opposer à une entreprise entierement contraire à l'ordre de l'Eglise dans une charge si haute & si redoutable.

Mais puisque M. Abelly a commencé cette Histoire sur les memoires des Iesuites, qui ne sont pas gens à resister à l'ambition des hommes; il n'est pas hors de propos de luy apprendre ce qui se passa un iour chez un Homme de qualité, qui n'est pas des mieux traitez dans son Ouvrage. Vn Iesuite qui avoit le soin de deux de ses enfans pour lors escoliers au College de Clermont estant venu le visiter avec ses deux fils qu'il tenoit de ses deux mains, l'aborda avec ce compliment: Monsieur, ie vous amene deux de Messieurs vos enfans, j'espere que l'un sera quelque iour un grand President, & l'autre un grand Evesque. Le Pere qui avoit du sens, & estoit plus retenu que le Iesuite, luy répondit: Ie ne souhaite point cela, mais bien qu'ils ne s'en rendent pas indignes. A quoy ce bon Religieux repliqua suivant les maximes de la morale reformée de sa Compagnie; pourquoy, Monsieur? c'est une honneste ambition.

C'est ainsi que ces grands Theologiens jugent de la maniere d'entrer dans les plus grandes Charges seculieres & ecclesiastiques. Et par consequent il ne faut pas s'étonner, s'ils croyent qu'on n'est pas obligé de s'opposer fortement aux ambitieux & aux interessez qui les recherchent, lorsqu'ils veulent que des Gens de bien de qui elles dépendent, prennent part à leur usurpation.

C'est par ces principes que M. Abelly a reduit tous les témoignages du zele de M. Vincent a quelques paroles assez froides & à quelques resolutions sans effet, qu'il luy attribuë dans des occasions où une foible resistance passe devant Dieu & devant les hommes pour une connivence & un consentement au mal qu'on tolere. Il eust plus honoré M. Vincent de ne pas toucher cette matiere, ou d'en parler d'une maniere plus solide & plus avantageuse à la reputation de celuy qu'il vouloit loüer, & à la sienne propre. Car dans tout le chapitre où il examine ce qui s'est passé pendant que M. Vincent estoit à la Cour, qui est un des plus longs de tout son Ouvrage, il n'allegue rien de plus favorable pour sa memoire, que ce que nous en avons rapporté.

Il faut encore dire quelque chose d'une autre espece de loüanges, qu'il donne à M. Vincent sans considerer si on le croira sur sa parole dans le recit qu'il fait d'un demeslé dont le public a esté plus informé qu'il ne croit. Il en parle en qua-

Liv. 3. ch. 11. & 14. & 18. & 21. & 21. tre ou cinq endroits, croyant que ce sujet merite qu'on y fasse une attention particuliere; & neanmoins on ne sçauroit pas en tirer des consequences fort glorieuses pour M. Vincent, si on s'en tient au recit de cet Historien. Car il s'agit d'un procez assez facheux qu'il soûtint au Parlement à l'occasion d'une ferme qui luy avoit esté donnée par un homme marié à la sollicitation de sa seconde femme qui estoit conduite par M. Vincent: & cette donation ayant esté contestée depuis par un fils du premier lit, le procez dont parle M. Abelly fut poursuivy si vivement, que quoy que M. Vincent eust beaucoup d'amis, que le Rapporteur luy fust tres-favorable, comme chacun sçait, & que sa Partie ne fust pas beaucoup appuyée, neanmoins Messieurs de la Mission furent condamnez à remettre ce bien entre les mains de celuy qui le disputoit, apres quelques années mesme d'une joüissance paisible où ils avoient esté du vivant de sa belle-mere qui mourut devant son mary. M. Abelly represente le mieux qu'il peut le desinteressement, la patience, & les autres vertus de M. Vincent dans cette rencontre. Mais il rend tout ce qu'il en dit si peu vray-semblable, qu'il donne des pensées & des soupçons desavantageux de la conduite de ce bon Prestre, laquelle est assez iustifiée par les autres rencontres de sa vie. Et il n'estoit point necessaire qu'il se donnast la peine de la recommander dans une affaire qu'il n'a pas débroüillée, comme il falloit, & qu'il est mesme difficile de bien éclaircir dans ses suppositions.

Ce qui rend encore plus odieuse la maniere dont il en parle est, qu'il s'en prend aux Iuges & aux Parties de M. Vincent, comme s'il estoit raisonnable de condamner les premiers Magistrats du Royaume *d'avoir dépoüillé de cette ferme la maison de S. Lazare*; & ceux qui defendoient leurs prétentions avec beaucoup d'apparence de bon droit de l'avoir usurpée: & que pour loüer la moderation de leur Superieur, il fust necessaire de décrier des personnes à la reputation de qui il n'est pas permis de toucher. Ceux qui ont eu connoissance de cette affaire, n'en jugent pas comme M. Abelly, & tout ce qu'ils en peuvent dire de plus favorable, est qu'elle estoit fort embarassée & fort douteuse avant l'arrest qui la termina.

Mais pour ne pas entrer dans la discussion qu'il est maintenant inutile d'en faire apres qu'elle a esté decidée, & que M. Vincent luy-mesme a voulu s'y soûmettre, quelques conseils qu'on luy donnast de presenter une requeste civile; il suffit de remarquer que le Conseiller de la grande Chambre qui la rapporta, quoy que fort enclin à favoriser les personnes de Communauté, ne crut pas neanmoins devoir appuyer si fortement les interests de Messieurs de S. Lazare; & sur ce que M. Abelly fait tant valoir les grandes asseurances que leurs Avocats avoient donné de la bonté de leur cause, on peut luy répondre par une parole qu'on a oüy dire quelquefois à ce mesme Magistrat, lors qu'on luy faisoit de semblables plaintes, les Avocats, dit-il, donnent des consolations & non pas des consultations.

En effet tout ce que M. Abelly a ramassé des Avocats & des amis de M. Vincent en faveur de ses prétentions, ne sont que des discours qui se peuvent faire par les Avocats & par les amis des parties; & il n'y a personne qui ne soit sujet en plai-
Liv. 1. dant à croire sa cause *infaillible*, & à se plaindre apres la perte de son procez qu'-
ch. 8. & 21. *il a esté dépoüillé*, comme M. Abelly fait pour ceux qui ne luy ont pas donné cette commission, & qui sont peut-estre plus retenus que luy en ce qui leur est arrivé, quoy qu'ils y ayent seuls interest. Le sujet ne merite pas qu'on approfondisse cette affaire, & tout ce que i'en ay dit, n'a esté que par la necessité qui m'a obligé de faire voir les défauts de l'Histoire de M. Abelly, & le peu de soin qu'il a eu d'empescher qu'on ne tournast contre M. Vincent les loüanges mal-concertées qu'il luy donne.

C'est pourquoy ie ne croy pas me pouvoir exempter d'ajoûter un mot de la maniere pitoyable, dont il le louë, lors qu'il dit, qu'apres la publication des Constitutions d'Innocent X. & d'Alexandre VII. M. Vincent *crût qu'il devoit faire une profession ouverte de sa soûmission, mettant sous les pieds tous les respects humains, & toutes les raisons de la prudence politique, qui eussent pû l'en détourner; & se declarant entierement opposé tant aux erreurs condamnées, qu'à tous les pernicieux desseins de ceux qui voudroient s'obstiner à les soûtenir.* Il semble que c'est se ioüer ouvertement de la reputation d'une personne de vertu, tel qu'estoit M. Vincent, que de luy donner des loüanges, que tout le monde void qu'il n'a pas eu lieu de meriter dans cette occasion, & dont le sujet est tout chimerique & imaginaire. C'est faire comme celuy qui loüeroit un homme riche d'estre fort patient dans ses besoins, ou un pauvre d'estre fort moderé dans son abondance, ou de souffrir constamment le froid en esté, & le chaud en hyver. Car qui ne void, qu'il n'y a pas moins d'absurdité à écrire, qu'en recevant & embrassant avec soûmission les Constitutions des deux derniers Papes, M. Vincent ait eu besoin *de mettre des respects humains sous les pieds*; & qu'il ait eu occasion de renoncer aux *raisons de la prudence politique, en se declarant contre les erreurs condamnées, & contre ceux qui les voudroient soûtenir?* Liv. 1. ch. 44.

S'il y a eu alors des personnes qui ayent pû estre soupçonnées de suivre *les raisons de la prudence politique*, ne sont-ce pas ceux qui ont embrassé les Constitutions suivant le desir des Puissances du monde, qui se sont declarées contre ceux qu'on accusoit de n'y estre pas soûmis? Quels respects humains avoit à mépriser M. Vincent dans cette rencontre, où toutes les considerations humaines & tous les plus forts estoient pour luy? Qui pouvoit-il choquer qui fust capable de luy nuire? quelle persecution & quel mauvais traitement pouvoit-il apprehender? Et quand on demeureroit d'accord, que quelques-uns ayent soûtenu les erreurs condamnées dans les Constitutions; ce qu'on n'a pû prouver iusqu'à present, tous ceux à qui on a osé les imputer, les ayant detestées devant tout le monde, les personnes que M Abelly décrie dans son Livre sous ce pretexte si iniuste, estoient-elles capables de se faire craindre à M Vincent? Avoient-elles le pouvoir de le faire mettre en prison, ou de l'envoyer en exil? de dissiper sa Compagnie, & de luy oster les faveurs & les privileges dont elle joüit? Cela est si éloigné du sens commun, & ils avoient si peu la puissance & la volonté de luy nuire, que si on eust eu alors quelque soupçon à former contre luy & contre les siens, il y eust eu plus d'apparence de s'imaginer qu'ils agissoient selon *les raisons de la prudence politique*, en se mettant du costé de ceux qui avoient toute sorte de faveur à la Cour, que de croire qu'ils courussent aucun danger en s'éloignant de ceux qui n'y en avoient aucune, & qui au contraire estoient attaquez iniustement & impunément de tous leurs ennemis, sans avoir aucun appuy dans le monde.

Voilà le jugement avantageux que M. Abelly donne sujet aux Lecteurs de porter de M. Vincent & de ceux de sa Congregation, en les deshonorant par des loüanges si peu raisonnables & si peu apparentes, sans considerer que ses discours sont contredits par l'évidence des choses qui se sont passées à la veuë de toute la France. Mais il faloit parler de la sorte pour favoriser la cause des Iesuites, & pour les faire triompher de leurs adversaires; qui est le sujet principal du Livre de M. Abelly.

CHAPITRE XIX.

M. Abelly donne à M. Vincent des loüanges basses & indignes de luy, & qu'il a rejettées & condamnées luy-mesme.

CE mesme dessein de parler pour les Iesuites en loüant ou blâmant le Hommes, paroist par tout dans le Livre de M. Abelly, non seulement à l'égard de M. Vincent, mais aussi à l'égard des autres. C'est pour cela qu'il a supprimé tant d'actions & de particularitez avantageuses & honorables à M. Vincent ; parce qu'il n'y avoit rien pour les Iesuites, & qu'il en a substitüé d'autres si peu considerables & si peu dignes de luy ; parce qu'elles luy ont semblé peu propres pour estre tournées à leur gloire. C'est pour celà qu'il a eu tant d'application à ramasser les calomnies & les impostures qui avoient esté publiées avant luy contre ceux à qui les Iesuites ont declaré la guerre ; qu'il a eu tant de soin d'en inventer de nouvelles, & de se répandre contre ces personnes, dont il n'estoit point obligé de parler en écrivant la vie de M. Vincent, & dont neanmoins il a fait la matiere principale de son Histoire.

C'est pour celà qu'il a parlé si bien de M. Hallier Docteur de Sorbonne, qui fut fait Evesque de Cavaillon, un peu avant sa mort ; parce qu'encore qu'il eust esté autrefois si opposé aux Iesuites ; qu'il eust écrit contre les Heresies qu'ils soûtenoient en Angleterre, pour détruire l'Episcopat & le Sacrement de Confirmation, & qu'en revanche ils l'eussent déchiré dans des Libelles qu'ils firent contre luy ; neanmoins apres tout celà il se raccomoda avec eux, & prit leur party dans l'affaire de Iansenius.

C'est pour celà que passant sous silence tant de bons avis & d'instructions importantes que M. Vincent a données à ceux de sa Congregation, il a eu soin de remarquer qu'il leur a dit, que pour se rendre habiles dans la Controverse, il n'avoient qu'à lire *le* PETIT BECAN. Voicy comme il le fait parler sur ce sujet dans une lettre à celuy qui tenoit sa place en sa maison de Paris. *Estudie-t'on, s'exerce-t'on sur les Controverses ? y observez-vous l'ordre prescrit ? ie vous supplie, Monsieur, qu'on travaille soigneusement à celà, qu'on tasche de bien posseder le* PETIT BECAN. *Il ne se peut dire combien ce petit Livret est utile à cette fin.*

Liv. 1. ch. 1. f. 4.

Il est difficile d'avoir quelque estime pour M. Vincent, & de souffrir qu'on employe de semblables bassesses pour relever sa memoire. M. Abelly pretend qu'un Livre qui est le sujet de la risée des Heretiques & du mépris des Catholiques, & des Theologiens de l'Eglise a esté proposé à une Compagnie de Prestres par leur Superieur General, non seulement comme tres-utile pour les rendre capables de traiter des Controverses, mais aussi comme le plus important & l'abregé de tous les autres. Qui est ce qui ignore ce que c'est que Becan en matiere de Theologie ? qui ne sçait que c'est un Livre qui sert d'amusement aux ieunes écoliers qui n'ont personne pour se faire instruire ? ne void-on pas que les Iesuites mesmes le méprisent, & le regardent comme le rebut, & comme presque indigne de la grandeur de leur Societé ? On peut dire, avec verité, que c'est le livre des ignorans, & qu'il ne vaut gueres mieux dans la Controverse que dans la Scholastique, où les

les Theologiens habiles ne luy font presque pas l'honneur de le lire. Il ne sert qu'à tromper les idiots, en leur faisant accroire qu'ils sont sçavans dans la Controverse, lors qu'ils l'ont parcouru, comme ils font aisément en peu de tems, & à leur donner ensuite la présomption d'attaquer les Heretiques, qui se deffont & se iouënt sans peine, s'ils sont un peu intelligens, de tous ceux qui n'ont point d'autres armes que celles que leur fournissent ces petits Becans, & quelques autres chetifs Controversistes de mesme classe.

Ce que ie dis de ce Petit Becan est si public parmy les Theologiens, que quand on veut parler de quelque livre ridicule & incapable de former les hommes sur le suiet qu'il embrasse, on nomme aussi-tost Becan. Et on a souvent oüy dire à M. Pereyret Professeur de Navarre en matieres de Controverses, une parole qui marque bien le mépris de ce livre. Car quoy que ce Docteur eust esté fort contraire aux Iesuites dans la querelle de Richer, il se rendit neanmoins apres leur Partisan dans l'affaire de Iansenius, lequel il avoit fort estimé au commencement. Et toutesfois lors que ses Escoliers le consultoient touchant les lectures qu'ils devoient faire, & luy demandoient ce qu'il pensoit de Becan, il leur répondoit *que ce n'estoit qu'un Argoulet*, pour montrer qu'il estoit aussi petit en merite, que dans la forme du volume. C'est pourquoy ce Docteur estant souvent visité par M. Vincent, pour luy demander ses avis touchant le gouvernement de sa Compagnie, quelle apparence y a-t'il que s'estant sans doute informé des bons Livres qu'il pouvoit faire lire aux siens, il ait esté reduit à ne leur recommander que la lecture de ce *livret du Petit Becan*, comme l'unique & le plus propre pour les former à la Controverse?

Cela est encore peu conforme à ce que M. Abelly a dit auparavant de M. Vincent, le representant comme tres-sçavant dans la Theologie, & par consequent tres-capable de iuger des bons Auteurs de cette science, & de la meilleure maniere de l'apprendre. Liv. 1. ch. 3. & liv. 3. c. 8. & 3.

Mais il ne faut pas tant s'étonner que M. Abelly ait une si haute estime du Petit Becan. La conformité de son livre *de la Moüelle Theologique* avec cet Auteur, luy en a pû donner une idée si avantageuse. Ce sont deux ouvrages fort semblables, de mesme methode, de mesme style, de mesme force & de mesme profondeur. Et on pourroit quasi dire, ou que la Moüelle Theologique de M. Abelly est celle de Becan, ou que celle de Becan est prise de M. Abelly à ne considerer que leur esprit & leur ressemblance. Aussi ces deux Theologies sortent d'une mesme source & d'une mesme école. Elles sont toutes deux l'abregé de ce qu'il y a de plus superficiel dans celle des Iesuites; & elles sont toutes deux fort propres pour faire des *Argoulets*, ou des soldats armez à la legere.

Apres un témoignage si rare que M. Abelly a rendu de la science de M. Vincent, il faut considerer ce qu'il dit de sa charité. Il luy attribuë *une condescendance merveilleuse*, pour montrer que ce qu'il a à dire sur ce suiet, n'est pas du commun, mais admirable. *Il usoit*, dit-il, *de cette condescendance en se faisant tout à tous, & s'accomodant à leurs dispositions, iusqu'à imiter assez souvent le langage de leur Païs, parlant tantost Picard avec celuy qui estoit de Picardie, tantost Gascon avec un autre de la Province de Gascogne, quelquefois Basque avec un Basque, & d'autrefois proferant quelques mots Allemans avec les Allemans.* Ie ne sçay si M. Vincent avoit ainsi des gens de toutes sortes de païs & de nations dans sa Compagnie, ny s'il entendoit tant de langues differentes. Ie sçay bien qu'il ne sçavoit pas le Basque ny l'Allemand: & je ne voy pas quelle merveille il y auroit dans cette conduite, quand il seroit vray que M. Vincent l'auroit tenuë; si ce n'est qu'on ne croiroit pas Liv. 1. ch. 11. [illegible] aisément qu'il eust agy avec les siens d'une maniere si basse qui tient plus de la raillerie, que de la condescendance Chrestienne & Sacerdotale; ny qu'un Evesque se fust avisé de remarquer cette pratique comme une des *merveilles* de sa Vie.

Car il est en effet bien estonnant, qu'un Evesque qui doit conserver la gravité dans toutes ses actions & ses paroles, comme S. Paul le recommande à son Disciple, ait crû honorer la memoire d'une personne aussi grave que M. Vincent, en faisant de luy un conte si ridicule & si éloigné de l'usage des Conducteurs des ames. Qu'eust-pû penser un pauvre Missionnaire Picard, par exemple, affligé de quelque tentation, si ayant recours à son Pere spirituel & son Superieur, il eust veu que pour le consoler, il se fust servy d'une invention si peu Apostolique & si peu propre à remedier à son mal, que de parler Picard avec luy? N'eust-il pas pû s'en scandaliser au lieu d'en estre edifié, & prendre cette action pour une bouffonnerie plûtost que pour une conduite divine? N'eust-il pas pû s'imaginer, comme les affligez sont soupçonneux, qu'il eust eu dessein de se joüer de luy, & de le contrefaire au lieu de le consoler & de guerir son mal? Et quand cela n'auroit produit aucun mauvais effet; qu'il n'y auroit eu d'autre desordre que la nouveauté & le déreglement de cette methode si éloignée des regles de l'Ecriture & des exemples des Saints, ne seroit-elle pas au dessous de la vertu de M. Vincent, & éloignée de sa modestie? Cependant M. Abelly en parle comme d'une qualité *merveilleuse* de M. Vincent, & il l'employe pour appuyer ce qu'il avoit dit immediatement auparavant, *qu'il avoit une grace particuliere de ne renvoyer personne mécontent, mais de consoler & d'édifier un chacun.*

Tite 2. 7.

On n'avoit jamais oüy parler d'une telle grace ny d'un pareil talent. Ie ne sçay si M. Abelly veut qu'on la prenne pour une grace naturelle, ou pour une grace gratuite. S'il veut que ce soit une grace gratuite du S. Esprit, il est vray qu'il luy a plû autrefois de donner aux Apostres le don des langues qui leur estoient inconnuës auparavant, & de les rendre ainsi capables d'instruire toutes sortes de Nations, faisant voir par ce miracle, qu'ils estoient remplis de celuy qui entend toutes les langues, & qui penetre tous les cœurs dont les langues procedent. Mais personne ne s'est encore avisé de mettre au nombre des graces, & *des graces particulieres*, un divertissement & un ieu si plaisant, que *de parler Picard avec les Picard, Gascons avec les Gascons, & Basque avec les Basques*, sur tout estant aussi peu habile dans plusieurs de ces langues qu'on sçait que M. Vincent l'a esté.

Et certes M. Abelly ne peut pas dire que cette grace des langues fust miraculeuse dans M. Vincent, puisqu'il a fait un Chapitre entier, pour declarer, qu'il n'y a point eu de miracles dans sa vie. Que s'il prétend que ce don de parler tant de langues differentes, ait esté naturel à M. Vincent, il se trompe fort, estant certain qu'il ne parloit que sa propre langue, & encore avec peu de facilité, comme tous ceux qui l'ont connu l'ont pû remarquer. Car la grande retenuë qu'il avoit à parler, & la coûtume d'user de réponses courtes & presque semblables en toutes rencontres, faisoit assez juger qu'il ne s'expliquoit pas si aisément, & que dans sa propre langue il n'avoit pas grand avantage pour exprimer ce qu'il pensoit, quoy que M. Abelly ait bien voulu dire qu'il *déclaroit ses pensées en bons termes, ayant une certaine éloquence naturelle*, &c. & qu'il *estoit puissant en paroles.* Mais il ne faut pas s'étonner de ces loüanges que M. Abelly luy donne; puisque parlant d'une bonne Sœur de la Charité de la Compagnie de Mademoiselle le Gras, il luy en donne de semblables & en mesmes termes, pour un petit billet assez simple qu'elle avoit écrit.

Liv. 3. c. der.

Liv. 1. ch. 19. & liv. 2. c. 1.

Liv. 2. ch. 9.

Ce n'est pas que M. Vincent soit moins estimable pour n'auoir pas eu tous les avantages de la parole. Car le jugement dont il estoit doüé, valoit mieux avec son peu de discours qu'une affluence de paroles en d'autres, sans une maturité & une prudence aussi grande que la sienne. Mais ce n'est pas aussi l'honorer, que de luy attribüer ce que Dieu ne luy avoit pas donné & de le faire si habile dans l'usage de la parole, qu'il ait eu dans les langues qu'il n'avoit iamais apprises, ce qu'il n'a pas possedé mesme dans sa langue ordinaire.

Ce n'est pas neanmoins le seul endroit où M. Abelly a donné à M. Vincent des loüanges peu judicieuses & peu proportionnées à sa vertu. Mais il y en a une entr'autres qui est plus remarquable, & peut-estre plus importante que celles que j'ay marquées cy-devant. Il parle dés l'entrée de son Livre de la vocation de M. Vincent aux Ordres sacrez, & il se contente de dire pour la relever, & pour montrer *qu'elle devoit estre* fort *avantageuse à l'Eglise*, qu'elle prit son origine du jugement que porta de luy un Avocat de la ville d'Acqs, & Iuge du lieu de sa naissance, chez qui il avoit esté Precepteur de ses enfans; que cet homme *estant tres-satisfait du service que le ieune Vincent luy avoit rendu en la personne de ses enfans, & de l'edification que toute sa famille avoit receuë de sa vertu & de sa sage conduite, qui surpassoit de beaucoup son âge, iugea qu'il ne faloit pas laisser cette lampe sous le boisseau, & pour cette raison le porta à s'offrir à Dieu pour le servir dans l'estat Ecclesiastique, & luy fit prendre la tonsure les quatre ordres qu'on appelle mineurs, estant alors âgé de vingt ans. Apres quoy se voyant ainsi engagé au ministere de l'Eglise, qu'il prit les Ordres de Sousdiacre & de Diacre* à vingt-deux ans, à dix mois l'un de l'autre; & enfin celuy de Prestrise un peu apres vingt-quatre ans. Liv. 1. ch. 5.

Voilà une vocation bien-tost concluë: mais on peut dire qu'elle est loüée par M. Abelly avec une précipitation beaucoup plus grande. Car pour ce qui est de ce bon Avocat, il est plus excusable qu'un autre, de ce qu'ayant bonne opinion de celuy qui instruisoit ses enfans, il ne fit pas plus de difficulté de luy conseiller l'estat ecclesiastique, que l'on en fait communément en ce siecle. Et pour ce qui est de M. Vincent, il a assez declaré depuis, qu'il s'estoit engagé ignoramment dans ce saint Ministere, protestant devant toutes sortes de personnes, qu'il n'y seroit iamais entré, s'il l'avoit connu alors comme il l'a connu depuis dans la suite de sa vie, bien loin d'en avoir eu de si hauts sentimens *au moment* de son ordination, comme M. Abelly l'asseure contre les témoignages qu'il nous donne luy-mesme du contraire. Mais M. Abelly ne peut pas estre excusé de la mesme sorte. La qualité où il a voulu estre élevé, l'oblige de connoitre mieux les regles de l'Eglise, établies pour le discernement des veritables vocations; & il devoit iuger que pour un Evesque il n'y a pas grande difference entre imposer facilement les mains contre l'avertissement de S. Paul, & approuver une imposition précipitée, quoy qu'elle n'ait pas esté faite par luy-mesme.

Il fait donc bien voir en relevant si fort le conseil qu'un Avocat d'Acqs donna à M. Vincent de se faire Ecclesiastique, qu'il n'en demanderoit pas davantage pour s'asseurer de la vocation de ceux qui se presenteroient à luy, & que ceux de son Diocese avoient bonne composition de ses Grands Vicaires, lorsqu'ils le gouvernoient en son absence, pourveu qu'ils eussent la recommandation de quelque Laïc, estimé *homme de merite & de pieté*, comme il présume qu'estoit celuy chez qui M. Vincent demeuroit il y a plus de soixante ans. Mais je ne sçay s'il trouvera beaucoup de personnes qui soient de son avis, principalement dans la Compagnie de la Mission: & si on ne luy sçaura pas mauvais gré d'avoir fait venir la vocation de M. Vincent d'une détermination si peu legitime & si peu canonique,

& dont les ames timorées & intelligentes, comme il y en a plusieurs dans cette Congregation, ne se contenteroient iamais, ne pouvant avoir que du mépris pour un engagement si temeraire & si mal fondé, soit pour eux, soit pour les autres.

Et comme M. Abelly n'allegue rien qui puisse faire connoître entierement *le merite & la pieté de ce Iuge de Poüy*, l'experience de ce qui se passe tous les iours, donne lieu d'apprehender, qu'en cette rencontre, il n'ait cherché quelque moyen de reconnoitre les services de M. Vincent, en luy procurant sans dépense & sans s'incommoder quelque petit Benefice qui luy tinst lieu de recompense. Car M. Abelly n'éloigne pas ce soupçon de l'esprit du Lecteur, racontant tout simplement dans le mesme chapitre, avec les ajustemens les plus doux qu'il peut, *que Messieurs les grands Vicaires d'Acqs n'eurent pas plustost appris que M. Vincent estoit Prestre, qu'à la sollicitation* de cet Avocat nommé *M. de Commet, & pour l'estime qu'ils faisoient de sa vertu, ils le pourveurent de la Cure du lieu de Tilh, qui luy fut contestée*, & pour laquelle *il ne voulut point entrer en procez.*

Il est bien facheux de voir un homme de la reputation de M. Vincent loüé d'une maniere si basse & si peu convenable à sa pieté & à ses sentimens. Car qui doute que M Vincent n'eust contredit luy-mesme ce recit de sa vocation, si on en eust parlé ainsi de son vivant? Il est bien facheux pour ceux qui respectent sa memoire, de voir qu'on ait meslé dans sa Vie des contes si peu édifians, puisqu'on ne manquoit pas d'autres moyens tres-solides pour faire voir la pureté de sa vertu. Il est bien facheux de voir qu'on luy donne des éloges qui n'ont rien qui ne puisse estre appliqué aux plus defectueux & aux moins reglez des Ecclesiastiques.

Qu'on choisisse le plus indigne de cette Profession; il n'aura point de peine à trouver quelque personne estimée sage & vertueuse, qui répondra de sa capacité & de ses mœurs; qui luy conseillera d'embrasser cet estat; qui sollicitera pour luy un Benefice: & apres cela, considerant les termes de ses provisions & de ses lettres de Prestrise, qui parlent avec un avantage égal de tous ceux qui reçoivent les Ordres & les Benefices, il y aura dequoy luy faire un éloge pareil à celuy dont M. Abelly a honoré M. Vincent: & on le pourra peut-estre accompagner de quelques circonstances plus vray-semblables & plus plausibles, que celles dont il a appuyé ce qu'il en dit. En verité ce n'est pas là rendre beaucoup d'honneur & de respect à celuy dont on écrit la vie. C'est le décrier plutost & luy ravir la gloire qu'il a acquise, d'avoir esté un des plus celebres & des plus vertueux Prestres de ce tems, en le mettant au rang des plus imparfaits & des plus indignes de cette condition.

Que si quelqu'un avoit entrepris de relever la vocation de M. Abelly, soit à la Prestrise, soit à l'Episcopat, & qu'on ne le fist pas d'une maniere plus honorable & plus conforme aux loix de l'Eglise, quelque éloquence & quelques exagerations qu'on y employast, il y a bien de l'apparence qu'il ne se croiroit pas fort obligé à celuy qui feroit son portrait avec si peu d'adresse.

Il pouvoit faire l'eloge de M. Vincent en telle sorte que personne n'eust sujet de se plaindre de luy, soit en parlant peu des choses dont il n'estoit pas assez informé, soit en representant fidellement les actions que Dieu luy a fait faire, depuis qu'il l'a attaché entierement à son service; & se servant des autres, comme d'ombres pour leur donner plus d'éclat. Car l'Esprit de Dieu nous apprend à considerer tout ce qui se passe dans la vie de ses Serviteurs, où les fautes mesmes peuvent autant contribüer à leur gloire en ce monde aprés leur mort, qu'il est certain qu'elles y contribüeront en l'autre vie. Mais M. Abelly s'est trompé en s'imaginant

758

nant qu'il n'y devoit avoir rien que de merveilleux dans celuy dont il vouloit écrire la vie ; & ainsi il a présupposé qu'il avoit possedé *en un degré tres-parfait toutes les vertus*, tous les talens, & tous les avantages imaginables ; qu'il estoit remply de toutes les connoissances convenables à un Prestre ; qu'il avoit eu dés le berceau toutes les bonnes qualitez qu'on peut desirer dans un Chrestien ; que *la misericorde estoit née avec luy*, selon la parole de Iob ; que tous ses âges avoient esté aussi reglez & aussi heureux que depuis que Dieu a commencé de le conduire ; & qu'*enfin sa vie avoit esté toute innocente & toute sainte, & ses iours vrayment remplis de toutes sortes de bonnes œuvres.* Liv. 1. ch. 16. Liv. 3. ch. 1. & 11. Ch. 13, 18.

Ce seroit une injustice & un sacrilege de supprimer volontairement quelqu'une des graces qu'on a sujet de croire qu'il a receuës de Dieu. Mais ce n'est pas un moindre excez de prendre la hardiesse de donner aux Serviteurs de Dieu ce que Dieu ne leur a pas donné, & de déguiser les marques de l'infirmité humaine, de laquelle il les a délivrez par sa grace, en obscurcissant la grandeur de sa bonté & la puissance de sa misericorde, & détruisant leur humilité, en leur ostant les objets dont ils se servoient pour l'entretenir, & pour affermir ainsi continuellement la base de toutes leurs vertus.

Il seroit facile de produire beaucoup d'autres choses, où M. Abelly a fait injure à M. Vincent en le voulant loüer, comme lors qu'il luy fait dire, écrivant à un Evesque pour le détourner de plaider ; *qu'il admiroit N. S. I. C. qui a improuvé les procez, & qui neanmoins a bien voulu en avoir un & le perdre*, comme si Iesus-Christ avoit iamais plaidé, & perdu sa cause ; & qu'il fust permis de détourner les Evesques de suivre ce qu'il a fait. Il a donné aussi à M. Vincent cette pensée si subtile & si peu intelligible, que *chaque animal, & l'homme mesme, a ses especes qui le font connoistre pour tel qu'il est, & distinguer d'un autre de pareil genre.* Mais il n'est pas à propos d'ennuyer le Lecteur de tant de bagatelles dont M. Abelly a parsemé son Histoire, ny de renouveller les mauvaises impressions qu'elles sont capables de donner de M. Vincent, quelque opinion avantageuse qu'on ait de son merite & de sa vertu. Ce que nous avons rapporté, suffit pour remedier au mal que le Livre de M. Abelly a pû faire, en surprenant ceux qui n'ont pas assez connu l'esprit de M. Vincent, & pour leur apprendre, qu'il ne faut pas toûjours se fier aux discours d'un Evesque, qui parle par le mouvement d'autruy, & non par sa propre connoissance, estant manifeste qu'un seul des excez que nous avons representez, si on le considere bien, est capable de rendre tout ce qu'il dit suspect, & de luy faire perdre toute creance. Liv. 3. ch. 11. s. 4. Liv. 2. ch. 1. sect. 4.

CHAPITRE XX.

Des mauvaises suittes du Livre de M. Abelly, & de la maniere dont M. Chamillard a imité & renouvellé ses calomnies.

L'OPINION qu'on a euë que le Livre de M. Abelly pourroit corrompre plusieurs esprits, & qu'il falloit arrester le cours de son venin & de ses faussetez, de peur qu'il n'allast plus loin, n'a pas esté vaine ny mal fondée. Deux Libelles que M. Chamillard le ieune, Docteur de Sorbonne, & Vicaire de saint Nicolas du Chardonnet a publiez depuis deux ou trois ans, pour essayer de se demesler d'une méchante affaire où il s'est embarassé malheureusement, font assez voir que M. Abelly, par l'autorité de son caractere, a donné des armes à ceux qui à son exemple avoient quelque engagement à décrier les personnes qui ne se plaisent pas aux Iesuites, & que si la dignité qu'ils l'ont aidé à obtenir, n'a pû estre utile à aucun Diocese à cause de la promtitude avec laquelle il s'en est déchargé; elle a servy pour le moins à donner quelque satisfaction à leur Societé, à la plus grande gloire de laquelle ils rapportent toutes choses. Car M. Chamillard se voyant dans l'impuissance de se purger d'un procedé qui fait horreur à tous les Gens de bien de la France, & à tous ceux des Païs estrangers qui en ont ouï parler, n'a pas trouvé d'autre expedient pour se mettre un peu à couvert des reproches qu'il reçoit en toutes rencontres, que de se ietter sur les calomnies & de noircir par toutes sortes d'impostures ceux qui sont destituez de protection dans le monde, croyant peut-estre par ce moyen empescher les reflexions continuelles que le public fait sur sa dureté & sur ses violences qui ne cessent point, & les tourner contre ceux qu'on outrage depuis si long-tems, avec toute sorte d'impunité, en recueillant une infinité de médisances qui ont esté publiées contre eux, lesquelles il a regardées comme la matiere & les preparatifs de son entreprise.

Mais pour ne me charger pas maintenant du soin de leur defense, à laquelle on a desja plus travaillé que M. Chamillard ne voudroit, & pour laisser mesme la justification particuliere de feu M. de S. Cyran, à qui il s'en prend contre toute sorte de raison, sur tout apres des Apologies si claires & si convaincantes, qui ont fait voir son innocence & son merite, & ont détrompé tout le monde il y a tant d'années; je me contenteray à present, en continuant mon dessein de luy répondre pour M. Vincent, du nom duquel il se sert pour appuyer une grande partie de ses invectives, l'ayant pris à l'imitation de M. Abelly, & sur son seul rapport, pour le principal auteur de ses faussetez, & le fondement de ses impostures. Ainsi aprés avoir rendu à la verité ce que ie luy devois, en ostant les mauvaises impressions qu'un Evesque a données au public de la conduite de M. Vincent, ie tâcheray de le justifier encore des fautes honteuses dont un Prestre continuë de le rendre coupable; esperant avec l'assistance de Dieu de faire voir à ce dernier Calomniateur, que ceux qui luy ont fourny les moyens de diffamer l'innocence par ses faussetez, se sont rendus en mesme tems les auteurs du déplaisir qu'il aura de passer à l'avenir pour un des plus celebres & des plus passionnez accusateurs de leurs freres en ce monde, & du malheur qu'il aura en l'autre d'estre traité avec une severité toute particuliere, s'il ne repare de bonne heure le mal qu'il a fait, en le desavoüant aussi publiquement que la Iustice de Dieu l'y oblige.

Il montre clairement qu'il n'auroit pas osé employer le nom de M. Vincent pour donner creance à ce qu'il dit, si M. Abelly ne luy en eust fait la planche. Car il renvoye les Lecteurs de son premier Libelle à l'Histoire que cet Evesque a faite de la vie de M. Vincent, comme à l'unique preuve de ce qu'il avance, supposant qu'elle suffit pour répondre à tous les doutes & à toutes les difficultez qu'on peut former sur des choses si incroyables. C'est pourquoy ayant fait voir jusqu'à cette heure, avec une entiere evidence le peu de sujet qu'il y a de se fier à la narration à laquelle il nous renvoye, sur tout en ce qui regarde feu M. de S. Cyran, & la communication que M. Vincent a euë avec luy; tout ce qu'il ajoûte de plus estant égallement contraire à la verité, comme ie le montreray clairement; il demeurera pour constant & indubitable, qu'il n'a suivy en tout ce qu'il a écrit, qu'une passion aveugle de couvrir à quelque prix que ce fust son procedé insoûtenable.

en debitant ses calomnies aux dépens des plus innocens, qui ne sont pas cause de l'embarras où il s'est precipité, & qui ont témoigné le plus d'éloignement des sentimens & de la conduite qu'il leur attribuë. Voicy comment il a executé la resolution qu'il a prise de soûtenir ce qu'il a fait contre le Monastere de Port royal depuis trois ou quatre ans.

Pour décrier les Religieuses qui ne se rendent pas à ses violences inoüies, dont il n'y a aucun exemple dans toutes les Histoires des persecutions de l'Eglise, il entreprend de les rendre suspectes par les erreurs & les heresies qu'il impute aux Ecclesiastiques qui les ont conduites avant qu'il se fist leur Superieur : & pour appuyer ces deux premieres calomnies il a recours à une troisiéme encore plus hors d'apparance & plus extravagante, qui est, que feu M. de S. Cyran a inspiré aux uns & aux autres plusieurs maximes pernicieuses dont il fait un dénombrement si peu judicieux & si hors de raison, que j'espere dissiper toutes ses impostures par la seule exposition que ie feray obligé d'en faire.

Mais se voyant sans preuve pour verifier ces trois calomnies, il a crû qu'il ne pouvoit trouver rien de plus favorable pour établir la derniere comme le fondement des deux autres, que l'autorité de M. Abelly qui rapporte des choses épouventables de feu M. de S. Cyran, en les appuyant du nom de M. Vincent dans le Livre de sa Vie. A quoy il a joint le témoignage de l'Abbé de Prieres qui est encore vivant, duquel neanmoins il ne dit pas qu'il a appris ce qu'il rapporte, renvoyant le Lecteur à une déposition prétenduë faite par cet Abbé en Iustice contre feu M. de S. Cyran.

Voilà en abregé toute la suite de la demonstration que M. Chamillard a dressée pour convaincre invinciblement d'heresies, & des plus estranges impietez, des vivans & des morts, qui n'ont pû seulement estre accusez iusques à present de ces excez devant aucun Tribunal, selon l'ordre de la Iustice. Mais voyons un peu le détail de ces accusations horribles, & des preuves dont il a prétendu les appuyer dans ces deux Libelles, en attendant qu'il les soûtienne dans une Iustice reglée, où on ait quelque liberté de luy répondre ; & considerons si qu'elqu'un est plus mal-traité, plus deshonoré, & a plus besoin d'estre justifié contre ses faussetez, lesquelles ie m'en vas rendre manifestes, que la personne de M. Vincent, dont la conduite a esté absolument opposée à celle qu'il luy attribuë sur le seul rapport de M. Abelly, comme nous l'avons montré dans les Chapitres précedens, & comme nous le ferons voir encore en peu de mots, autant qu'il sera necessaire pour reparer l'injure qui luy a esté faite de nouveau par ce Docteur passionné, avec une licence & une hardiesse incroyable.

CHAPITRE XXI.

De la mauvaise foy & des artifices de M. Chamillard, qui n'impose pas seulement à M. Vincent, mais aussi à M. Abelly, multipliant ses calomnies d'une maniere qui les ruine.

APPRES avoir dit que Iansenius Evesque d'Ipre a eu *une union funeste avec feu M. l'Abbé de S. Cyran, & cet Abbé avec M. Arnaud, & M. Arnaud avec* Ch. 1. libelle 1.

le Monastere de Port-royal, sans alleguer aucune preuve de ces accusations envenimées, il rapporte huit maximes qu'il dit que les Directeurs des Religieuses de cette maison leur ont apprises, dont la premiere est, *qu'elles ne s'estonnoient pas si les deux derniers Papes avoient condamné la doctrine contenuë dans les cinq Propositions du Livre de Iansenius; parce que l'Histoire Ecclesiastique qu'on leur lisoit à table, leur faisoit remarquer que Liberius, Honorius, & plusieurs autres Papes estoient tombez dans l'Heresie.*

Ch. 8.

Les sept autres maximes sont de la nature de la premiere, & chacune d'elles suppose les Constitutions des deux derniers Papes touchant les cinq Propositions imputées à Iansenius; & ainsi elles ne peuvent avoir esté inventées ny suggerées à personne, que depuis la publication de ces Constitutions. Cependant immediatement apres les avoir rapportées, il ne laisse pas d'en parler ainsi. *Sur lesquelles* (maximes) *ie fais ces trois reflexions. La premiere est, que ces maximes & plusieurs autres tres dangereuses* (il ne les marque point) *ont esté autrefois reprochées à M. l'Abbé de S. Cyran par deux temoins qui sont asseurément dignes de foy. Le premier qui est encore vivant est M. l'Abbé de Prieres, qui luy a entendu dire, comme il a deposé en Iustice contre luy, &c.*

Voilà desja un exemple manifeste du renversement de la raison, où tombent souvent ceux qui sont agitez de passions violentes, telle qu'est celle dont ce Docteur est saisi. Car elle ne luy a pas permis de s'appercevoir, que ces huit maximes n'estant fondées que sur le dessein qu'il prétend qu'on a eu de ne se soûmettre pas aux Constitutions des deux derniers Papes, elles ne peuvent pas avoir esté inspirées par un homme qui est mort plus de dix ans auparavant. Et quelque tour qu'il s'avise de donner à une resverie si palpable il ne sçauroit empescher qu'elle ne paroisse en son discours que i'ay rapporté mot à mot, & que ceux qui le liront sans sçavoir iusqu'à quelle année feu M. de S. Cyran a vescu, ne s'imaginent qu'il a vû publier les deux dernieres Constitutions: & peut estre que M. Chamillard ne se mettra pas beaucoup en peine d'avoir donné lieu à cette illusion, qui peut toûjours luy servir parmy les bonnes Gens de sa Parroisse qui ne sont pas en estat de disputer contre luy. Car on a vû les Iesuites, dont il est devenu l'imitateur & le disciple depuis son engagement, employer des contes plus grossiers pour amuser les simples, & en tirer toûjours quelqu'un de leur costé par ces sortes d'expediens. Quelque raison qu'il allegue pour couvrir cette faute, il ne peut au moins qu'il n'avoüe qu'il ne s'est pas bien fait entendre: qui est l'excuse la plus favorable pour ceux qui s'égarent & s'aveuglent dans des matieres importantes. Mais quand on permettroit à cet homme si emporté, de donner quelque interpretation specieuse à des accusations si inconsiderées, quoy qu'il ne veüille pas recevoir les éclaircissemens les plus raisonnables & les plus solides qu'on donne à des paroles tres innocentes qu'il reproche aux autres, il ne luy sera pas si aisé de se defendre des autres faussetez qui se découvrent d'elles-mesmes dans ses impostures.

Ie remets à luy répondre plus bas sur les dépositions pretenduës de l'Abbé de Prieres, qui demandent une discussion particuliere. Mais il est bon que M. Chamillard apprenne auparavant que feu M. de S. Cyran n'a jamais esté Superieur des Religieuses de Port-royal, & n'en a iamais fait aucune fonction. Il n'a vû quelques Religieuses de cette Maison qu'en qualité d'amy, par les seuls devoirs de la charité, & non par autorité, la plus grande partie du Monastere n'ayant iamais parlé à luy. De sorte que les visites rares & assez courtes qu'il y faisoit, ne luy ont iamais permis d'avoir de longs entretiens avec celles qu'il voyoit, l'amour

extraor-

extraordinaire qu'il avoit pour la retraite, le portant toûjours à s'acquitter en peu de mots des services indispensables que l'on exigeoit de luy. Et neanmoins dans le peu de tems qu'il leur a donné quelquefois pour les servir, il leur a inspiré une telle humilité & simplicité, & un si grand éloignement de la présomption que M. Chamillard l'accuse de leur avoir apprise, que ceux mesmes qui ont eu connoissance des bons effets qu'il y avoit produits, quoy qu'ils se soient depuis separez de luy pour des raisons qui ne luy sont pas desavantageuses, ont crû estre obligez de luy rendre ce témoignage que *s'il eust voulu joindre la charité à l'autorité, il estoit capable de faire des merveilles.* Ce que M. Chamillard a eu un tel soin de dissimuler, qu'il n'a pas osé mesme alleguer les médisances de ses personnes qui ont esté publiées par d'autres calomniateurs, ayant bien jugé qu'on les pourroit détruire en un moment par les réponses solides dont on les a convaincuës il y a plus de vingt ans, & dont la verité & la force a esté reconnuë de tout le monde. Feu M. de [illegible]gres.

Mais il est assez surprenant que M. Chamillard, qui accuse feu M. de S. Cyran d'avoir inspiré la desobeïssance aux Religieuses de Port-royal contre un commandement qu'il n'a pû prévoir qu'on leur feroit apres sa mort, considere si peu les moyens qu'il employe pour satisfaire sa passion, que de luy attribuer une Doctrine toute contraire à cet esprit de revolte qu'il veut persuader qu'il a communiqué à ces Religieuses. Car dans son second Libelle il fait un chapitre entier, pour montrer que feu M. de S. Cyran a enseigné qu'on devoit se soûmettre humblement à l'autorité du Pape & des Evesques, & il le prouve par deux grands passages latins du livre de Petrus Aurelius, dont il le fait auteur, par le mesme mouvement par lequel il luy attribuë tant d'autres faussetez. Mais quoy qu'il ait eu aussi bien de mauvais memoires sur ce point que sur tout le reste, & qu'il se trompe dans sa preuve, il ne se trompe pas neanmoins en asseurant que feu M. de S. Cyran estoit dans les sentimens de déferennce & de respect qui sont exprimez dans les paroles qu'il cite. De sorte que par ses propres raisonnemens & par ses propres écrits, il paroist clairement que feu M. de S. Cyran n'a pû avoir les huit pernicieuses maximes qu'il luy reproche, & qu'au contraire il a rejetté toutes celles qui leur sont semblables, ayant eu le cœur remply des instructions & des exemples que l'Evangile & l'Histoire Ecclesiastique nous representent touchant l'obeïssance qu'on doit aux Pasteurs & aux Superieurs de l'Eglise. Ch. 17.

Cette contradiction si grossiere qui se void clairement dans les deux petits livrets de M. Chamillard est une grande marque de l'inquietude & du trouble que luy cause l'engagement deplorable où il s'est jetté, & en mesme tems de l'impuissance où il est de verifier les accusations qu'il a osé former contre l'innocence invincible de feu M. de S. Cyran. Ce que l'on jugera encore mieux, si l'on considere le choix qu'il a fait des témoins qu'il produit pour verifier ses médisances. Car pouvant en employer plusieurs qui sont alleguez dans les memoires qu'il a suivis, il n'a pas crû qu'il fust seur de se servir de ceux qui ont esté confondus si ouvertement, qu'il ne voyoit pas qu'on pust faire pour eux la moindre replique. C'est ce qui l'a porté à se servir du témoignage de M. Vincent, que M Abelly a fourny depuis quelque tems aux partisans de l'erreur & de la calomnie, parce que personne ne luy ayant encore répondu, il a crû que l'employ de ce Livre ne seroit pas si honteux, & qu'ainsi il en pourroit user, faute d'autre preuve, pour debiter les impostures qu'il vouloit publier contre la memoire de M. de S. Cyran, avec un peu plus d'apparence que ceux qui ont travaillé iusqu'à present à le diffamer sans autre fruit que de se diffamer eux-mesmes.

Mais voyant qu'un seul témoin ne pouvoit pas estre irreprochable, quoy qu'il

fust Evesque, il s'est imaginé qu'il dovoit en joindre encor un à M. Abelly, afin d'en
1. Tim. 5. avoir au moins deux, selõ le precepte de l'Ecriture, qui ne veut pas qu'on se cõtente d'un seul témoin pour s'asseurer de quelque chose, & sur tout contre des Prestres. C'est un defaut qu'il a crû avoir découvert dans le Livre de M. Abelly, & qui retombe sur la personne de M. Vincent, lequel cet Evesque entre les autres injures qu'il luy a faites, a representé comme accusateur unique, destitué de toutes sortes de témoignages & de preuves legitimes sur des crimes & des impietez horribles, dont il prétend qu'il a chargé feu M. de S. Cyran. Mais M. Chamillard ne s'est pas avisé que M. Abelly pouvoit ioindre à M. Vincent aussi-bien que luy, l'Abbé de Prieres, & qu'il a evité de se servir d'un témoin aussi foible qu'est cet Abbé sur le sujet de feu M. de S. Cyran, ayant esté sans doute informé des raisons qui le rendent entierement recusable, & craignant d'affoiblir par cette jonction la creance que pourroit avoir le nom de M. Vincent. C'est pourquoy il a aimé mieux ne citer que le dernier, & ne faire parler que luy seul, afin de rendre le venin de la calomnie plus fort & plus recevable.

Ie ne me mets pas neanmoins en peine d'examiner de plus prés la conduite que ces deux Auteurs ont tenuë dans l'abus qu'ils ont fait du nom de M. Vincent. Il importe peu de sçavoir au vray lequel des deux l'a deshonoré davantage, estant assez visible qu'ils l'ont deshonoré tous deux notablement, en le rendant égallement l'instrument de leur animosité, & le complice de leur vengeance, soit en l'opposant tout seul à celuy qu'il a toûjours estimé & chery comme l'un des meilleurs, des plus fidelles, des plus obligeans, & des plus vertueux Amis qu'il ait iamais eus, soit en l'associant à l'Abbé de Prieres, dont M. Vincent a sceu & méprisé les calomnies, qui ne l'ont pas empesché de rendre à M. de S. Cyran dans sa persecution, les témoignages d'honneur, d'estime, & d'amitié, qu'il luy a rendus publiquement, comme nous l'avons fait voir cy-dessus.

M. Chamillard auroit pû se servir avec autant d'apparence de succez du témoignage de l'Abbé de Pormorant, dont la déposition a esté jointe immediatement à celle de l'Abbé de Prieres, par des Emissaires des Iesuites, qui ont attaqué plusieurs fois la memoire de feu M. de S. Cyran, pour satisfaire la passion de ces bons Religieux qui n'est pas si aisée à assouvir. L'union de ces deux Abbez dans la persecution de cet illustre accusé n'eust pas paru si deraisonnable, ny le rapport si éloigné que celuy que M. Chamillard a cherché entre l'un d'eux & M. Vincent, qui n'a jamais esté meslé avec eux dans les informations pretenduës de la doctrine de M. de S. Cyran, & n'a donné aucun lieu de le mesler dans une conspiration si injuste avec ceux qu'il a démentis devant le mesme Magistrat, lequel on pretend avoir receu leurs medisances. De sorte que M. Vincent, qui a condamné si clairement ces faux-témoignages, comme ie l'ay montré cy-devant, pouvoit dire

Le sieur de Preville. (margin)

Ierem. 15. 17 avec un Prophete, *non sedi in consilio ludentium*, ie n'ay point eu de part, & *ie ne me suis point assis dans l'assemblée des mocqueurs* & de ces langues envenimées & contagieuses. Car on peut dire qu'il n'y a rien au monde qui se communique plus aisément que les faux rapports & les iugemens desavantageux qui ont esté une fois répandus contre la reputation d'un Homme de bien. Et c'est ce desordre si commun qu'on peut appeller veritablement *la chaire de pestilence*, puisque non seulement il se glisse & passe des uns aux autres comme une maladie contagieuse, mais de plus venant à s'accroître, il s'acquiert un pouvoir & comme un droit de se faire recevoir, lequel il n'avoit pas au commencement, lors qu'il ne faisoit que de sortir de la bouche des imposteurs, & qu'il n'avoit point passé par celle des autres. Ce que M. Chamillard nous donne une occasion bien evidente de reconnoître par l'usage qu'il fait dans ces deux Libelles de la calomnie que M. Abelly a imposée le premier à M. Vincent.

Car ce Prelat n'ayant pas eu d'abord d'autre moyen de luy donner quelque cours & quelque credit que par l'éclat de sa Dignité qui merite d'elle-mesme un si grand respect, M. Chamillard s'est joint à luy pour la faire valoir dans le monde, & ajoûtant au témoignage pretendu de M Vincent celuy de l'Abbé de Prieres, il a crû en faire deux témoins capables d'establir & de faire subsister ses impostures. Mais comme les fausses persuasions croissent & se fortifient dans l'esprit mesme de ceux qui se trompent le plus grossierement, M. Chamillard apres s'estre contenté du nombre de ces deux personnes dans son premier Libelle, passe plus avant dans son second, & renvoyant les Lecteurs au premier sur le mesme sujet, il dit *que plusieurs témoins qui sont dignes de foy, & qu'il a citez dans son premier écrit, ont deposé en Iustice contre l'Abbé de S. Cyran.* Ch. 3. pa. 15.

Surquoy il faut remarquer que M. Abelly, qui est cité par M. Chamillard, ne dit en aucun endroit de sa grande Histoire que M. Vincent ait deposé en Iustice contre feu M. de S. Cyran. Au contraire il a evité avec un extreme soin de parler de l'interrogatoire de M. Vincent, parce qu'il fut tout à fait avantageux à feu M. de S. Cyran, & que son innocence & la sincerité de sa foy y fust defendue par ce vertueux Superieur de la Mission, avec une merveilleuse fidelité, laquelle il montra dans toute la suite de la persecution de son Amy, comme nous l'avons representé. Tout ce que M. Abelly pretend qu'il a dit contre feu M. de S. Cyran, n'a esté que dans des entretiens particuliers qu'il ne specifie en aucune maniere, ne marquant ny les personnes, ny les lieux, ny les tems, ny aucune circonstance de ces entretiens. De sorte que selon cet Auteur, M. Vincent mesme n'a pas deposé en Iustice contre feu M. de S. Cyran. Ainsi ce principal témoin venant à manquer à M. Chamillard, comme on le peut juger par la seule confrontation de ce que ie viens de dire avec les ouvrages de ces deux Auteurs, il ne reste à ce Docteur que le seul Abbé de Prieres, qui n'est pas un trop bon appuy pour luy, comme je le montreray pus bas.

Mais quand on pourroit accorder à M. Chamillard que M. Abelly a rapporté des depositions de M Vincent faites en Iustice contre feu M. de S. Cyran, ce qui ne se peut trouver dans son Livre, encore faudroit-il avoir quelque asseurance de la verité de ce recit. Car ie ne pense pas que M. Chamillard veüille se soûmettre luy-mesme à tout ce qui se lit dans le livre de cet Evesque. Et s'il estoit pressé de le faire, pour se démesler de l'embarras où on le tient, on luy proposeroit quelques endroits de ce livre qui le jetteroient en d'autres peines.

Supposons encore neanmoins, que M. Abelly a esté bien informé de ce qu'il a dit des entretiens de M. Vincent touchant feu M. de S. Cyran, & qu'il n'a pas voulu exposer au public les preuves & les asseurances qu'il en a : supposons aussi que l'Abbé de Prieres merite d'estre consideré dans cette rencontre, ce que je feray voir estre entierement faux; ce ne seront toûjours que deux témoins que M. Chamillard aura citez contre feu M. de S. Cyran. Or ie le supplie de considerer, s'il luy est permis, apres des alterations & des contradictions si opposées à la bonne foy, de multiplier encore le nombre de ses témoins, sans les nommer, & de deux qu'il a marquez dans son premier Libelle, les fait monter iusqu'à un nombre indeterminé dans le second, & dire qu'il en a cité *plusieurs dignes de foy*. Est-il permis en publiant des accusations les plus atroces qu'on peut s'imaginer, de dire hautement qu'on a plusieurs témoins lors qu'on n'en produit que deux tout au plus, & que l'un de ces deux ne dit rien de ce qu'on veut qu'il dise, mais tout le contraire?

Car encore que ces deux peussent suffire, s'ils estoient asseurez & en estat de bien verifier leurs depositions, neanmoins il n'y a point de sincerité à se vanter qu'ils sont *plusieurs*, par un terme captieux qui peut signifier un grand nombre; cette maniere de s'exprimer donnant une idée toute autre, que si on disoit simplement ce qui en est, principalement quand il s'agit de medisances, que la corruption naturelle des hommes est sujette non seulement à recevoir, mais aussi à augmenter. Car une marque assez claire que M. Chamillard a voulu surprendre le monde dans son second Libelle, est qu'il n'a osé dire dans le premier comme dans l'autre, qu'il avoit *plusieurs témoins* contre feu M. de S. Cyran, parce que les ayant nommez peu auparavant, les Lecteurs auroient esté scandalisez de cette duplicité & de cette exageration qui eust esté plus visible.

De sorte que dans la licence de M. Chamillard on peut remarquer le progrez que peut faire la calomnie quand elle n'est point arrestée par l'autorite de la Iustice. Vn Evesque publie une imposture qui luy a esté suggerée en secret par les Iesuites; & n'ayant point de preuve pour la rendre vray-semblable, il l'appuye du témoignage d'un homme mort, qui a donné durant sa vie des marques constantes du contraire. Quelque tems apres un Docteur continuë de debiter cette mesme imposture sur la foy de ce Prelat; & joignant un second témoin assez suspect au premier, qui ne peut plus parler par luy-mesme, il écrit qu'il a deux témoins *asseurement dignes de foy*. A deux ans de là, encherissant sur les preuves de sa calomnie, il asseure qu'il *a cité plusieurs témoins dignes de foy dans son premier écrit*, sans y en ajoûter aucun autre. Il est à craindre qu'à l'avenir quelque troisiéme calomniateur ne se signale, sur la foy de ces deux auteurs, & n'asseure avec une hardiesse encore plus grande ce qu'ils ont escrit de M. Vincent, donnant lieu à d'autres de rendre perpetuelle cette injure qui a esté faite à sa memoire.

C'est ainsi que l'impunité autorise les calõnies d'une maniere qui a quelque rapport à l'establissement des opinions pernicieuses & extravagantes des Casuistes de ce tems. Car de mesme qu'une opinion quelque ridicule & quelque contraire qu'elle soit aux bonnes mœurs, ne se propose d'abord que comme probable, & ensuite on luy acquiert quelques defenseurs & quelques *auteurs graves*, & *on la laisse meurir avec le tems* pour la rendre à la fin recevable, non seulement *dans la speculation*, mais aussi *dans la pratique*; ainsi les impostures qui ne sont pas reprimées d'abord par le frein des Loix & des punitions, passent peu à peu pour de iustes & de veritables accusations par la credulité indiscrete & excessive des uns, & par la licence & l'animosité des autres, qui à force d'asseurer & de publier ce qu'ils imputent à leurs ennemis, s'imaginent le pouvoir rendre veritables, & font enfin recevoir pour le moins par quelques uns ce qui ne devroit estre écouté selon toutes les loix de la raison & de la Religion Chrestienne, qu'autant qu'ils l'accompagneroient de preuves manifestes & indubitables.

Si ceux que M. Chamillard deschire dans ses Libelles, avec une violence qui n'a gueres de rapport aux mines qu'il fait paroître sur son visage d'un esprit paisible & moderé, avoient seulement la liberté de representer qu'il ne suit pas l'ordre prescrit par l'Eglise & par les Loix de l'Estat pour les accusations, il n'auroit garde d'avancer comme il fait, des outrages qui ne sont pas mesme permis contre les plus declarez ennemis du repos public, & de les prouver par des faussetez si aisées à découvrir, & par des violemẽs visibles de l'equité. Car tout son procedé n'est fondé que sur des suppositions grossieres, & qui ne suffiroient pas mesme pour venir à bout de ce qu'il pretend, quand on en dissimuleroit quelques-unes. Il asseure hardiment que M. Vincent a deposé en Iustice contre feu M. de S. Cyran, & pour

pour toute preuve il renvoye ses Lecteurs au livre de M. Abelly, qui n'en dit pas un seul mot, & qui n'a pû mesme en parler sans se contredire, comme nous l'avons montré. Ch. 5. & 11. M. Abelly suppose sulement que M. Vincent a attribué des erreurs & des impietez à feu M. de S. Cyran dans des entretiens particuliers. Et nous Ch. 13. avons encore fait voir clairement que cela est absolument faux, & que toute la conduite de M. Vincent dément entierement ce recit de son Historien. Mais quand ces deux faussetez capitales, sans parler des autres moins importantes, seroient presupposées pour laisser achever à M. Chamillard la preuve de ses calomnies, il luy resteroit encore une grande difficulté à laquelle il n'a pas seulement voulu toucher, qui est que si M. Vincent eust deposé contre feu M. de S. Cyran, non seulement dans des entretiens particuliers, ce qu'on ne sçauroit dire apres les preuves que nous avons alleguées du contraire; ou mesme en Iustice & devant des Iuges Ecclesiastiques ou Seculiers, on n'eust pas manqué de produire sa deposition, ce qu'on n'a eu garde de faire; & quand on l'auroit produite, elle ne serviroit de rien à M. Chamillard, s'il ne montroit evidemment que M. de S. Cyran a esté convaincu par cette deposition, & qu'elle a esté reconnuë pour tres-certaine & incontestable. Ie ne m'arreste pas à la folie de Desmarests, qui dit que la con- 3 part. de sa resp. frontation des témoins, qui n'a pas esté faite, n'est qu'*une formalité.* C'est une resverie digne de ce personnage de laquelle ie parleray plus bas, & que M. Chamillard n'oseroit alleguer pour se defendre du silence qu'il garde sur ce suiet, lequel est capable tout seul de faire mépriser & reietter par toutes sortes de Iuges & de personnes raisonnables, comme des impostures tout ce qu'il propose contre ceux qu'il veut noircir.

C'est pourquoy on ne sçauroit trop s'étonner qu'un Docteur & un Vicaire d'une parroisse celebre, employé à diriger des consciences, ait eu si peu de conduite, de vertu, & de lumiere, que d'employer des moyens si foibles & si méprisables pour descrier ceux contre qui il est animé. Il devoit au moins avoir egard au mépris que les Magistrats & les personnes mesmes les plus opposées à feu M. de S. Cyran ont témoigné, apres la deposition favorable de M. Vincent, pour celles de l'Abbé de Prieres qu'il renouvelle encore, & qu'il releve, comme s'il pouvoit les rendre plus fortes & plus solides que ceux qui avoient une volonté & un pouvoir absolu de les faire valoir, & qui estant moins passionnez que luy, voyoient bien qu'elles ne leur pouvoient servir de rien, & qu'elles estoient trop legeres. Car pour ce qui est de M. Vincent, i'ay desia dit que personne n'a iamais asseuré avant M. Chamillard qu'il eust deposé en Iustice contre feu M. de S. Cyran. Mais pour l'Abbé de Prieres, & un certain Abbé de Pormorant, que d'autres ont ioint à luy, & qui estoit un homme tres-propre à ces sortes d'usages, comme tous ceux qui ont oüy parler de luy, le reconnoissent aisément, leurs pretenduës depositions furent trouvées si pitoyables, que le Cardinal de Richelieu, qui ne cherchoit que des pretextes un peu plausibles pour iustifier la detention de feu M. de S. Cyran, ne voulut pas qu'on les employast contre luy. Et quand on eut repondu à quelques escrits qui avoient esté faits pour le diffamer, où on avoit cité l'Abbé de Prieres, comme il l'est dans l'escrit de M. Chamillard, ce Cardinal declara à M. Molé pour lors Procureur General qui luy parla de cette response, qu'il n'estoit pas necessaire de la luy faire voir, *parce*, disoit-il, *qu'on n'avoit pas eu d'égard à ces memoires & à ces bruits dans l'affaire de M. de S. Cyran*, iugeant bien qu'il estoit facile de renverser en un mot toutes ces folies; & qu'il estoit impossible de les soûtenir.

Mais M. le Procureur General Molé temoigna encore plus hautement le peu de cas qu'on devoit faire de toutes ces pretenduës depositions de l'Abbé de Prieres & des autres qu'on avoit ramassées contre feu M. de S.Cyran. Car M.Lescot les luy ayant portées de la part de Cardinal de Richelieu, avec tout ce que M.de Laubardemont avoit fait par son ordre, il luy répondit, que *ce n'estoient que pieces informes; que dans la charge qu'il avoit, il devoit bien sçavoir ce que c'estoit qu'informations, & qu'il ne doutoit pas que celles qu'il luy apportoit, ne s'en allassent en fumée, dés qu'on viendroit à la confrontation.*

Il est si veritable que toutes ces depositions furent iugées insuffisantes non seulement par des Magistrats equitables, mais mesme par les ennemis de feu M. de S.Cyran, qu'apres toutes ces recherches & tous ces efforts qu'ils firent contre luy, ils luy laisserent toûjours la liberté entiere de recevoir les Sacremens, & de dire la Messe en secret & en public dés le commencement de sa detention iusqu'à la fin. Ce qu'ils n'eussent pû faire sans une impieté horrible, s'ils eussent seulement douté qu'il eust eu les sentimens si execrables que M. Chamillard luy attribuë, & eussent tenu ses accusateurs pour des personnes *asseurement dignes de foy*, comme ce Docteur pretend le faire croire par sa seule autorité. Mais ils eussent dû l'obliger auparavant de se iustifier, & luy en faire pour le moins quelque difficulté en attendant qu'il eust levé les soupçons de crimes si epouventables.

Voilà l'honneur que le Card. de Richelieu, M. Lescot Evesque de Chartres, dont M. Abelly dit que *la memoire est en benediction*, & les autres Iuges & Parties de feu M.de S.Cyran ont rendu à l'Abbé de Prieres, & aux autres ennemis publics & secrets de feu M.de S.Cyran, & à toutes leurs calomnies, & par avance mesme à M.Abelly, à M.Chamillard, & à Desmarests, qui veut aussi se signaler sur son declin par des impostures, apres s'estre signalé en fictions poëtiques dans ses ieunes années, pour montrer qu'il ne devient pas plus sage en vieillissant. Car il est visible que si le Card. de Richelieu, M.Lescot, & les autres qui se sont remüez contre feu M. de S. Cyran, eussent crû que non seulement le temoignage de l'Abbé de Prieres eust esté considerable par luy-mesme, mais que M. Vincent estoit ioint à luy, & confirmoit son temoignage par le sien, ils eussent esté obligez d'avoir egard à ces deux temoins en des accusations si importantes, & de leur rendre quelque iustice en contraignant au moins feu M. de S. Cyran de leur repondre, & le tenant privé des Sacremens iusqu'à ce qu'il les eust satisfaits. Ce qui montre que ces Messieurs n'ont pas crû que M. Vincent l'accusast d'aucun crime, & qu'ainsi tout ce que M. Abelly a ecrit de l'un & de l'autre est destruit par eux & par la conduite qu'ils ont tenuë envers feu M. de S. Cyran.

Liv. 2. ch. 1.

Cette preuve que ie tire de la liberté qui a toûjours esté conservée à feu M. de S. Cyran de participer aux Sacremens & de dire la Messe est d'autant plus puissante contre M. Chamillard, que pour empescher les Religieuses & ceux qu'il persecute, de se prevaloir contre luy d'un si grand avantage, il a tant fait par ses sollicitations & par ses menées, qu'il leur a osté la participation des choses saintes, faisant une seconde violence pour couvrir la premiere, & comblant la mesure de ses duretez pour en excuser les commencemens. Car il a iugé que s'il eust laissé aux personnes qu'il mal-traite en tant de manieres estranges, la liberté de frequenter les Sacremens, il eust donné sujet de croire, que leur innocence est hors d'atteinte. Mais ne pouvant les faire condamner par les voyes de la Iustice, que l'Eglise a establies, il a crû qu'il faloit au moins leur imposer des peines qui fissent presumer de leur mauvaise conduite, comme si les peines qu'on fait endurer à des personnes qui ne sont pas condamnées, ne prouvoient pas plutost leur innocence.

Feu M. de S. Cyran a donc eu ce bon-heur dans ses souffrances, de conserver toûjours la liberté de celebrer le saint Sacrifice de la Messe, & de ioüir des privileges communs des fidelles & des Prestres, à la vie & à la foy desquels l'Eglise ne trouve rien à redire. Ce qui luy a sans doute donné beaucoup de consolation & à tous ses Amis, de voir que par ce moyen son innocence recevoit un temoignage & une approbation publique de ses ennemis mesmes, qui la rendoit invincible à toute la malice des hommes, & à toutes les inventions de la calomnie.

Mais cet avantage dont il a ioüy durant tout le tems de sa prison, a esté suivy d'un autre, qui ne donne pas moins d'asseurance de son integrité & de la pureté de sa foy, & ne couvre pas ses calomniateurs d'une moindre confusion. Car lors qu'il sortit de prison par l'ordre du feu Roy, apres la mort du Cardinal de Richelieu, on ne luy fit pas seulement desauoüer les blasphemes qu'on luy imputoit, comme il eust fallu faire selon l'ordre ancien des Canons & de toute l'Eglise, si on n'eust iugé que ces calomnies estoient si extravagantes, & si eloignées de toute apparence de raison, & si evidemment produites par la seule animosité aveugle de ses ennemis, qu'elles ne pouvoient pas former le moindre nüage pour obscurcir son innocence, ny le moindre doute qui le pûst obliger de les condamner expressement.

Ainsi feu M. de S. Cyran ayant esté pleinement iustifié par le temoignage de ses amis & de ses ennemis, les calomnies folles & incroyables que l'on continuë de publier contre luy, ne peuvent servir qu'à décrier ceux qui ont encore le front de les renouveller contre la lumiere si evidente. Et c'est ce qui m'a obligé de prendre la defence de M. Vincent qu'on veut envelopper apres sa mort dans cette folie, où on n'a pû luy faire prendre aucune part durant sa vie dans le plus fort de la persecution de feu M. de S. Cyran, ayant mesme esté impossible de le destourner de la resolution qu'il prit de le iustifier devant un Magistrat & un premier Ministre, comme ie l'ay desja dit souvent, pour fermer la bouche une fois pour toutes à ses calomniateurs, qui ont tant de peine à ouvrir les yeux à des marques si constantes de son innocence.

CHAPITRE XXII.

Que M. Chamillard joint sans raison à M. Vincent l'Abbé de Prieres, qui luy est entierement inutile pour appuyer ses calomnies.

C'EST par la mesme necessité de defendre M. Vincent contre l'iniure que M. Chamillard luy fait apres M. Abelly, que ie me suis engagé à detruire la preuve qu'il tire des depositions pretenduës de l'Abbé de Prieres; parce qu'encore qu'on ait répondu amplement il y a plusieurs années à ceux qui ont voulu se servir de son temoignage contre feu M. de S. Cyran, j'ay crû neanmoins que pour l'honneur de ce premier Superieur de la Mission, qui luy a gardé une fidelité & une reconnoissance toute autre que plusieurs de ses Amis qui luy ont manqué dans son affliction, il estoit iuste de le mettre dans un autre rang que l'Abbé de Prieres, & tous les autres qui ont bien voulu servir par leur ingratitude à la passion d'un homme tout puissant dans le monde, mais qui redoutoit plus l'innocence & la vertu de feu M. de S. Cyran, que M. de S. Cyran ne redoutoit sa puissance.

Ie ne sçay pourtant si M. Chamillard a eu soin d'apprendre par luy mesme de l'Abbé de Prieres qui vit encore, les choses qu'il dit de luy. Car apres le peu de fruit que cet Abbé Bernardin a retiré de ses depositions, & le peu d'egard qu'il void qu'on y a eu, il y a apparence qu'on ne luy fait pas plaisir de l'engager à parler de cette affaire, n'estant pas vray-semblable que ces rapports ayant esté méprisez il y a prés de trente ans, lors que le Card. de Richelieu cherchoit de toutes parts dequoy couvrir la violence manifeste qu'il exerçoit contre feu M. de S. Cyran; il les puisse faire valoir davantage apres que l'innocence de ce saint Prisonnier, comme on l'appelloit au Bois de Vincennes, a esté reconnuë en tant de manieres par toutes sortes de personnes.

Mais quelques mesures que M. Chamillard ait prises avec l'Abbé de Prieres pour noircir de nouveau feu M. de S. Cyran, ie croy qu'il ne luy sçaura pas gré de s'estre servy de son nom avec si peu de iugement, s'il prend la peine de voir cette réponse; si ce n'est que cette derniere occasion qui l'oblige de penser encore davantage à ce qu'il a fait, luy donne du regret d'avoir abusé de quelques paroles innocentes qu'il a oüy dire à feu M. de S. Cyran une ou deux fois qu'il le vid par rencontre. Car il peut se souvenir qu'il ne la point connu particulierement, & qu'il n'a pas eu assez de commerce avec luy pour pouvoir former un iugement solide & asseuré de ses sentimens, ny pour en pouvoir informer les autres, & encore moins pour en deposer en Iustice, ce qui ne se peut faire par un Homme de bien sans une entiere certitude & sans une connoissance pleine & parfaite. Comment donc peut-il avoir asseuré avec serment qu'il ait oüy dire à feu M. de S. Cyran les impietez que rapporte M. Chamillard, comme les ayant apprises de luy, puisqu'ils ne se sont iamais vûs qu'en des rencontres de peu de durée sans aucune communication familiere, qui doit neanmoins estre grande pour se découvrir sur des opinions & des dogmes si horribles?

M. l'Abbé de Prieres n'a connu feu M. de S. Cyran qu'en la compagnie de quelques Abbez de son Ordre qui le visitoient quelquefois pour luy communiquer les affaires de leur reforme, & luy demander son assistance. Ils se sont rencontrez une ou deux fois dans l'Abbaye de Maubuisson, où feu M. de S. Cyran avoit esté appellé par les mesmes Abbez qui en estoient Superieurs, pour les aider dans une affaire importante où il s'agissoit de la ruïne de ce Monastere & de toute leur reforme, qu'on vouloit estouffer sous pretexte de quelques erreurs dont on les accusoit, avant que feu M. de S. Cyran eust iamais esté dans cette maison. Il les servit heureusement dans cette rencontre tres-fâcheuse; & Dieu benissant sa charité, qui le fit ceder apres une resistance fort grande aux instances qu'on luy fit de se transporter dans cette Abbaye, le mal dont ils estoient menacez fut entierement détourné. Ce qui montre assez que feu M. de S. Cyran estoit dans une merveilleuse retenuë pour tous les emplois du dehors de sa maison, & en mesme tems fort flexible aux engagemens indispensables de la charité.

Feu M. de S. Cyran se promenant par hazard avec l'Abbé de Prieres il y a trente quatre ou trente cinq ans dans ce Monastere de Maubuisson, entre plusieurs autres discours il fut parlé de la Penitence, & M. de S. Cyran se plaignant de la facilite avec laquelle quelques-uns absolvent les plus grands pecheurs, témoigna que l'opinion de ceux qui tiennent que l'attrition suffit pour recevoir l'absolution du Prestre, & que la contrition n'y est pas necessaire, n'est pas si asseurée que quelques-uns pensent, & que les anciens Theologiens & Scolastiques ne la tiennent pas, & particulierement le Maistre des Sentences. C'est le seul entre-

tien

tien que feu M. de S. Cyran disoit avoir eu avec l'Abbé de Prieres sur ce sujet, & sur les matieres de Theologie.

Cet Abbé qui avoit estudié peu auparavant au College de la Fleche sous les Iesuites, fut estonné d'entendre un langage qui luy paroissoit nouveau & contraire à celuy de ses Maistres & de leur école, de laquelle la suffisance de l'attrition est un des principaux fondemens, en quelque maniere qu'on la prenne, ne s'accordant qu'en general dans le nom d'attrition, & non dans le sens particulier, que chacun explique comme il luy plaist.

L'Abbé de Prieres ne manqua pas dés qu'il fut de retour à Paris, de dire secretement en quelques lieux que M. de S. Cyran tenoit des heresies, & ruïnoit la foy du Sacrement de Penitence, quoy qu'il ne luy eust point parlé affertivement de la Contrition, & qu'il luy eust simplement rapporté l'opinion des autres, sans iuger & sans condamner personne.

Cependant le bruit des discours de cet Abbé croissant insensiblement, & estant venu enfin à la connoissance de feu M. de S. Cyran, il s'en plaignit à quelques-uns de ses Amis, & particulierement à feu Messire Donadieu de Griet Evesque de Comminges, qui estoit alors à Paris. Ce Prelat en fut si touché, qu'il voulut bien prendre la peine de faire une correction fraternelle à ce Religieux. Il l'alla trouver exprez dans le College des Bernardins, & l'avertit de respecter davantage une personne d'aussi grand merite & aussi capable de servir l'Eglise, qu'estoit M. de S. Cyran, & luy conseilla de l'aller voir, pour tâcher de reparer sa faute.

L'Abbé de Prieres fut fort surpris de cette visite. Il se resolut neanmoins d'obeïr à ce Prelat, & d'aller voir M. de S. Cyran, qui estoit alors logé au Cloistre nostre Dame. Il luy parla d'abord avec humilité, & témoigna luy vouloir faire satisfaction. Mais dans la suite de l'entretien, il ne pût s'empescher de s'élever encore & de s'aigrir, en sorte que M. de S. Cyran fut contraint de luy parler un peu plus fortement qu'il n'eust desiré pour l'humilier & luy faire connoistre qu'il n'avoit pas encore assez estudié pour estre son Censeur.

Cela seul suffiroit pour fermer la bouche à l'Abbé de Prieres, & luy oster la creance & la qualité de témoin en ce qui regarde feu M. de S. Cyran, & pour empescher les autres de l'alleguer contre luy. Car si le feu P. de Condren, lorsque M. de Laubardemont Maistre des Requestes le voulut interroger dans l'information qu'il faisoit contre feu M. de S. Cyran, se crût obligé de luy dire qu'il se recusoit luy-mesme, quoy qu'il ne se fust separé de luy que sur le sujet du mariage de feu M. le Duc d'Orleans, lequel ce Pere tenoit nul par des raisons toutes particulieres; l'Abbé de Prieres auroit bien plus de sujet de dire la mesme chose, apres ce qui s'est passé entre feu M. de S. Cyran & luy.

Que si l'affection qu'il a euë pour les Iesuites, comme pour ses maistres, luy a donné de l'éloignement de celuy qu'ils se sont imaginez avoir esté leur ennemy, il devoit au moins avoir quelque égard à la protestation que feu M. de S. Cyran luy fit une fois du contraire, luy disant, comme il l'a declaré souvent à d'autres, qu'il souhaittoit que ces Peres vinssent à soûtenir quelque bonne cause, afin de se declarer pour eux, & l'asseurant qu'il avoit si peu de passion contre eux, qu'il les aimoit peut-estre plus que luy, & qu'il pourroit arriver quelque rencontre où il les abandonneroit, & luy prendroit leur party avec joye. Aussi il a esté dit cy-devant, Ch.7.
que comme il fut sur le point de sortir du Bois de Vincennes, les Iesuites luy ayant fait proposer par une personne devote de se reconcilier avec eux, il répondit que la reconciliation présupposoit inimitié, & que n'en ayant iamais eu aucune contre

eux, il ne voyoit point lieu de se reconcilier, mais qu'il les aimoit, & continueroit toûjours de les aimer chrestiennement.

Peut-estre que depuis cette declaration qu'il fit à l'Abbé de Prieres, il a fait quelques experiences qui luy auront appris qu'il luy parloit sans préoccupation & avec une entiere sincerité. Il est vray qu'il a toûjours improuvé les nouvelles opinions qu'ils ont introduites, & qu'ils soutiennent si hardiment contre la Tradition ancienne de l'Eglise, & la doctrine de S. Augustin, & contre la pureté des mœurs chrestiennes. Que si les Iesuites pretendent que c'est estre leur ennemy, ils faut qu'ils tiennent pour leurs ennemis les plus Gens de bien & les plus habiles de l'Eglise, qui sont dans ce mesme sentiment, & gemissent de la liberté qu'ils se donnent dans leurs écoles & dans leurs livres, à cause de l'impunité dont ils s'asseurent par leurs intrigues & par leurs cabales.

Il n'est pas mesme croyable que l'Abbé de Prieres ne se soit pas des-abusé en partie, & des-infatüé de leur mauvaise doctrine apres tant de tems; & que le soin que l'on sçait qu'il a de voir les pieces qui se publient souvent contre leurs égaremens, ne luy ait fait connoître qu'ils ne sont pas ce qu'il pensoit lors qu'il sortit de leurs écoles.

Apres tout, quelque estime & quelque deference qu'il eust pour eux, il ne devoit pas en avoir moins pour les Abbez de son Ordre plus anciens & plus considerables que luy, comme l'Abbé de la Charmoye, iadis Vicaire general des Reformez, les Abbez de Chastillon, & de l'Estoile, & autres, qui avant connu plus que luy & devant luy feu M. de S. Cyran, n'en ont iamais parlé qu'avec honneur & avec estime de son erudition & de sa vertu, reconnoissant les services qu'il leur avoit rendus & à leur Religion.

Ch. 7. Nous avons rapporté cy devant comment il s'estoit expliqué sur le sujet de la Contrition, qui est l'unique sur lequel l'Abbé de Prieres parla contre luy, & comment le Cardinal de Richelieu fut obligé de témoigner qu'il estoit satisfait, ensuite d'une lettre que feu M. de S. Cyran écrivit sur ce point à feu M. de Chavigny. Mais il ne paroist point que l'Abbé de Prieres ait parlé de toutes les autres erreurs extravagantes que M. Chamillard attribuë sur sa foy à feu M. de S. Cyran, & on ne croit pas qu'il ait l'asseurance de l'avoüer sur ce point.

Mais il faut remarquer icy, qu'il y a un de ces estranges dogmes entre les autres, où il est bon de voir la des union des calomniateurs, par laquelle ils se condamnent les uns les autres. C'est le quatriéme blaspheme de ceux que M. Abelly donne à feu M. de S. Cyran, luy faisant dire, qu'*il y a plus de cinq ou six cens ans qu'il n'y a plus d'Eglise*. M. Chamillard de son costé l'accuse d'avoir dit à l'Abbé de Prieres, premierement, que *l'Eglise estoit corrompuë il y a six cens ans*: & secondement que *l'Eglise n'estoit pas l'assemblée presente des fidelles, mais celle des premiers siecles*. Ces deux parties d'une mesme accusation ne s'accordent pas. Car les premiers siecles de l'Eglise, comme on les entend communément, & comme feu M. de S. Cyran avoit appris dans les Auteurs ecclesiastiques à les entendre, ne vont pas à beaucoup prés jusqu'au onziéme ou douziéme siecle, comme il seroit necessaire pour concilier ces deux impostures, puisqu'ils ne passent pas les cinq ou tout au plus les six premiers siecles. Le P. Brisacier ne s'est pas mis en peine de ce que les autres ont dit avant luy ou diroient apres luy, pretendant que feu M. de S. Cyran *ne reconnoissoit point d'Eglise depuis quatre siecles*, c'est à dire, qu'il la faisoit aller iusqu'au treiziéme siecle. Ces contrarietez que je remarque seulement en passant, & quantité d'autres semblables, que i'ay desja remarquées dans les discours des calomniateurs de feu M. de S. Cyran, montrent assez qu'elle

Liv. 1. ch. 12.

foy on y doit ajoûter, & avec combien de raison ceux mesme qui ne cherchoient que des moyens de le diffamer & de le perdre, ont rejetté tous ces faux-témoins, comme n'estant propres que pour se confondre eux-mesmes, *quia convenientia testimonia non erant.*

Il semble que M. Chamillard estant venu des derniers, devoit profiter des fautes qu'on avoit découvertes dans les autres, & qu'il devoit prendre mieux ses mesures pour reüssir dans ses calomnies. Mais la foiblesse & le caractere de fausseté sont si visibles en tout ce qu'il a avancé apres tant d'autres, qu'ils font paroitre encore davantage sa passion & son endurcissement, & montrent avec evidence qu'il est bien difficile d'opprimer la verité & l'innocence, & que parmy les efforts & les artifices des hommes, elles conservent toûjours une force & une integrité qui les rend insurmontables. M. Chamillard devoit prende garde pour l'honneur de l'Abbé de Prieres, ou au moins pour le sien, qu'il n'y a point d'apparence de persuader que M. de S. Cyran ait soutenu des erreurs toutes contraires. Car s'il a dit à cet Abbé *que l'Eglise estoit corrompuë il y a six cens ans*; comment a-t'il pû dire à M. Vincent, selon M. Abelly & selon M. Chamillard apres luy, qu'*il y a plus de cinq ou six cens ans qu'il n'y a plus d'Eglise.* Si elle estoit corrompuë il y a six cens ans, elle estoit donc encore, mais corrompuë & infectée, comme les Peres s'en sont plaints plusieurs fois, disant que dans leur siecle elle n'avoit rien qui fust sain & entier depuis la plante des pieds jusques à la teste. Ils ne laissoient pas pour cela de croire qu'elle subsistoit & subsisteroit toûjours, & de travailler pour la remettre en meilleur estat. Si donc feu M. de S. Cyran a dit que l'Eglise estoit dans cet estat corrompu & dereglé il y a six cens ans, il n'a pas pû dire qu'elle ne fust pas alors, & ainsi il est impossible qu'il ait dit qu'il y a six cens ans qu'il n'y avoit plus d'Eglise, & qu'il y a six cens ans qu'elle estoit dereglée & corrompuë.

Cette contrarieté & cette fausseté paroist encore davantage par la seconde supposition dont M. Chamillard fait auteur l'Abbé de Prieres, qui est que l'Eglise n'est pas l'assemblée presente des Fidelles, mais celle des premiers siecles. Car si M. de S. Cyran a dit à cet Abbé que l'Eglise n'est que l'assemblée des premiers siecles, il ne luy a pas pû dire que depuis six cens ans elle estoit corrompuë & en mauvais estat, mais qu'il n'y avoit plus d'Eglise depuis ce tems-là. Aussi il est ridicule de parler des premiers & des derniers siecles de l'Eglise, s'il est vray qu'elle ait duré si peu de tems, & qu'elle n'ait esté que dans les siecles qu'on appelle les premiers. Elle n'en aura donc point de derniers, & ce ne sera pas une moindre impertinence de luy en attribuer, que de donner des années à un homme apres qu'il est mort. M. Chamillard devoit considerer toutes ces choses, & ne s'engager point dans de si grandes absurditez, qui ne sont propres que pour décrier tous ceux qui y prennent part, & pour justifier ceux contre qui ils en usent.

Mais il y a encore une raison particuliere qui devoit détourner M. Chamillard de déchirer horriblement, comme il fait, la memoire de feu M. de S. Cyran si long-tems apres sa mort & sans aucun sujet, qui est que son Pere avoit esté son Avocat, luy ayant esté donné par feu M. Bignon avec une recommendation expresse, dont feu M. Chamillard se tenoit honoré. Il ne devoit donc pas se rendre accusateur ou calomniateur volontaire de celuy de qui son Pere avoit esté le defenseur; il devoit respecter un peu plus l'alliance que l'ordre de la Iustice a établie entre les Avocats & les Cliens. Il devoit considerer la bonne opinion que son pere a euë d'une personne à qui sans doute il n'eust pas pû avoir affaire, s'il eust esté aussi abominable que son fils le dépeint: Enfin il devoit avoir quelque égard au jugement que portoit de son merite feu M. Bignon Avocat General, & au témoignage avantageux qu'il a rendu de sa vertu en toutes sortes de rencontres, & notamment en le recommandant à feu son pere, comme un gage de leur amitié commune.

Que s'il a crû faire plaisir à Monsieur de Paris en traitant si indignement feu M. de S. Cyran, il y a grande apparence qu'il s'est trompé, ne sçachant pas que feu M. de S. Cyran n'a iamais esté dans son esprit en si mauvaise estime, que ce Docteur s'efforce de le mettre. Car Monsieur de Paris luy a témoigné autrefois amitié, & luy a fait l'honneur de le visiter plusieurs fois, du vivant du Cardinal de Richelieu, comme ayant esté amy particulier de feu Monsieur de Papiniere son pere. De sorte qu'il y a tout sujet de croire que M. de Paris n'autorise pas l'entreprise de M. Chamillard, & ne trouve pas bon qu'il ait fait une satyre sanglante contre une personne qu'il a honoré de son vivant, lors mesme qu'on commençoit à le noircir par des médisances pareilles à celles de M. Chamillard.

Ce n'est pas le sujet unique sur lequel M. de Paris improuve sans doute la maniere dont il se conduit en tout ce qu'il fait, comme ayant ordre de luy. Il est assez aisé de reconnoistre qu'il passe sa commission en plusieurs points, & qu'il ne s'attache pas à ses intentions, quand ce ne seroit que dans la domination & l'empire qu'il excerce dans l'employ de Superieur des Religieuses de Port-royal, à l'egard mesme de celles qui luy sont assujetties dans cette maison, où il fait retomber ce qu'il y a d'odieux dans son humeur hautaine, sur M. l'Archevesque, sous pretexte d'agir par son commandement, & d'avoir en main toute son autorité. Peut-estre que l'experience fera voir de plus en plus que cet homme ne suit que la passion en tout ce qu'il dit & en tout ce qu'il fait; & qu'il n'a nul égard ny à la raison, ny à l'équité, ny aux loix de l'Eglise, ny à luy-mesme, ny aux personnes qu'il mesle soit mortes ou vivantes, dans une entreprise dont il aura de la peine de sortir avec honneur.

Mais si les soins qu'on a pris de luy representer les considerations si raisonnables qui devoient le retenir, & les moyens dont on a usé depuis pour le faire rentrer en luy-mesme, ne peuvent rien gagner sur son esprit, qui est naturellement peu flexible & peu capable de revenir, j'espere que mon travail ne laissera pas d'estre suivy d'une partie du fruit que ie me suis proposé, & que l'on reconnoitra toûjours que M. Chamillard a fait une injure insigne à la memoire de M. Vincent que j'ay entrepris de justifier de tout ce qu'on luy impose, sans se mettre en peine d'en alleguer aucune preuve, ne s'en voyant point ny dans le livre de M. Chamillard, ny dans celuy de M. Abelly qui est l'unique garent de toutes ses calomnies, que M. Vincent a démenties par sa conduite constante & uniforme durant plus de quinze années. Ie croiray que ma peine aura esté bien employée, si j'ay la consolation de voir que i'aye levé à plusieurs personnes équitables & peu informées des choses passées, les estranges impressions que ces deux Auteurs se sont efforcez de donner d'un Homme que toute la France a reveré pour les bonnes qualitez & la vertu qui a paru dans sa vie, & de luy avoir rendu l'honneur que merite sa fermeté, sa constance, & sa reconnoissance envers l'un de ses meilleurs Amis, durant une des plus longues, & des plus violentes persecutions qu'il a soufferte.

CHAPITRE

CHAPITRE XXIII.

Impertinence & extravagance de Desmarests dans ses impostures.

IL faut encore pour l'honneur de ce digne Superieur & Instituteur de la Mission dire un mot de la liberté que s'est donné d'offenser sa memoire un pauvre homme qui s'est joint à M. Chamillard, pour le seconder dans son démeslé avec les Religieuses de Port-royal. Car encore qu'il n'y ait pas lieu de s'arrester à ce qu'il debite apres les emplois qu'il a eus en sa vie si éloignez de ceux dont il se mesle à present : neanmoins estant une fois engagé à defendre M. Vincent de toutes les faussetez qu'on a publiées contre luy, je me trouve obligé, apres avoir répondu aux deux principaux de ses Calomniateurs, de dire encore quelque chose pour Desmarests, qui a voulu aussi signaler ses extravagances au dépens de celuy pour qui je parle.

Cet homme si connu dans la France pour avoir passé sa vie à composer des Comedies, & des Poësies licentieuses & des-honnestes, s'est avisé sur la fin de son âge, & parmy l'embarras d'un ménage & d'une famille peu accomodée & peu reglée, d'exercer sa plume sur des sujets qu'il n'est capable que de profaner, & s'estant meslé dans la querelle de M. Chamillard, s'est aussi jetté avec lui sur les impostures & sur les satyres, comme sur un sujet assez conforme à son esprit poëtique & licentieux ; & parmy ses resveries il a eu l'inconsideration d'attribüer à M. Vincent une partie de ce que M. Abelly & apres luy M. Chamillard luy ont imputé, comme si son nom celebre pouvoit donner à ses faussetez plus de creance que ceux qui les ont debitées devant luy. Il ne cite pas cet Evesque, pour autoriser ce qu'il avance, quoy que son Livre ne luy ait pas esté inconnu. Il a negligé son témoignage, pour faire voir combien il l'a crû veritable & solide. Mais pour surpasser en ce point M. Chamillard, qui a esté reduit à cet unique appuy de ses calomnies, il declare que *M. Vincent luy a dit en presence d'une personne de grande condition, qui peut le témoigner, que depuis plus de six cens ans, il n'y avoit plus d'Eglise, qu'elle estoit autrefois un clair fleuve coulant, & que maintenant ce n'estoit plus que de la boüe, & que Dieu l'avoit choisi & instruit pour faire une nouvelle Eglise.* Ce pauvre esprit ne s'appeçoit pas des contradictions qui paroissent dans tout ce qu'il dit de feu M. de S. Cyran, & de ceux qu'il fait servir de témoins contre luy, & dans tous les autres points de ses Livres. Ie n'ay garde de m'occuper à la refutation de tant de folies que répand un homme qui n'a presque rien à perdre, & qui est le joüet mesme de ceux qu'il pretend soûtenir par sa plume. Ie n'aurois pas mesme voulu relever l'injure qu'il fait à M. Vincent, s'il n'y eust eu que luy qui l'eust publiée, parce qu'elle n'auroit pas eu grande suite, s'il n'eust esté precedé par ces deux personnes qui pouvoient donner plus [illegible] que luy à ce qu'ils ont écrit contre la reputation qu'il a laissée en [illegible] apres avoir répondu suffisamment à tout ce que ces deux Auteurs [illegible] de plus plausible pour satisfaire leur passion, & celle des Iesuites, le plus fort estant fait, j'ajoûteray un mot pour donner quelque preuve de l'esprit & du iugement de Desmarests, qui pourra faire connoitre ce que l'on doit penser de tout ce qu'il a esté capable de dire iusqu'à present, ou qu'il pourra dire à l'avenir.

Répőse à l'Apologie ch.11. Voicy comme il parle dans un de ses Libelles contre ceux à qui il répond, à qui il attribuë *le dessein d'établir une Eglise nouvelle, sans commandemens impossibles, sans Sacremens incommodes à la nature & à la raison, sans honorer la sainte Vierge, & d'abolir le Pape & les Prelats, & tous les Ordres Religieux. L'Abbé de S. Cyran s'en estoit assez declaré, qu'il falloit faire une autre Eglise, quoy qu'il ne dist pas ouvertement ces particularitez que leur doctrine a découvertes. Mais son emprisonnement par le conseil d'un grand Ministre d'Estat vigilant, sçavant, vigoureux, & qui aimoit l'Eglise, & ensuite la verification de ses erreurs, tant par écrits, que par témoins, comme elles se peuvent voir amplement déduites dans son procez; estourdit & assomma tous ces grands projets; & depuis ce coup cette heresie n'a fait que ruser, &c.*

Ie ne sçay comment il ose parler du Cardinal de Richelieu, & comment il prétend l'honorer par son témoignage apres l'employ qu'il a eu auprès de luy, & apres avoir joüé un si estrange personnage à son service. Il y a apparence que ce Cardinal n'auroit pas receu de telles loüanges de sa bouche, & n'auroit pas tenu à grand honneur de voir faire son éloge par un homme si decrié.

Mais voyons ce qu'il entend par ces *écrits*, ces *témoins*, & ce *procez* de feu

3 Resp. ch.5. M. de S. Cyran. Il parle de Petrus Aurelius, comme d'un Livre qu'il a composé, & cependant il luy attribuë le dessein *d'abolir les Prelats*, apres que tout le monde & le Clergé mesme en plusieurs assemblées a reconnu qu'on ne pouvoit en soûtenir l'autorité & le caractere avec plus de solidité que fait ce Livre. Il faut qu'il ait connu par quelque revelation que feu M. de S. Cyran en est l'auteur : mais la maniere dont il en parle, donne sujet de croire, que cette revelation ne vient point de l'esprit de verité, mais de l'illusion & de l'erreur, qui en a surpris plusieurs autres, quoy que par un mouvement tout contraire. Car ils n'ont attribué ce Livre à feu M. de S. Cyran que pour le rendre plus recommandable. Mais il n'a iamais voulu recevoir durant sa vie de fausses loüanges; & il n'avoit garde de ravir à l'auteur de ce livre celles qu'il luy donnoit si liberalement, que quelques-uns de ses Amis ont jugé par cela seul que ce ne pouvoit estre luy qui l'eust fait.

Apres avoir verifié si heureusement ces erreurs pretenduës par les écrits de feu M. de S. Cyran, il ne rencontre pas mieux en ce qui est des témoins. Il en met bien d'autres que M. Chamillard, & il le surpasse notablement dans le nombre. Mais le seul defaut qu'il y a, est qu'il ne les nomme pas, se contentant de dire en general, parlant de feu M. de S. Cyran, que *sa folie & sa pernicieuse doctrine ont esté abondamment prouvées par les témoignages publics & juridiques d'Evesques, d'Abbez, de Prieurs, de Chefs d'Ordre, de Prestres, & d'autres personnes de condition & irreprochables.* Il eust pû ajoûter tous les ordres inferieurs aux Prestres, toutes les professions & tous les mestiers des Laïcs pour faire une plus grande foule de témoins. Le mal est que des Iuges & des personnes sages ne se payent pas d'un dénombrement si confus d'accusateurs qu'on ne void point, & qu'on ne connoist point, pour condamner le moindre des hommes ny le plus coupable. Ces sortes de figures sont permises tout au plus à des Poëtes, & à des Sophistes, mais elles ne sont pas recevables dans l'ordre & dans l'usage de l'Eglise ny de la Iustice.

Pour ce qui est du procez pretendu de feu M. de S. Cyran, c'est où Desmarests a paru plus *étourdy* & plus extravagant. Car quelle plus grande resverie peut arriver à un homme que de dire, comme il fait, que ce n'est qu'une *formalité* de confronter des témoins, qu'*il est vray que cette formalité eust esté necessaire avant que de le condamner, & qu'ayant esté mis hors de prison par grace du feu Roy un peu avant sa mort, on n'en vint pas jusqu'à la confrontation?* Quel plus grand étourdissement, & quelle impertinence plus ridicule sçauroit-on voir, que de soûtenir que feu M. de S. Cyran *a esté convaincu*, & que *son crime a esté verifié*, & d'avoüer en mesme tems que les témoins ne luy ont pas esté confrontez? comme si des crimes pouvoient estre verifiez, & un accusé convaincu sans luy confronter les témoins, la lumiere naturelle ayant fait connoistre aux Payens mesmes que sans cela il n'y a point de Iustice, & que les plus justes seroient aisément opprimez par la force. Qui pourra croire raisonnable celuy qui ose écrire, que 25. ans apres la mort d'un homme contre qui un Cardinal, dont la puissance estoit formidable, n'a pû trouver un seul témoin qui luy parust considerable, *Dieu découvre tous les iours de nouveaux témoins?* comme s'il pouvoit faire des miracles en faveur de l'imposture. Qu'est-ce que verifier un crime & convaincre un criminel, sinon confronter les témoins pour examiner leurs dépositions? & qu'est-ce autre chose de l'absoudre, sinon de ne le pas condamner, & de le laisser sortir de prison sans l'obliger à aucun des-aveu, ny reparation, ny retraction, ny reconnoissance que l'on demande à ceux mesmes à qui on fait grace? 3 Rép. ch. 7. & 19.

Mais on ne s'étonnera pas beaucoup des discours égarez de ce pauvre homme apres les mestiers qu'il a faits iusques à sa vieillesse, & principalement apres la temerité qu'il a d'entreprendre la penetration & la découverte des mysteres de la Religion Chrestienne, dont l'intelligence n'a iamais esté accordée depuis le commencement du Christianisme qu'à peu de personnes que Dieu y a preparez par de longs exercices d'une vie pure & irreprochable pour de grands desseins qu'il a eus sur eux & sur son Eglise. Ce que ie ne pense pas que l'on croye de Desmarests, qui devoit plutost craindre les menaces épouventables que Dieu fait dans l'Ecriture d'opprimer & d'aveugler dés cette vie par l'éclat de sa gloire ceux mesmes qui ayant quelque sorte d'innocence & de vertu auroient la presomption de rechercher des connoissances & des lumieres extraordinaires qu'il s'est reservées en tout tems, pour ne les communiquer qu'à quelques ames extremement saintes, humbles, & retenuës, & absolument soûmises aux voyes ordinaires de la foy & de la conduite de l'Eglise. De sorte que Desmarests ayant passé la plus grande partie de sa vie dans des occupations toutes profanes & toutes seculieres, dans des amusemens peu honnestes, dans une servitude basse pour divertir ses Maistres, & dans d'autres excez qu'il est obligé de condamner luy-mesme, quoy qu'il en paroisse peu touché; que pourroit il faire à present s'il avoit quelque crainte de Dieu & quelque dessein de luy satisfaire, que de travailler à l'appaiser par des exercices de penitence, & par une retenuë capable de reparer la liberté qu'il s'est donnée.

Et quand il n'auroit à guerir que les playes profondes qu'il faut necessairement qu'il ait receuës dans son esprit, lequel il a lassé & usé par des recherches, des fictions, & des imaginations qui luy sont devenuës comme naturelles, il n'auroit encore que trop de necessité de se reduire à la seule consideration des iugemens de Dieu, & à l'acquisition de sa crainte, de laquelle s'il pouvoit s'asseurer avant que de partir de ce monde, il auroit suiet de s'estimer bien-heureux, sans prétendre à une suréminence de perfection & à des elevations qu'il s'attribuë, à quoy les vrais penitens ne pensent pas.

Le peu de difficulté qu'il trouve à entreprendre des choses qui sont infiniment au dessus de sa portée, est une grande marque de l'éloignement où il est de ce qu'il s'imagine avoir atteint, quand il ne feroit pas voir d'ailleurs une infinité d'égaremens insupportables dont ses écrits spirituels fourmillent. Car la premiere disposition où il devroit estre, s'il vouloit s'employer solidement à son salut, apres tant de blessures qu'il s'est faites, seroit de reconnoistre les mauvais effets des occupations de son esprit, de ressentir les grands empeschemens qu'il a contractez pour les exercices de la pieté ; & d'écouter les reproches secrets que sa conscience luy devroit faire de son indignité, lors qu'il est assez hardy pour ouvrir les yeux à des objets si differens de ceux où il s'est plongé durant tant d'années. L'habitude qu'il a formée dans son esprit à feindre, à inventer, & à regarder comme vray ce qu'il se figure, est si enracinée dans son cœur, qu'il n'estime plus ny dans luy ny dans les autres, que ce que l'esprit de l'homme trouve & produit de luy-mesme, ayant esté assez aveugle & assez ennemy des premiers principes de la Foy Catholique, pour reprocher à des personnes qui tâchent de suivre la Tradition, qu'ils n'employent dans leurs Ouvrages que des passages de l'Antiquité, & que *si les Peres n'avoient écrit devant eux, ils seroient bien secs*, comme si les Theologiens devoient faire gloire de dire quelque chose d'eux-mesmes, ou de suivre leurs propres pensées, comme font les Heretiques & les Illuminez, & non pas le sacré dépost de la doctrine ancienne, par laquelle l'Eglise s'est defenduë & conservée iusqu'à present contre les nouveautez des Heretiques de tous les siecles. Et cependant apres un égaremẽt si visible, il a si peu d'égard à ne se point contredire, que dans le même Libelle il reproche aux mesmes personnes qu'ils tiennent que *la Tradition est une chose trop vieille* pour eux. Tant ce pauvre esprit est accoûtumé à debiter ses chimeres & ses imaginations, dont il est à craindre qu'il ne se développe iamais.

Répõse à l'Apologie ch. 4.

Ch. 16.

Il prend avantage sur ceux contre qui il déclame, & il s'étonne de ce *qu'ils n'ont*, à ce qu'il dit, *produit aucun Livre de longue haleine, où leur esprit ait pris le vol d'un aigle, & se soit soûtenu long-tems au dessus des nuées.* Dieu nous garde de cette ambition, & nous fasse éviter les embusches de ces oiseaux de tenebres, qui ont leur domicile dans l'air iusqu'à la fin du monde, pour surprendre les esprits inconsiderez qui veulent voler avant que de s'estre nourris & fortifiez long-tems dans le nid de la Foy, & de la double Charité de Dieu & du prochain. Personne n'envie à Desmarests des essais & des experiences si funestes ; n'y ayant point de précipices dont on se releve moins que de ceux, où on s'imagine encore marcher dans une voye seure, & estre en plein midy, lors qu'on est couvert des plus épaisses tenebres.

Il pretend avoir oüy luy-mesme de la bouche de M. Vincent les calomnies qu'il vomit contre feu M. de S. Cyran, & il auroit pû dire avec autant d'apparence

rence qu'il a oüy ces impietez de la bouche mesme de celuy à qui il les impute, ou plutost qu'il en a eu revelation. Car sa conduite est de trouver tout en luy-mesme, & de ne pas dépendre des autres dans les connoissances & les lumieres dont il est remply. Ne s'estant pas servy, comme M. Chamillard du témoignage de M. Abelly pour asseurer ses Lecteurs de ce qu'il rapporte de la part de M. Vincent, il a évité le reproche qu'on luy eust fait de ne s'accorder pas avec cet Evesque dans les erreurs qu'il attribuë à feu M. de S. Cyran ; M. Abelly les ayant toutes reduites à quatre, & luy en ayant rapporté plus d'une vingtaine, sans parler des autres contradictions qui se trouvent entre M. Abelly & luy. Mais ayant voulu se prévaloir par luy-mesme & par sa propre asseurance, du témoignage immediat de M. Vincent, il donne suiet de luy demander s'il l'a vû dans quelque songe, ou s'il a eu quelque commerce avec luy, & s'il la iamais consulté sur la maniere presomptueuse & extravagante dont il traite les mysteres de la Religion, & sur la vanité ridicule & la haute folie qui paroist dans toutes les pages de ses Livres mystiques. S'il eust fait parler M. Vincent sur ce suiet, il n'auroit iamais evité sa iuste censure. Car tous ceux qui l'ont connu le moins du monde, iugeront sans doute, qu'il n'y avoit rien de plus eloigné de sa disposition, que de sortir des voyes de la foy & de la retenuë qu'elle nous enseigne, pour s'eslever inconsiderément, & avec un orgueil qui a perdu le premier Ange, dans des spiritualitez imaginaires, où on n'a pour guide que sa présomption & sa temerité.

C'est ce qui doit donner du mépris aux veritables Amis de M. Vincent pour tous ceux qui abusent de son nom apres sa mort, afin d'autoriser des calomnies que pas un d'eux n'a osé publier de son vivant. Car ny M. Abelly qui a publié d'autres Ouvrages lorsque M. Vincent vivoit, ny M. Chamillard qui estoit Docteur dés devant qu'il mourust, ny Desmarests qui pretend avoir oüy de sa bouche ce qu'il a l'asseurance de soûtenir ; ne se sont point avisez de témoigner leur zele & d'engager M. Vincent à avoüer leurs fictions lorsqu'il estoit en estat de parler ; mais ils ont tous attendu sa mort pour luy faire dire ce qu'ils voudroient, faisant voir qu'ils s'accordent bien tous trois en ce qu'ils nous donnent cette mesme preve de la fausseté de leurs témoignages, mais qu'ils ne s'accordent pas si bien avec celuy dont ils ne sçauroient rien produire pour rendre seulement vrai-semblable ce qu'ils luy font dire.

Car qui pourra iamais croire que M. Vincent ait voulu dire à Desmarests contre feu M. de S. Cyran ce qu'il n'a pas mesme voulu dire au Cardinal de Richelieu? qu'il ait fait plus de cas d'un petit Poëte, que du premier Ministre du Roy, & du Bien-faicteur de sa Compagnie? qu'il ait eu plus d'ouverture & de confiance pour un homme sorty à peine du desordre & du débordement, en l'entretenant des excez imaginaires de feu M. de S. Cyran, au lieu de le faire penser aux siens propres ; qu'il n'en a eu pour la Iustice & pour Dieu mesme, lors qu'on l'a obligé par serment à dire ce qu'il sçavoit d'un prisonnier opprimé par la plus grande puissance du Royaume?

Mais M. Vincent n'a pas seulement démenty ces impostures & ces folies par toute la conduite qu'il a tenuë iusqu'à sa mort à l'égard de feu M. de S. Cyran, laquelle a esté representée & iustifiée amplement dans cette Defense, mais il a mesme condamné le procedé de ces trois Accusateurs par toutes les actions & les sentimens qu'il a fait paroistre depuis que Dieu a commencé de le produire aux yeux du monde dans les divers employs qu'il a eus iusqu'à la fin de sa vie. Car tout le monde sçait que sa conduite ne respiroit qu'humilité & simplicité, qu'esloignement de passions & d'interests, que douceur, charité, patience pour les defauts des autres, & ressentiment de sa foiblesse & de ses pechez, que mépris pour la science, amour pour la verité, pour la sincerité, pour la fidelité, pour la reconnoissance, & enfin que sa sagesse, circonspection, équité, & opposition à toute iniustice, à toute violence, & au moindre renversement de l'ordre & de la raison. C'est par l'imitation de ses exemples que ces trois Messieurs Abelly, Chamillard & Desmarests devoient faire voir qu'ils ont de l'estime & de la veneration pour ce vertueux Prestre, & non par les calomnies, par les faussetez, par l'amertume, par l'infidelité, & par l'ingratitude qu'ils luy imposent, par lesquelles ils se deshonorent bien eux-mesmes, mais ils ne sçauroient le deshonorer. Car il y aura peu de gens assez raisonnables pour avoir plus d'égard aux discours qu'ils font de luy apres sa mort sans aucun fondement, qu'aux preuves manifestes qu'il a données du contraire durant sa vie ; & aux vices & iniustices dont il est chargé par la passion des autres, qu'aux vertus & aux actions solides & indubitables qui ont toûjours paru dans luy-mesme.

FIN.

779

TABLE DES CHAPITRES.

Fin de la Table.

www.ingramcontent.com/pod-product-compliance
Ingram Content Group UK Ltd.
Pitfield, Milton Keynes, MK11 3LW, UK
UKHW021823190726
13853UKWH00003B/1144